中国风尚史

A History of Chinese Fashion

主 编 陈 炎
副主编 逄金一

先秦卷

逄金一 著

山东友谊出版社

绪论

陈炎

“风尚”是一个颇为模糊、颇为多义的概念。“风”为风格，“尚”为时尚。无论“风格”还是“时尚”，都是属于“文化”范畴。问题在于，同“风尚”相比，“文化”是一个更为模糊、更为多义的概念。这个概念不仅在国内“文化热”的讨论中聚讼纷纭，而且在国外的学术界也莫衷一是。有学者指出，“英语中文化的定义有260多种，据说是英语词汇中意义最丰富的两三个词之一”[1]。因此，在提笔撰写《中国风尚史》之前，有必要交代一下我们自己对“文化”的理解。

谈到“文化”，不能不涉及与之相关的“文明”一词，因为这两个概念之间有着极为复杂的内在联系。我在《文明与文化》一书中曾经指出：

所谓“文明”，是指人类借助科学、技术等手段来改造客观世界，通过法律、道德等制度来协调群体关系，利用宗教、艺术等形式来调节自身情感，从而最大限度地满足基本需要，实现全面发展所达到的程度。在我看来，人作为一种“类存在”，

> 至少具有使用和制造工具（包括一切科技手段）、依赖和凭借社会关系（包括一切社会制度）、渴望和追求情感慰藉（包括一切精神享受）这三个基本特征。唯其如此，人类才可能有对真的探索、对善的追求、对美的创作。反过来说，只有在对真、善、美的探索、追求、创造之中，人类才能最大限度地满足自身的基本需要，实现自身的全面发展。在这一点上，任何时代、任何地域、任何种族的人类群体概莫能外。从这一意义上讲，人类文明有着统一的价值标准……所谓“文化”，是指人在改造客观世界、在协调群体关系、在调节自身情感的过程中所表现出来的时代特征、地域风格和民族样式。由于人类文明是由不同的民族、在不同的时代和不同的地域中分别发展起来的，因而必然会表现出不同的特征、风格和样式。[2]

如此说来，“文明”与“文化”是两个既相联系又相区别的概念：文明是文化的内在价值，文化是文明的外在形式。文明的内在价值通过文化的外在形式得以实现，文化的外在形式借助文明的内在价值而有意义。举个例子，如果说穿衣有着一种文明的内在价值，那么穿西服还是穿和服则是一种文化的外在形式，——我们很难设想有一种不带民族、时代、地域特征的，没有任何风格和样式的抽象的服装；如果说吃饭有一种文明的内在价值，那么吃中餐还是吃西餐则是一种文化的外在形式——我们很难设想有一种不带民族、时代、地域特征的，没有任何风格和样式的抽象的饭菜；如果说使用器皿有一种文明的内在价值，那么用中式的陶瓷酒盅还是用西式的高脚玻璃杯则是一种文化的外在形式——我们很难设想一种不带民族、时代、地域特征的，没有任何风格和样式的抽象的容器……在前一种意义上，我们可以说衣衫褴褛是不文明的表现；在后一种意义上，我们却不能说穿中山装是没有文化的标志。在前一种意义上，我们可以说茹毛饮血是不文明的表现；在后一种意义上，我们却不能说吃美国快餐是没有文化的标志。在前一种意义上，我们可以在石器时代、陶器时代、青铜器时代之间排列出一个文明的序列；在后一种意义上，我们却不能说色调单一而又质地细密的黑陶没有文化品位……我们可以从“文明”与“文化”的关系中来理解“文化”，也可以在“存在”与“意识”的关系中来理解“文化”。我在《反理性思潮的反思》一书中也曾经分析，我们所说的“文化”，是指介于“存在”与“意识”之间的一个特殊层次：

> 对于客观的物质存在来讲，文化属于社会意识方面的东西。尽管我们可以从仰韶的彩陶和殷商的饕餮中发现那个时代的“文化”，但是我们所指的并不是这些彩陶和饕餮本身，而是指通过它们所反映出来的那种看不见摸不着的东西：一种时代的风尚、一种民族的习惯、一种社会的心理、一种集团的气质……对于主观的社会意识来讲，文化似乎又属于社会存在方面的东西。因为它既不是偶然的思想观点，又不以个人的主观意志为转移；相反，它是决定具体观点、影响个人意志的一种相对稳定的社会存在。尽管这种存在并不是以物质的形态摆在人们面前的，但又是每一个社会的人所无法摆脱、难以超越的。这种文化不仅体现在人们外在的行为规范和典章制度之中，而且还会渗透到人们内在的心理习惯和思维方式之中，在历史的

长河中积淀成所谓“文化—心理结构”，所谓“集体无意识”……因此，如果要用一种哲学的语言来概括上述含义的话，那么我们将把“文化”界定为：一种非物质形态的社会存在。[3]

在从两个角度上界定了“文化”的概念之后，让我们再来看一看“风尚”与“文化”之间的关系。在我看来，“风尚”是“文化”中最有时代、地域特色，从而最具有民族个性特征的生活样式和行为方式。如果我们把文化比做一顿美味大餐，那么风尚就是其中的味精和调料；如果我们把文化比做一件华丽的衣服，那么风尚就是衣服上的纽扣和装饰；如果我们把文化比作一场盛大的晚会，那么风尚则是晚会上的灯光和焰火……

当然了，比喻永远是蹩脚的。从最概括的意义上讲，历史是由时间和空间中所发生的一系列具有因果关系的事件组成的自然或社会现象。而历史学的任务就是要确定这些事件所发生的时间和地点，并揭示其相互之间的因果关系。“风尚”既为一种社会现象，也便有着时间性和空间性的双重特征。从时间上看，“风尚”是一种“流行一时”的社会现象；反过来说，任何长期稳定的生活样式和行为方式都不可能成为“风尚”。这样一来，“风尚”便有了“历史”的意义。从空间上讲，“风尚”是一种“局部发生”的社会现象；反过来说，任何人类共有的、普世的生活样式和行为方式都不可能成为“风尚”。这样一来，“风尚”便有了“民族”的特征。于是，我们的研究和写作也便有了“时间”与“空间”、“历史”与“民族”的双重维度。首先，我们要告诉读者，中国历史上曾经出现过、流行过什么样的社会现象。其次，我们要告诉读者，这些曾经出现过、流行过的社会现象又有哪些时代性、地域性的社会根据。最后，这些具有时代性、地域性的生活样式和行为方式，最终如何构成了我们中华民族的风尚史。

时间是世间万物生命的尺度，在这一尺度的丈量下，任何事物都不可能是一成不变的。就算是坚硬的岩石，也会随时间的演变而风化为泥土；就算是浩瀚的沧海，也会随时间的发展而演变成桑田。然而，在人类出现以前，自然界的演变是自发的，从而也是缓慢的。在人类出现之后，社会生活的演变则是自为的，从而也是迅速的。正像英国社会学家安东尼·吉登斯所说的那样，“现代世界的生活模式和作为其特征的社会机构与哪怕是最近的过去也截然不同，仅仅经历了两三个世纪——人类历史长河中的一瞬——人类社会生活就脱离了持续数千年之久的社会秩序类型”〔4〕。考察几千年的人类文明史，我们不仅处在一个不断变化的世界之中，而且处在一个加速变化的世界之中。蓦然回首，我们或许会觉得上古时代的“卜筮”是那样的可笑，或许会觉得先秦时代的“殉葬”是那样的残忍，或许会觉得魏晋时代的“谈玄”是那样的滑稽，或许会觉得宋明时代的“贞烈”是那样的愚蠢……我们知道，在几千年的文明史中，人类的生理进化是微乎其微的，甚至可以是忽略不计的。那么，和我们同样聪明的古人何以会做出这些匪夷所思的事情呢？这便是“风尚”研究的“历史”意义所在。换言之，我们在这部著作中不仅要给读者提供一系列五光十色的“现象”，而且要为读者分析这些光怪陆离的现象背后所隐藏着的“原因”。

如果说时间是生命的尺度，那么空间则是个性的依据。按照黑格尔的理解，所谓个性就是无限规定的总和。就像“橘生淮南则为橘，生于淮北则为枳”一样，这种“无限的规定性”显然与具体的空间环境有着错综复杂的联系。正如《礼记·王制》所说的那样：“凡居民材，必因天地寒暖燥湿，广谷大川异制，民生其间者异俗。”以中国人的饮食为例，所谓“东酸西辣南甜北咸”，看上去似乎仅仅是一种毫无道理的习惯而已，细加分析却不难发现，这些习惯的形成或受制于不同地域的物产条件，或归因于人体在不同气候环境下的生理需求，各有各的道理。某些文化现象，在该文化圈以外的人看来似乎十分荒谬，但经过认真考察却往往能发现其潜在的功能和意义。就像中国人不太理解西方式宗教的迷狂一样，西方人也不太接受中国式礼教的繁琐。事实上，作为文化的“代偿”模式，正是中国古代宗教信仰的薄弱，才导致宗法礼教的繁琐；也正是西方古代宗法礼教的薄弱，才导致了宗教信仰的迷狂。而这一切，又可以在 “古典的古代”之海洋文明和“亚细亚的古代”之黄河文明中找到根据。因此，在全球化进程不断加速的今天，对于中国古代风尚的研究，显然有利于其他民族对我们的理解和认同。换言之，我们在这部著作中不仅要给读者提供一系列色彩绚丽的“形式”，而且要为读者分析这些五彩斑斓的形式背后所隐藏着的“意味”。

俄国思想家别林斯基曾经指出：

> 每一个民族的独特性，表现在什么地方呢？就在于它特殊的、只属于它所有的思想方式和对事物的看法，就在于宗教、语言，尤其是风俗。……在每一个民族的这些差别之间，习俗恐怕起着最为重要的作用，构成着他们最为显著的特征。我们

不可能想象一个民族没有采取顶礼膜拜的宗教形式，不可能想象一个民族没有为一切阶层共通的语言，尤其不可能想象一个民族没有一种特殊的、仅属于它所有的习俗。这些习俗，包括着服装的样式，其原因应该求之于这国土的气候；包括着家庭及社会生活的形式，其根源隐藏在这民族的信仰、迷信和理解之中；包括着不可分割的国家之间的交换形式，其浓淡色度是由社会法制和社会阶层判别造成的。一切这些习俗，被传统巩固着，在时间的流转中变成神圣，从一族传到另一族，从一代传到另一代，正像后代继承着祖先一样。它们构成着一个民族的面貌，没有了它们，这个民族就好像是一个没有脸的人物，一种不可思议、不可实现的幻象。[5]

当然了，并不是说任何社会现象都具有天然的合理性，也不是说中国古代的民族风尚中没有需要改造的陈规陋习。“凡是现实的就是合理的，凡是合理的就是现实的。”这句出自辩证法大师黑格尔的名言，只能在辩证法的意义上才能够被理解。——包括“风尚”在内的任何现象只要存在，便有其历史的理由和社会的根据，而随着历史的进步和社会的发展，当这些理由和根据不复存在的时候，这种“风尚”也便失去了其存在的价值和意义。正像恩格斯在《路德维希·费尔巴哈和德国古典哲学的终结》一书中所说的那样，“这样一来，黑格尔的这个命题，由于黑格尔的辩证法本身，就转化为自己的反面：凡在人类历史领域中是现实的，随着时间的推移，都会成为不合理性的”[6]。于是，任何流行一时的风尚，都会在人类历史的长河中呈现出由不合理到合理再到不合理、由不存在到存在再到不存在的辩证运动。于是，一部风尚史也变成了人类经验由戏谑到庄严再到荒诞、由悲剧到正剧再到喜剧的运动过程。于是，揭示我们民族经验的这一辩证发展的复杂过程，也便成为本书的趣味所在、价值所在、意义所在。

本书没有采取编年史或断代史的方式，而是将不同的风尚编纂成不同的词条，再以大致的时间顺序加以排列。这样一来，我们便给读者提供了一个有关中国古代民族风尚的“万花筒”，其中，词条就是万花筒中的彩色玻璃碴，读者可以随便旋转、穿插组合，以获得五彩缤纷的图案……

注释:

〔1〕金元浦:《定义大众文化》,《中华读书报》2001年7月25日。

〔2〕陈炎:《文明与文化》，山东大学出版社2006年版，第3—4页。

〔3〕陈炎:《反理性思潮的反思》，山东大学出版社1994年版，第9—10页。

〔4〕安东尼·吉登斯著:《社会学》,赵旭东等译,北京大学出版社2003年版，第52页。

〔5〕《别林斯基选集》第一卷，上海译文出版社1979年版，第26—27页。

〔6〕《马克思恩格斯选集》第4卷，人民出版社1995年版，第216页。

目录

概述

人类的原始时期即习惯上所说的原始社会，大致可分为旧石器、中石器、新石器等几大阶段。这个时期的人们以石器为主要的劳动工具，共历二三百万年。虽然迄今为止远古遗物发掘得还不够多，但原始人生活与生产的一些基本线索已探测分明，据此，可以大体上描述出原始人的生活风尚与习俗特征。

我国的原始社会，约从 170 万年前的元谋人开始，到公元前 21 世纪夏朝建立前夕为止，经历了原始人群和氏族公社两个阶段。氏族公社阶段又包括母系氏族公社和父系氏族公社两个时期。

我国古代文献中所保存着的丰富的历史传说，为我们勾画出中国原始社会的简单面貌以及早期国人生产生活各方面的大致情形。

《吕氏春秋·恃君览》中说："昔太古尝无君矣，其民聚生群处，知母不知父，无亲戚、兄弟、夫妻、男女之别，无上下长幼之道，无进退揖让之礼。"太古时没有国家，所以也不会有君主，人和人是平等的关系，便不存在"伦常"和"礼教"，一夫一妻制家庭尚未出现，因而世系的计算是从母方的。这段话简明扼要地说出了原始社会和阶级社会之间的一些重要的不同之处。

《礼记·礼运》中说："昔者先王未有宫室，冬则居营窟，夏则居橧巢。未有火化，食草木之实、鸟兽之肉，饮其血，茹其毛。未有麻丝，衣其羽皮。"在原始社会，人类用着十分简陋的工具，过着与野兽差不多的生活。《韩非子·五蠹》中也说："上古之世，人民少而禽兽众，人民不胜禽兽虫蛇。有圣人作，构木为巢，以避群害，而民悦之，使王天下，号之曰有巢氏。民食果蓏蚌蛤，腥臊恶臭，而伤害腹胃，民多疾病，有圣人作，钻燧取火，以化腥臊，而民悦之，使王天下，号之曰燧人氏。"这是对国人早期居住生活和饮食生活的生动描述，其中鲜明地展露出国人早期居住与饮食文明风尚的独特面貌。

据古书记载，古代黄河流域分布着不少的部落。在今陕西一带有姬姓黄帝部落和姜姓炎帝部落，他们之间世代通婚。在今晋、冀、豫交界的地方有九黎部落，他们的酋长名蚩尤。炎、黄部落曾和九黎部落发生过激烈的军事冲突，黄帝战胜了九黎，蚩尤被杀。黄河下游一带有太昊氏和少昊氏，太昊氏活动中心在陈（今河南淮阳），少昊氏在奄（今山东曲阜）。据说太昊氏是蛇身人首，以龙名官，少昊氏则以鸟名官，因而人们推断太昊氏尊奉蛇为图腾，少昊氏尊奉鸟为图腾。

这些部落对太古的物质风尚、精神风尚都有不同的贡献。古书上说黄帝发明衣服、舟、车，炎帝又称为神农氏，"斫木为耜，揉木为耒，耒耜之利，以教天下"。太昊氏又称为伏羲氏，教民结网捕鱼，又作八卦。据说蚩尤"以金作兵器"，乃是金属冶炼的最早发明者。

到传说中的唐、虞时代，随着经济的发展，各部落已结成部落联盟，产生了尧、舜这样出色的军事首长，他们的职责是军事统率，再就是担任主祭，《史记》说尧、舜祭祀天地、山川、百神。当时最高权力机关是四岳十二牧，也即部落酋长会议。唐尧时四岳举鲧治水，尧虽不同意，但仍服从四岳十二牧的决定。尧、舜时有“禅让”的故事，尧老，传位于舜，舜老，又传位于鲧的儿子禹，也都是得到四岳十二牧同意的。可见，军事首长一切重大事情都得听命于部落酋长会议，这正是军事民主政治的特点。

公元前21世纪，禹的儿子启建立夏朝。夏王朝是我国由原始社会进入阶级社会，在中原地区最早建立起来的奴隶制国家，中国历史从此由野蛮时代进入文明时代。遗憾的是，由于缺乏文字的记载，我们对夏朝的认识非常模糊。一般认为，夏朝是在龙山文化的晚期建立起来的，其中心在河南二里头地带。1959年，考古人员在河南偃师二里头村发现了距今大约3800—3500年前的文化遗址。按照文明三要素即“城池、金属、文字”的标准，人们在这里发现了中国最早的宫殿遗址、青铜冶炼的作坊和一些尚未被识别的刻画符号。

公元前16世纪，商汤推翻了夏桀的统治，建立商朝。公元前14世纪，商王盘庚迁殷，因此商朝也叫殷朝。19世纪末，人们在殷代都城遗址（今河南安阳小屯）发现了商代后期（前14～前11世纪）王室用于占卜记事而刻或写在龟甲和兽骨上的文字——甲骨文。自此，中国进入了“信史”的时代。商朝时，奴隶制经济有了进一步的发展，农业是当时的主要生产部门，其中畜牧业占有重要地位；手工业也很发达，最重要的是青铜器制造业，如商朝后期制造的司母戊大方鼎是古代世界上最大的青铜器。

公元前11世纪，周武王在牧野打败纣王，灭商建周，定都镐京，史称西周。西周是我国奴隶社会经济高度发展的时期。农业是其社会经济的主要支柱，土地制度是以井田制为主的奴隶主贵族国家所有制。井田制在西周以前已产生，到了西周有了较大的发展。在农业生产中，青铜工具逐渐增多，青铜器制造业也比商朝更加发达。西周由于实行分封制，不但占据了原来商朝的统治地区，而且发展成为一个比商朝疆域更加广大的奴隶制国家。

西周晚期，奴隶主贵族横征暴敛，加重剥削，激起人民的反抗。周厉王时发生了“国人暴动”，起义的平民和奴隶攻入王宫，周厉王出逃，于是出现了“共和行政”的局面。共和元年（公元前841年）是我国历史有确切纪年的开始。

西周末年，社会矛盾进一步加深，公元前771年，少数民族犬戎攻入镐京，杀死周幽王，西周灭亡。

夏、商与西周三代时期，中国历史上出现了一些新特征，其中包括氏族组织开始转变为国家政权；国家领土扩大，国王权力增加；社会上形成贵族、平民和奴隶阶层等等，反映在人们的生活方式与社会风尚上，也呈现出从落后走向先进、从单一走向丰富、从散漫走向集中、从平等走向等级的历史趋势。

周代以前，人们的认知能力还极为有限，所以对自然与人自身的认识存在着双重不足。当时的人们认为，自然界是有神灵的，而自然神灵法力无边，时时刻刻都有可能给人类带来灾难，人们对自然界只能顺应，所以要祭奠自然界诸神灵。而人自身是自然界中微不足道的一员，人面对浩瀚的宇宙只能服从于神灵的安排，按照神的“旨意”行事，在自然面前，人的各种能力“自失”了，人的进取精神，人的战斗精神，在庞大的自然诸神灵面前荡然无存，人在自然面前成了奴隶，所以人们不惜耗费大量人力物力祭天、祭地、祭其他各路神灵。

周代的统治者开始总结殷商失败的教训，认为只是一味地供奉鬼神，并不能保佑自己的政权，因而主张顺从天意、葆有臣民：一方面尊奉祖先，一方面讲究礼法，并在此基础上建立起一套礼乐规范。殷商时期，统治阶级奢靡成风、酒色无度，而自周公“制礼作乐”之后，人们的衣食住行则无不体现出身份与等级的差别，不同等级的贵族享有不同的房屋、车马、服装、器皿，其生活习俗便成为政治身份的代码。

总之，中国传统生活风尚中的强烈等级观念、人与自然和谐相处等特点，在夏、商与西周时期的生活与精神风尚中，都已有其胚胎，这些胚胎经过时间的孕育与演变，逐渐成为中国传统生活与精神风尚的重要特色，并直接形成了贵族和平民两种生活与精神风尚。

东周始于周平王元年，即公元前770年，又分为“春秋”与“战国”两个阶段。“春秋”得名于孔子所编鲁史《春秋》一书，这本书记述史事，起自公元前722年，止于公元前479年，恰好与这一历史时期约略相当。“战国”一名，取自人们俗称的齐、楚、燕、韩、赵、魏、秦这“战国七雄”，史学界一般把晋国的韩、赵、魏三家灭掉智伯而瓜分其地的公元前453年作为“战国”起始年代，把秦统一中国的公元前221年作为“战国”的结束年代。

春秋战国时，东周王权下移。用孔子的话来概括，周平王东迁之前，基本上属于“礼乐征伐自天子出”的时代，以后则进入了“礼乐征伐自诸侯出”，甚至“自大夫出”、“陪臣执国命”的时代（《论语·季氏》）。

春秋战国时期是霸权迭兴、列国争雄的时代，是“礼崩乐坏”的政治变革时期，同时也是“导民成俗”的人文开放与大发展时期。霸权迭兴和列国争雄，打破了西周以来传统的王权体制；“礼崩乐坏”的行为方式，则颠覆了周公“制礼作乐”的行为法则，由此而出现了社会的大动荡、大变革。“《春秋》二百四十二年，亡国五十二，弑君三十六”（《淮南子·主术训》），可见当时社会纷争之剧烈。“礼崩乐坏”的政治变革，使生活习俗从根本上发生了动摇和嬗变，旧有习俗被打破，新时代风尚纷纷形成。而“导民成俗”的人文开放，则解开了束缚人们思想的罗网。文化思想百花齐放，百家争鸣，中国的社会生活各方面也因之皆呈现出一幅异彩纷呈的场景。

对于春秋战国，学术界有七大人文政治地理圈之称，我们也可以据此把这段时期的社会风尚分为七大区域：中原社会风尚圈、北方社会风尚圈、齐鲁社会风尚圈、楚社会风尚圈、吴越社会风尚圈、巴蜀滇社会风尚圈、秦社会风尚圈。这七大社会风尚圈，因社会阶层、种族、地域的差异，社会生活风尚的形态也有所不同。如周地三晋即中原社会风尚圈的人民性俭啬而刚武，尚功利，饮食多羹、菹、肉酱、干脯，食品配伍富于特色，代表了北系饮食文化的主流，服饰有质朴风格。北方社会风尚圈，人民性重气节，有侠气，尚仁义，服饰颇矜夸。齐鲁则崇尚礼交，好儒备礼，民性豁达，服饰舒裕有文彩，丧葬具节仪，重祭祖。楚地信鬼神，好辞善舞乐，饮食重鲜品实肴而不重酱羹，偏爱花椒及水产禽类，擅多种烹调术合用，口味尚甜辛，代表了南系饮食文化的主流，婚俗多姿多态，服饰轻丽。吴越民性脆野，生活方式具开放性，爱食鱼，以椎髻为俗，服饰拙而有式。巴蜀滇习俗奇特，好群聚娱乐行祭，服饰多显宽松。秦地尚武，信仰禁忌甚多，婚姻家庭关系重家政而轻宗法，女子喜恃强，服饰厚实。[1]

注释：

〔1〕李学勤《东周与秦代文明》文物出版社1984年版，第11-12页；又见宋镇豪《中国春秋战国习俗史》第239-240页。

祈生

祈生就是原始初民对人类新生命诞生及有关器官、事象的崇拜与祈祷。生命的诞生与存亡是原始初民在相当长时间内最为关心、也最为疑惑不解的重大事件之一。他们祈祷生命的顺利孕育与生产、崇拜作为生命之门的男女生殖器官，并由此发展为一种宗教狂热般的执著与迷狂，弥漫在远古人类的生产与生活诸环节之中。

原始人的祈生行为，包括女性生殖崇拜和男性生殖崇拜。原始人类认为，人的生殖器具有神奇、神圣的力量，崇拜它就能够带来生命力旺盛、子孙繁衍不断、谷物丰收。生殖器崇拜在原始歌舞中得以真切而形象地宣泄，有的还被永久性地刻画在古老岩石上。从这些岩画中，人们会清晰地发现，原始人类的生殖器被刻意地刻画出来，加以突出展现，很多地方都是用了极其夸张的手法。尤其值得注意的是，母系氏族社会时期遗留器物中的生殖崇拜是以崇拜女性生殖器为主，而父系氏族社会时期遗留器物中的生殖崇拜是以崇拜男性生殖器为主。

相关例证大都来自于即使以现代人的目光去看也是相当遥远的

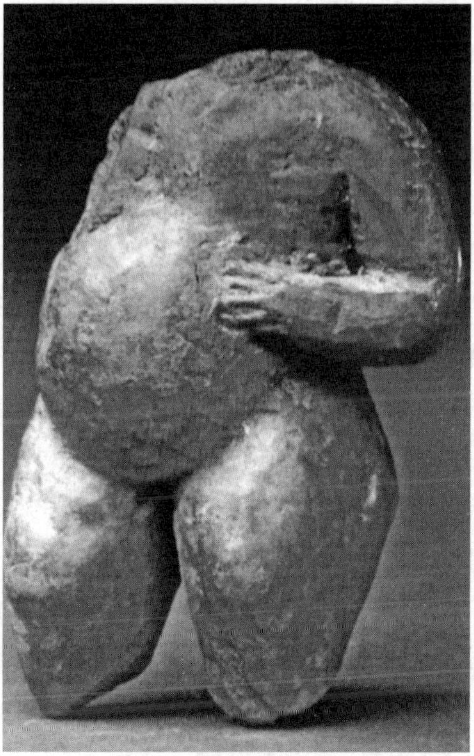

陶塑孕妇，1982 年在辽宁省东山嘴遗址出土。这件孕妇塑像刻意表现女性孕育的特征，不仅大腹便便，而且有妇女怀孕后期的惯常行为，即双手或单手抚腹之举，具有明显的生殖崇拜的含义。它被学者称为“东方维纳斯”。

边鄙之地，如广西、青海、内蒙古、新疆、辽宁，它们皆不是古代主流文化所化度与影响的地域。当然这并不意味着中原地区从来就没有过此类崇拜仪式，而很可能说明此类与生殖器有关的崇拜仪式与后来中原地区日益发达的礼乐文化及其禁忌相冲突，因而未能完好地保存下来。

广西靖西县同德乡的岩怀山岩画距今约两万五千年左右，属于旧石器时代晚期。岩画上绘制有两幅女性生殖器图，另有十八幅磨刻而成的女性生殖器图。所绘制的图画有一幅由两条相向的弧线围成，正中间为一条纵线，形似一枚纹络简单的树叶；另一幅由多条放射状短线构成一个椭圆，椭圆内上端划有人字形短线，形似一枚叶脉清晰的树叶；所磨刻的图形都由两条相同的弧形刻线围成，一端近似椭圆，另一端有尖角，图内都有一条纵向磨刻线，线中多经冲击而形成椭圆或橄榄形的窝坑，中部的凹坑有些显得十分深大。这些绘制与磨刻的生殖器图形，都体现了当时人们的女阴崇拜观念。

辽宁喀左县东山嘴红山文化遗址的椭圆形祭坛附近曾出土两件孕妇裸体陶像，残体分别高 5 厘米和 6.8 厘米。陶像腹部微微隆起，臂部弯曲，右手贴于上腹，阴部则有三角形符号。据研究，这两件陶像就是当时人们心目中的生育女神。

辽宁朝阳市牛河梁红山文化遗址的女神庙出土有属于五六位个体的女神泥塑造像残块。其中的肩部残块表面打磨得十分光滑，颜色微呈淡灰，线条圆润流畅，肉质感极强，是典型的女性肩。女神庙中还发现有乳房残块多件，均有凸起的尖状乳头。在这批彩塑里，最为典型的是一尊与真人大小接近的彩塑女神像，肢体虽然残碎，

辽宁省牛河梁出土的泥塑女神头像

但头部基本完整。她鬓角齐整，耳朵长圆，低鼻梁，浅眼窝，眼内嵌有圆形玉片，显得炯炯有神；她眼眉上挑，颧骨高耸，颏尖丰满并且向前突出，嘴角上翘，唇边肌肉翕然欲语，流露出一种特殊的神秘感。从所发现的残块推测，这座女神庙里原有大大小小一系列神像，且全部为女神。这些神像与生殖崇拜密切相关，反映了当时人们向女神祈求生育繁衍、人丁兴旺的基本愿望。

青海乐都县柳湾出土有一件人像陶壶，器表上塑绘了一幅女像，头部在彩壶的颈部，身躯在彩壶的腹部，女像的乳房、脐、阴部及四肢都全然袒露，乳房丰满生动，乳头以黑色彩绘而出，女阴部位则采用了比较夸张的手法，还用黑彩勾勒出了大致轮廓。这件陶壶除了女性体征之外，还饰以青蛙的腹纹与肢纹，喻指女神的生育能力如青蛙的繁殖力一样强大。[1]

诸如此类的女性生殖崇拜中的裸体女塑像或绘像的共同之处，是充分突出富有女性特征的丰满乳房、凸起的腹部及肥硕的臀部，尤其是对女阴进行了夸张的描绘，它们可视为母系氏族社会人们心态的投影。在原始文化发展的较早阶段，人类尚不知道生育的奥秘，他们只能根据自己的感性知识，将生育看作仅仅是妇女之事，以为妇女独自即可生儿育女。当然，这些裸体女像也从另一个更为直接的角度，袒露出创造者既热爱生活，又热爱自身，自我展示中不无炫耀的意味与情趣。此外，学者们还指出，我国母系氏族公社时期陶器上流行的“鱼纹”、“蛙纹”、“花卉纹”等纹饰，以及当时各地“初民都以瓜瓠、葫芦为女性生殖器的象征”，都说明当时流行女性生殖崇拜。美国人类学家拉巴尔也敏锐地指出，西文中的fecund（多产的、肥沃的）、fetus（胎儿）、femina（阴性的、女性的）、femur（大腿骨）、feminie（雌性的）都有一个共同的词根fe，这表明在“肥硕”、“孕育”、“女性”这些不同的事物之间有本原上的联系。德国学者埃里奇·纽曼还总结出人类早期阶段（母系氏族阶段）普遍的象征思维等式：妇女 = 身体 = 容器 = 世界〔2〕。

女性生殖崇拜的内涵可谓丰富，但有一点也是明朗的，即它以女性为善，以女性为真，以女性为美。这里的“女性”是丰产的女性，是生殖力强的女性，是生物学意义上的女性，同时，这种女性很可能也是具有原始美感的女性。“人类最初崇拜的祖先，是女祖先，这已经是考古学和民俗学所证实了的。中国母系氏族时代的人群，也是供奉女祖先。他们都是‘受兹介福，于其王母’，而不是于其王父。传说伏牺氏之族所崇拜的母神是华胥，神农氏之族的母神是安登，有熊氏之族的母神是附宝，少棒氏之族的母神是女节，陶唐氏之族的母神是庆都，有虞氏之族的母神是握登，夏后氏之族的母神是修已，商族的母神是简狄，周族的母神是姜嫄。这些古典的女神之所以走上氏族的祭坛，就正说明当时女子之崇高社会权威。”〔3〕女性生殖崇拜所带来的结果之一是女性崇拜，或者说，女性生殖崇拜与女性社会地位的崇高是相辅相成的。

相对于女性生殖崇拜，初民们对于男性生殖器的崇拜出现得较晚。男性生殖器官崇拜，与当时社会上男子地位的逐渐提高和人们对于生育现象认识的进步有直接与决定性的关系。与女性生殖器崇拜一样，它在本质上属于同一性质，都是对新生命神奇诞生的祈祷与崇拜，只不过是采用了不同指向罢了。

广西靖西县旧州村的独峰山岩画，属于新石器时代中、晚期，有用平涂法绘制成的男性生殖器崇拜图。图中人物的头部呈圆形，颈部用两条近似平行的精短直线表示，身躯由两条相向的弧线构成椭圆形，两脚用单曲线表示，近似半蹲的状态。引人注目的是，他的两腿间有用粗直线绘成的男性生殖器图，线形长大，与人体正常比例不符，表现了作者对男性生殖器的特别注意、加以强调并近似崇拜的意识。

属于仰韶文化的一些遗址，如陕西铜川李家沟、临潼姜家寨等，都发现过陶祖。马家窑文化和齐家文化的一些遗址里也发现过陶祖。新疆木垒县四道沟新石器时代文化遗址发现有石祖。属于大汶口文化的山东潍坊罗家口遗址、属于屈家岭文化的湖北京山屈家岭遗址、属于龙山文化的陕西华县泉护村遗址、长安客省庄遗址、河南信阳三里店遗址等，都有陶祖出土。“祖”字在甲骨文和金文中写作“且”，一般认为它是男性生殖器的形象，验之以陶祖、石祖的实物形象，证明这种认识是有根据的。

考古专家还在甘肃临洮县发现了一件形似阳具的长颈彩陶壶。经考证，该彩陶壶距今约四千五百年，属于马家窑文化半山类型。该陶器整体呈壶状，高约 27 厘米，直径 23 厘米，为泥质土黄陶。壶身上绘有交叉分布的网格纹，图案简单但流畅清晰。陶壶颈部细长夸张，造型酷似男性阳具。

新石器时代后期的器物纹饰上还出现有男性生殖器的抽象图案。山东日照两城镇龙山文化遗址发现的玉锛上，男性生殖器上的两个犹如怪兽双目样的睾丸形象，让人触目难忘。

经过女性生殖崇拜潮与男性生殖崇拜潮的历史性洗礼之后，生殖崇拜的进一步发展，便是人们在认识到男女结合、而非单纯的女性或男性为生育繁殖的根源后，将男女结合的神圣化。青海乐都县柳湾新石器时代中期裸体人像壶上的人体，即是男女复合体，人像的胸部既有男性乳头，也有女性乳房，人像的腹部既有男性生殖器，也有女性生殖器。辽宁东沟县后洼所发现的红山文化遗址，出土有一件陶塑头像，是一面为男像、另一面为女像的两面雕塑。这些考古发现都说明当时的人们已经认识到在生殖方面，男人离不开女人，女人离不开男人。由此，单纯的女性生殖崇拜或男性生殖崇拜逐渐演化为对男女交媾的崇拜。当然，这仅仅是就一般趋势而言。历史上真正的状态应该是犬牙交错的，因为女性与男性在生殖上本来就是互动、缺一不可的。

这样的例子还有不少。

内蒙古地区所发现的大量岩画，很多即反映了此类内容。阴山西段一处名叫通苦沟的山地巨石上，刻有一幅狩猎图，执弓男子强壮有力，生殖器勃然突起，宛如长锤；还有不少交媾场面的刻画，交媾者腿股交叉，颠倒相对；也有多对交媾同入一幅岩画的场面；也有伴着舞蹈形象的生殖崇拜岩画，岩画上的女性形象强劲歌舞，一般都双臂平伸，双腿向外大幅度劈开，摆出分娩的姿势。

新疆呼图壁县西南的天山深处，有一个叫康家石门子的地方，考古者发现了一处反映古代生殖崇拜的摩崖雕刻，整个画面东西长约 14 米，上下高 9 米，面积达 120 多平方米，雕有二三百个大小不等的男女人物，大者过于真人，小者仅有一二十厘米，身姿各异，神态不同，男性大都清楚地显露出表现夸张的生殖器，女像有的也

新疆呼图壁县康家石门子生殖崇拜岩画（摹图）

显露出生殖器，并且都鲜明地表现了女性的其他性征，同时还有男女交媾的画面。从整体来看，人物全部表现为裸体，其中有九个作舞蹈状的裸体女像，有三组男女交媾图，整个摩崖石刻表现了浓厚的生殖崇拜的内容。

不难理解，在原始思维统领之下，原始人对生殖崇拜的迷恋还常常以巫术的形式来表现，初民们在田间地头、果园麦地里集体性忘情交媾，以求人的生殖也像果木禾苗一般兴旺、丰收。

有专家认为，原始人类生殖崇拜的心理来源于当时极低的人口存活率。原始人口生产的特点在于高出生率、高死亡率、极低的增长率。据估计，原始社会人口的出生死亡率高达50%，旧石器时代人口百年增长率不超过1.5‰，新石器时代人口百年增长率不超过4‰〔4〕。与此相伴的是原始人的平均寿命也很低，根据各种估计和预测，从旧石器时代到新石器时代，初民的平均寿年大约在20–30岁之间。因而可以想见，原始人类只能以单纯增加出生率来求得和扩大人类自身的再生产。人口问题成了关系到人类社会能否延续的根本大事，这导致了原始人类炽烈的生殖崇拜。恩格斯在《家庭、私有制和国家的起源》第一版序言中鲜明地指出："根据唯物主义的观点，历史中的决定性因素，归根结蒂是直接生活的生产和再生产。但是，生产本身又有两种。一方面是生活资料即食物、衣服、住房以及为此所必需的工具的生产；另一方面是人类自身的生产，即种的蕃衍。"〔5〕人多力量大。人多了，在与自然界的斗争中抢占先机、增加胜算的概率才可能更大一些，这便使原始人类对人口数量的追求顺理成章，从而也使生殖崇拜发展兴盛起来。

但把生殖崇拜的所有原因都归因于人类自身的再生产，似乎也不尽合理。实际上，人类自身的再生产只是生殖崇拜之所以产生与兴盛的一种外部因素，而生殖崇拜之所以产生与兴盛还具有更强大的内在因素，这就在于人自身，在于人的自然本能。正是人的自然本能催使着男女身体的自然结合，而结合的结果之一是身体层面无比的快感，之二便是新生命的诞生。这两样都会让原始人迷惑、迷醉，乐此不疲，他们会由衷地产生神奇感，而因为知识不足与思维空间的有限，他们对此感到不可理解。这种迷狂、神奇感与不可解释性就会导致狂热的崇拜。这在心理学上很好解释：一个个活生生的生命像变戏法一样地从妇女体内娩出，这种不可捉摸的事情只有归因于不可知的事物，只可归因于神或类神之物，而妇女的身体便成了这种近似神明的类神之物。原始人于是五体投地地崇拜女性之体，特别是与生育有关的生殖器官、腹部、臀部、乳房等。

因而，如果只强调生产力因素，不足以说明生殖崇拜之所以产生的全部问题。只有引入人类身体内的自因，并把这个内因与上述生产力外因结合起来，才能把这个问题真正说清。

生殖崇拜在中国文化走向中处于何种地位与作用？这是一个颇值得研究的课题。有专家认为，儒家观念中“不孝有三，无后为大”（《孟子·离娄》）的主张“直接源于男根崇拜”，周予同更早在1927年就已论证说，儒家的哲学就是生殖崇拜哲学，儒家的根本思想生发于生殖崇拜，而“道家的根本思想同样生发于生殖崇拜”。赵国华甚至提出，“人类的文明恰恰是在生殖崇拜中诞生的”，不唯此，他还进行了更大、更让人瞠目结舌的引申发挥：“以中国而论，我们从中（生殖崇拜文化）可以发现原始祭祀礼仪，原始宗教，原始绘画和造型艺术，原始舞蹈，原始审美观念，原始神话，原始哲学观念，文字的起源，原始数学，原始天文学，原始生物学，以及原始人类的思维方式等。究其影响，还涉及服饰、建筑、园林布局、战阵、兵器形制、货币式样（外圆内方的结合）、乐器式样、生活用具，乃至于节日、婚礼、葬仪、饮宴、游戏等多种民俗，而且还涉及医学，如以补肾壮阳为基本内容的中国传统男科医学，以调经养血为基本内容的中医妇科学，还有相关的药物学。我们大胆地认为，等到生殖崇拜文化的研究全面深入地开展起来，中国和世界早期文化史都需要重写。”〔6〕

中国哲学思想的主体儒家与道家皆生发于生殖崇拜，这一论点恐怕很多人不会接受。儒家的基本思想，众所周知，是把重点放在了“仁爱”上，与生殖崇拜之说至少初看上去相去甚远。至于“无后为大”的解释，笔者认为，作为儒家的中国人不像西方人，他不相信上帝的存在，他更愿有子孙多多，仿佛这是自己生命与精神的一种延伸，仿佛这就是上帝之所在。这并非宗教，但这是一种类似宗教般的信仰，它更属于精神层面，而与身体层面的生殖崇拜关系不大。

至于认为“人类的文明恰恰是在生殖崇拜中诞生的”，就更有泛化之嫌了。生殖崇拜的作用与影响遍及一切，几乎成了“文明”的代替词，这怕是很多人所难以接受的。不只是从世俗心理上，就是从严肃的学术理论上，也难以闯过一道道学术关卡的审问。但生殖崇拜对中华文化的影响深远而巨大，而对它的研究却没有达到应有的深度与广度，这的确是特定事实并值得研究者注意。原始生殖崇拜所展现出的初民顽强的生存底色、持续的宗教狂热、缤纷的审美意蕴和巨大的文化穿透力，因为封建文明的重重阻隔，加之世俗的偏见与学术的傲慢，至今仍没有达到研究的顶部与巅峰状态，这无论如何都是一件无比遗憾的事情，同时也给后来者留下了巨大的学术研究空间。

注释：

〔1〕本节所引生殖崇拜例子见于赵国华著《生殖崇拜文化论》（中国社会科学出版社1990年8月1版）的第五章“中国原始社会的女性生殖器崇拜”、第六章“中国原始社会的男性生殖器崇拜”以及王吉怀著《中国远古暨三代宗教史》（人民出版社1994年第一版），82-91页。

〔2〕埃里奇·纽曼：《大母神：原型分析》，拉尔夫·曼海姆英译本，普林斯顿大学出版社1972年版，43页；又见户晓辉：《中国人审美心理的发生学研究》，中国社会科学出版社2003年3月版，63、80页。

〔3〕翦伯赞：《先秦史》，北京大学出版社1999年版，115页。

〔4〕吴申元：《中国人口思想史稿》，中国社会科学出版社1986年版，9页。

〔5〕《马克思恩格斯选集》第4卷，人民出版社1972年，18页。

〔6〕赵国华：《生殖崇拜文化论》，中国社会科学出版社1990年8月1版，389、393-399页。

敬神

初民敬神。不过神的观念并非从来就有的，它是社会发展到一定历史条件下的产物，反映了当时生产力的发展水平。当大千世界刚刚出现人类时，他的眼中并没有神的存在，因为他刚刚从混沌的环境中走出来，对周围的一切都是无知的。实际上，那个时候的人类与动物相差不多，分不清人与动物的区别，道不明人与自然的关系。那时人类的思维能力极其低下，思维方式单纯而幼稚，既不会幻想，也拙于联想。正是由于这个原因，人类在很长的历史时期内应该是没有神的观念的。但随着原始社会实践的历史性展开，随着生产力水平的逐步提高，原始人制造与使用工具的能力在加强，生产与生活知识的积累在增加，眼界进一步开阔，大脑也在不断地进化，从而对人类自身与大自然秘密的探究也会逐步加深，这个时候，神的观念才会最终出现并随之不断地得以强化。

从历史的角度来看，有神论的产生在当时是一种显著的进步，它拉大了人与动物的差别，并使人类向着文明的诞生又前进了一大步。

除了原始社会实践与生产力发展的因素，远古人类有神论观念的产生还得有相应的认知基础，而其哲学基点在于他们相信万物有灵、灵魂不死、生命轮回。

万物有灵学说是1871年由英国人类学家爱德华·泰勒在他对世界原始文化深入研究之后首次提出来的。泰勒认为，处于文化低级阶段的人，由于对生与死的区别，对清醒、梦、失神、幻觉、疾病等的原因不解，推测有一个“第二个我”的存在，这便是人的“灵魂”。在蒙昧人的心目中，动植物均有灵魂。那么，人的“灵魂”又是什么呢？他认为，“灵魂是不可捉摸的虚幻的人的影像”，其性质像气息、薄雾、阴影；它是虚幻的，看不见摸不着，但它又有物质性，有重量。它“能够离开肉体并从一个地方迅速转移到另一个地方”，它“能进入另一个人的肉体中去，能够进入动物体内甚至物体内，支配它们，影响它们”。万物的“灵魂”也大致如此这般[1]。

万物有灵论实际上是对自然界的人格化。由于幻想有各种各样的神灵，在早期人类的意识中，这个世界就变成了人与神的世界，在他们看来，周围各种事物与他们本身一样，也具有意识、意志、需要、愿望和情欲生活。由于原始人生产力水平的低下，由于不能科学地解释人的生存本身与自然现象的发生发展，也由于不能够充分地把握自己的命运与群体的繁衍，原始人类差不多完全受着陌生、对立、不可理解的外部大自然的支配，自然界当中的各种“神灵”成了他们生存及生产实践活动的绝对主宰。在这种情况下，敬神就成了原始人类最普遍的生活方式与行为规范之一。

中国古代神话中的盘古传说清楚地传递出了这种万物有灵论的信息：

首生盘古，垂死化身。气成风云，声为雷霆。左眼为日，右眼为月。四肢五体为四极五岳，血液为江河，筋脉为地里，肌肉为田土，发髭为星辰，皮毛为草木，齿骨为金石，精髓为珠玉，汗流为雨泽。身之诸虫，因风所感，化为黎氓。（马骕：《绎史·五运历年纪》卷一）

死后的盘古依然生机勃勃，他甚至可以说是不朽的。他自身的小宇宙与自然的大宇宙是一体化的。他的气、声、眼、四肢、血液、筋脉、肌肉、发髭、皮毛、齿骨、精髓、汗流都化为大自然的有机组成部分，甚至普通民众也是他巨大身躯的一种生理延伸。他的死亡是另一种形式的重生。在这死生转换中，人与天、人与自然、人与神合而为一，你中有我，我中有你。天地是人化的，自然是神化的，人也同样可以是自然化的。万物紧密相连，灵魂彼此相通。

周代的《关尹子·四符篇》中也说：

以我之精，合天地万物之精，譬如万水可合为一水。以我之神，合天地万物之神，譬如万火可合为一火。以我之魄，合天地万物之魄，譬如金之为物，可合异金而熔之为一金。以我之魂，合天地万物之魂，譬如林之为物，可接异木而生为一木。则天地万物，皆吾精吾神、吾魂吾魄。何者死？何者生[2]？

这就是说，万物不只有灵，不只有魂有魄，而且它们的灵魂也有可能就是我们自己的魂魄参与实现的。而且，人类无所谓生，无所谓死，死只是一种状态的自然转变，是魂魄的流转挪移，人类自身的能量与物质并没有实质性的减少与变化。

此时的人们认为人死后肉体虽灭，其鬼魂犹存于天地四野空灵之间。“魂气归于天，形魄归于地”，“魂气者，虚幻之鬼魂；形魄者，实在之体魄形体。”（《礼记·祭法》）死只不过是向另一世界的过渡，是生命轮回过程中的一个瞬间现象。

从具体时间上来看，这种“灵魂不死、生命轮回”的观念产生于旧石器时代晚期以前。此时的先民们认为人虽死去，灵魂仍能造福子孙，干预人事。在考古实践中，人们发现，处于旧石器时代晚期的山顶洞人已经知道陪葬给死者以相当的物品，在死者身边撒些颇有意味的赤铁矿粉末。到了新石器时代，往死者周围撒赤铁矿粉末已成为一种时尚。先民们对红色特别关注，认为它不仅是血液的象征，又是生命的来源和灵魂的寄居之所，他们通过赤铁矿粉末的涂饰祈望死者安然长眠，灵魂长在。

从思维方式上来看，神的观念以及敬神风尚的产生，也与远古人类的“诗性思维”相伴而生。

意大利哲学家维柯认为，原始人类有一种直观类比思维——诗性智慧。“诗性智慧”道出了原始人类思维意识世界的一些共有的特点，这便是直观性以及象征性的特点。原始人类的抽象概括能力非常有限，其思维的整个过程都与具体的事物联系在一起。他们的思维方式多是以某种感性的符号来表达主体所意会的观念。而这种具体、简单的思维方式是与原始人类万物有灵、灵魂不死、生命轮回的认知相对应、相统一的。这也就是说，在原始人心中，所有的事物背后都有神灵出没，所有的事物因而也都能诗意地关联在一起，山与水不是简单的山与水，而是一个神灵与另一个神灵的关系，这种关系类似于一个人与另一个人的关系，或说是一个灵魂与另一个灵魂的关系。这一点在当代的我们看来，的确是充满了浓郁饱满的诗情。

隔着遥远的时空，原始人的思维方式显得诗意而可爱。但还原到当时残酷的现实生活当中，还原到生产力极其低下的原始人那里，这种诗意又是那样的脆弱与无可奈何。“原始思维和我们的思维一样，关心事物发生的原因，但它是循着根本不同的方向去寻找这些原因的。原始思维是在一个到处都有着无数神秘力量在经常起作用，或者即将起作用的世界中进行活动的。简而言之，看得见的世界和看不见的世界是统一的，在任何时刻里，看得见的世界的事件都取决于看不见的力量。”“如我们已经见到的那样，任何事情，即使是稍微有点儿不正常的事情，都立刻被认为是这种或那种神秘力量的表现。”这种或那种的“无数神秘力量”在“诗性智慧”的过滤下，正如我们所看到的，最终演绎成了无数的各种各样的“神”，主宰着原始人类的生活与生产实践。

原始人类于是顺理成章地选择了敬神。

在原始世界中，神在形态上具有多样性。放眼日月星辰、江河湖海、花草树木、崇山峻岭，无不有神灵出没。《礼记·祭法》中说：“燔柴于泰坛，祭天也。瘗埋于泰折，祭地也。……埋少牢于泰昭，祭时也。相近于坎坛，祭寒暑也。王宫，祭日也。夜明，祭月也。幽宗，祭星也。雩宗，祭水旱也。四坎坛，祭四方也。山林、川谷、丘陵，能出云，为风雨，见怪物，皆曰神。有天下者，祭百神。”

天地四方皆有神灵，都要去祭拜致敬，远古的人们可谓勤快繁忙。

大致上说来，原始人类所敬重的神灵可分为自然神与人物神两大类，其中的人物神又以祖先神为重中之重。极端的敬神便是各种形式的崇拜，总起来说可分为两大类，即自然神崇拜和祖先神崇拜。

自然神崇拜是人在强大的大自然面前感到万般压抑与无助后所产生的一种强烈信仰。它认为自然有一种神秘的力量，可以支配人们的行为，主宰人们的生活，改变人们的命运，而人无法与自然进行对抗，只能对自然神灵顶礼膜拜，接受自然神灵给予的馈赠。在对自然神的崇拜中，人们主要崇拜天、地、山、河、龙等等。人们认为天神是主管天下万物的神，它主宰人类一切吉凶祸福，太阳是天神的一种代表，它高兴时使植物生长，发怒时使禾稼枯焦，它既能驱走寒冷，又能带来酷暑。远古时代人们也崇拜地，认为大地能够生养万物，所以要给予隆重的祭祀，万物才能在大地的厚赐下生长繁茂。《礼记·郊特牲》认为："地载万物，天垂象，取材于地，取法于天，是以尊天而亲地也。故教民美报焉。"远古时代人们也把山列为神灵进行崇拜，认为山神可以给人们带来雨水。《山海经》记载有四五百座山以及各山神灵；甲骨卜辞中记有殷人把山神当成求雨、祈年的对象。人们对河神的崇拜，主要祈求河神不要给人们带来洪水泛滥等灾害，更不要来吞没亲人的生命。远古时代人们还信仰龙，认为龙可以上天入地、呼风唤雨。龙平时潜藏于水中，一发威天空就会阴云密布、电闪雷鸣，地上就会暴雨成灾。因此，人们不能惹得神龙发怒，就要经常祭祀龙神。

延续至夏、商、周，人们对自然界各种物事和现象的崇拜依然很多，其中最多的恐怕是日神崇拜。《庄子·田子方》说："日出东方，而入于西极，万物莫不比方。"表达了当时人们对太阳的认识。对日神的崇拜还为后人留下了许多传说，而记载这些传说的资料中，都反映出不同地区对太阳的看法是不同的。帝俊的部族主要是活动于东南部凉爽地区，常受太阳的恩惠而少受其苦，因此称太阳为善神，并加以崇拜。在黄河中上游中西部地区，人们厌恶太阳的焦火不熄给人们生活带来的灾难，因而视太阳为恶神。到了商代，人们崇拜的日神善恶兼具，是一位中性神，而太阳的非常状态，如日全食、日偏食等现象，则认为是日神预示祸祟或灾殃。对日神的崇拜，产生了日神的祭礼，夏、商、周三代日神祭礼，一种是在日食变化发生时举行，一种是与观察太阳运行以"敬授人时"的祭礼有关，如在春分或秋分前后举行的祭日出与日入的祭礼。

对自然界中各种具体气象的崇拜，也是夏、商、周三代人的一项重要的精神活动。对雷鸣闪电威力的恐惧，使人有了对雷神之类的崇拜，认为"雷泽中有雷神，龙身而人头"（《山海经·海内东经》），有致雨和惩戒人间的神力。对骤风、冰雹、严寒等现象，都要祭拜，认为这是天神降给人间的灾难。夏、商、周三代祭拜最频繁和最隆重的可能属祭雨了，久旱不雨或雨水成涝，常直接关系到农作物生长收成、土木工程建设等，影响社会生活的稳定，所以《周礼》干脆将雨神纳入国家级祀典。三代祭仪主要是烧燎祭，取烟气升腾可贯达上天之意，祭雨常常与祭云同时进行。在雨水盛多易构涝积灾之际，要举行去雨、退雨、宁雨之祭，求降雨减弱消退或停息；在雨水少缺失调或旱情严重下举行求雨之祭，祈求快快下雨。因祭雨繁杂而隆重，所以耗费的物力和人力都非常大。

人死有鬼，夏、商、周三代人们深信不疑，而且还认为鬼亦有善恶，正常死亡或生前有益于人的人死后得为善鬼，非正常死亡或生前有恶行之人，死后变恶鬼。在人们的观念中，人死安息墓地后，善鬼就有了善的去处，而恶鬼则藏匿于川泽山林阴暗角落里为害人类。怎样来制止这些恶鬼为害人类？人们又认为世界上具有一种至高无上权力的神，主宰着宇宙间的一切恶鬼，人要想不受恶鬼迫害，就要祭神，祈求神的帮助。在人们祭鬼神的过程中，逐渐形成了血缘祭祀特征，某些善鬼经过后代的不断祭祀，逐渐在本家族神化了，从鬼升华为神，崇拜者相信其对本家族成员有降福和庇护子孙后代的神秘力量，其神格也由鬼魄转化为固定的神祇，于是，就出现了祖先神崇拜。祖先神崇拜的对象，并不是泛指所有死者的鬼魂，祖先神能否受到祭祀，常常根据其在世时的品性作为而定。出于功利的考虑，统治者常以传说中的英雄人物作为人们共同的远祖，用来突破族类差别上的融合障碍。《国语·鲁语上》说，夏后氏崇拜鲧和颛顼，商人崇拜冥和契，周人崇拜稷，这些都是传说中的人物，分别被尊为夏、商、周三代各自的始祖。

应该指出的是，原始宗教中的神灵不是一成不变的，往往随着生产的发展而变化，例如狩猎经济时期，动物是人类的生活资料来源，因此，这时的神灵主要是动物神。农业经济时期，构成六畜兴旺、五谷丰登的主要条件是气候和其他自然条件，因而人们崇拜的对象主要是天神和地神等。

夏、商与西周时期的人们都拜神敬鬼，而程度又略有不等，其中尤以殷商时代最为兴盛热烈。《礼记》在评论夏、商、周三代社会政治思想异同时，就曾指出殷人的诸般特点："殷人尊神，率民以事神，先鬼而后礼，先罚而后赏，尊而不亲。"从殷墟卜辞中可以看出，殷人尊神先鬼的说法确属事实。比如杀牲祭神的数目相当惊人，有多至一次"羊百"、"羊三百"、"百牛"、"千牛"、"五十豚"、"百豕"、"犬百"、"三百犬"等，并大量用人为牺牲，其中包括有不同的邦族：羌、大、亘、奚、印等族，一次可杀至"百羌"、"三百羌"、"千人"等。杀祭的方法有：俎、伐、戕、沈、卯等，可以看出殷人尊神先鬼达到何种程度。大体上说，殷人对自然崇拜，于天神有上帝、日、东母、西母、风、云、雨、雪等；于地祇有社、方（四方）、山、岳、河、川等，其中最为重要的是"帝"。对祖先崇拜不仅于先王、先妣有复杂的祀典，而且于名臣又有配享制度，列于祀典的受享名臣有伊尹、伊陟、巫咸、师盘等。《尚书》说："兹予大享于先王，尔祖其从与享之"，更直接谈到这种情况。从殷墟卜辞记载的大量祭祀情况和殷墟祭祀场面考古发掘的情况来看，商代鬼神崇拜的重点在于祖先神而不是自然神。从祭典的种类、祭品的多寡、祭祀次数等方面，和祖先神比较起来，"帝"都是望尘莫及的。比如，关于祖先神的卜辞有一万五千多条，而关于"帝"的卜辞仅有六百多条。

西周人的鬼神观念，按照《礼记·表记》所言，特点在于"尊礼尚施，事鬼敬神而远之"。也就是说，西周的人们对于鬼神的敬仰与祭祀，与前代相比，更多地增加了礼仪与人事的成分与内容。商代神灵崇拜中出现的"上帝"的概念，到了西周时期，便发展为

“天”，亦即“天神”，主宰着人间大地的一切，所以西周人通过完善一系列的祭天制度来体现对“天”的崇拜。而周代诸王，自称为“天子”，意思是“天”的儿子，从人对“天”的敬畏、崇拜心理上，树立了自己的绝对威信。

周人对天的祭祀比较频繁，其中最重要的是郊祭：

> 郊之祭也，丧者不敢哭，凶服者不敢入国门，敬之至也。祭之日，君牵牲，穆答君，卿大夫序从。既入庙门，丽于碑，卿大夫袒，而毛牛尚耳，鸾刀以刲，取膟膋，乃退。爓祭，祭腥而退，敬之至也。（《礼记·祭义》）

由于郊祭是对于“天”的祭典，所以要做到“敬之至”。郊祭之时，周王要亲自牵着祭典所用牲口，王室贵族和卿大夫们都要依次随从。从郊外返归于庙的时候，周王将牲口拴在庙门以内的石碑上，卿大夫们要袒臂取牛耳之毛以荐于神，再用鸾刀割取牲体，以腥肉祭，以此表示对上天的极端崇敬之情。

周人的神灵系统已经打上了分封制与宗法制的鲜明烙印，不同等级的人要遵循一定的祭祀规格。如果超过规格，祭祀了不属于本等级的神灵，神灵就不会赐福，这种祭祀被称为“淫祀”：

> 天子祭天地，祭四方，祭山川，祭五祀，岁遍。……大夫祭五祀，岁遍。士祭其先。……非其所祭而祭之，名曰淫祀。淫祀无福。天子以牺牛，诸侯以肥牛，大夫以索牛，士以羊豕。支子不祭，祭必告于宗子。（《礼记·曲礼》下）

鬼神之事虽然从很早的古代就已经存在，但是对“鬼”、“神”二字进行概括，正式引申出鬼神的概念，则是春秋时期的事情了。

春秋时期人们的精神世界里依然是“神出鬼没”，社会上绝大多数人对于神的存在及其无所不能的品性都是深信不疑的。从严格的意义上讲，真正的无神论者在春秋时期并没有出现。即使是最进步的思想家，也都还没有达到否定神的存在的地步。睿智如孔子者，也只是对于神的存在略微有些怀疑而已，而并没有明确否定神的存在。对于社会发展而言，春秋时期的鬼神观念仍然具有重大影响，各个诸侯国在诸多重大事件上，往往要受鬼神观念的支配，君主的决策也往往听从鬼神的意愿。春秋时期先进思想家，虽然有“国将兴，听于民；将亡，听于神”（《左传》庄公三十二年）的振聋发聩之论，但诸事皆听于神的情况还是常有的，像虞国国君那样以“享祀丰洁，神必据我”（《左传·僖公五年》）为自己可以高枕无忧的理由，从而导致亡国之祸者，在春秋战国的历史上也并非罕见。

中国古代神话对先民们这种神话世界与敬神行为进行了一定程度的总结。中国古代神话散见于《诗经》、《楚辞》及《庄子》等古籍，主要收集在《山海经》之中。这些神话可分为自然神话、创世神话、英雄神话和传奇神话四大类。自然神话多以山川风雷、鸟兽草木为描述对象，如风神飞廉，雨神屏翳、旱神女魃、火神祝融、水神禺强、日神羲和、月神常羲等，反映了初民敬畏和征服自然的心态；创世神话是对于世界形成和人类起源的探索，产生于母系氏族社会时期，其中的神仙以女性为主体，有“盘古开天辟地”和“女娲造人”等；英雄神话产生于父系氏族社会时期，其中的神仙以男性为主体，他们注重个性表现，有无穷的力量，以勇敢著称，这里有为民兴利除害的鲧禹治水、后羿射日，有不辞劳苦、与自然抗争、表现人类不屈斗争精神和坚强意志力的夸父逐日、精卫填海，有表现氏族部落间争斗的炎黄之争、黄帝杀蚩尤、共工怒触不周山……传奇神话表现的是异人异物、异域奇闻、怪人神物的传奇故事，反映了远古人民企图冲破种种自然条件限制，改造自身生活环境的愿望和理想。从这些纷纭丰富的神话传说中，我们会发现国人童年时期对各类神灵富有想象力的创造与痴迷，也隐约可见原始人类敬神风尚的遗存与流布。

1971 年于内蒙古自治区赤峰市翁牛特旗三星他拉小北山出土的碧玉龙。经专家鉴定，确定为原始社会新石器时代的"玉龙"，红山文化遗物，距今已有近六千年的历史，因此被誉为"中华第一龙"。

注释：

〔1〕爱德华·泰勒：《原始文化》，连树声译，上海文艺出版社 1992 年版，416 页。

〔2〕周·尹喜：《关尹子》，见《百子全书》第 8 册，浙江人民出版社 1984 年版。

〔3〕列维－布留尔：《原始思维》，商务印书馆 1981 年版，418 页。

〔4〕王吉怀：《中国远古暨三代宗教史》，人民出版社，1994 年第一版，16 页。

〔5〕李锡：《中国远古暨三代思想史》，人民出版社 1994 年第一版，58 页。

〔6〕晁福林：《先秦民俗史》，上海人民出版社 2001 年 1 月版，341-342 页。

图腾

图腾崇拜是人类较早出现的一种原始宗教形式。“图腾”（Totem）一词始见于1791年在伦敦出版的龙格著《一个印第安译员的航海探险》一书。它源于北美印第安部落的一个方言词，意为“亲族”，因为那里的人们把自己的氏族看作是源于某种动物或植物，便使用其名字作为氏族的徽号，把它们当作氏族神来崇拜。后来，随着人类学家对现存原始部落的考察，发现这种同某类自然对象攀结“血缘关系”的原始崇拜不仅为北美大陆所独有，在大洋洲也广泛存在。此外，欧洲、亚洲、北非、南美以及波利尼亚和因纽特人那里也留有类似的原始崇拜形式，可见其具有普遍的人类学意义。

中国远古时代的氏族和部族普遍拥有自己的图腾徽号，这种情况直到春秋时期，人们还有深刻印象。与孔子约略同时的郯子是一位很有学问的人，有一次，他跟鲁昭公谈起了这个问题：

> 昔者黄帝氏以云纪，故为云师而云名；炎帝氏以火纪，故为火师而火名；共工氏以水纪，故为水师而水名；大皞氏以龙纪，故为龙师而龙名。我高祖少皞挚之立也，凤鸟适至，故纪于鸟，

为鸟师而鸟名。凤鸟氏，历正也。玄鸟氏，司分者也；伯赵氏，司至者也；青鸟氏，司启者也；丹鸟氏，司闭者也。祝鸠氏，司徒也；鴡鸠氏，司马也；鸤鸠氏，司空也；爽鸠氏，司寇也；鹘鸠氏，司事也。五鸠，鸠民者也。（《左传·昭公十七年》）

按照郯子所说，远古时期的部族往往是以本族人们所认为的祥瑞之物为徽号的，黄帝族以云为徽号，炎帝族以火为徽号，共工氏以水为徽号，大皞氏以龙为徽号，少皞氏以鸟为徽号。在一个大的部族内部，不同的氏族也有不同的徽号，少皞氏内部的凤鸟氏、伯赵氏等就是例证。与现代人的一般性想象相契合的是，在远古时代的氏族徽号里，最为常见的是鸟类或某些凶猛的动物。相传黄帝就曾经“教熊、罴、貔、貅、貙、虎，以与炎帝战于阪泉之野”。这里所提到的熊、罴等并非真正的动物，而是以这些凶猛的动物为徽号的氏族或部族。

图腾崇拜其实是自然崇拜与祖先崇拜相结合的原始宗教，它既有自然崇拜的某些特点，也有祖先崇拜的许多因素。不过，中西方的文化走向是不同的。西方人的图腾崇拜滑向了自然崇拜，最终投入到了古代宗教的怀抱中，中国的图腾崇拜则偏向了祖先崇拜，最终实现了向伦理律令的过渡[1]。上文所说的有些氏族徽号很难说就是单纯的动物崇拜，远古人们的混沌思维往往把各种因素都掺杂在一起，从而也使其具有氏族祖先崇拜的意味，比如作为氏族徽号的鸟。

鸟作为图腾在中国远古时代非常普遍。《诗·商颂》有“天命玄鸟，降而生商”的记载。《史记·殷本纪》载：“殷契，母曰简狄……见玄鸟堕其卵，简狄取吞之，因怀生契。”《史记·秦本记》

载："秦之先，帝颛顼之苗裔，孙曰女修。女修织，玄鸟陨卵，女修吞之，生子大业。"人们据此推论说，商族与秦人的祖先都与玄鸟有亲缘关系，从而都是以玄鸟为图腾的。

鸟纹图案在考古资料中也是比较丰富的，从彩绘到陶塑都有鸟的形象。在宝鸡北首岭、华县柳子镇、陕县庙底沟等遗址分别有鸟纹图像的出现。鸟形图像不仅存在于黄河流域的史前人类中，而且在长江流域的原始遗存中也有普遍发现。河姆渡文化遗址中发现有双鸟朝阳象牙雕刻、鸟形象牙雕刻、圆雕木鸟，甚至在进餐用的骨匕上也刻有双头连体的鸟纹图像。在中国南方的古代民族中，越人的图腾标志主要是鸟。居住在山东、江苏一带的东方各种夷人，据古籍记载，最初也是以崇拜鸟为主。从民族志的材料来看，中国近现代大多数少数民族都还或多或少地残留有鸟图腾崇拜的文化痕迹。怒族、苗族、满族、朝鲜族等都有鸟图腾，并有关于鸟是自己祖先的神话传说〔2〕。

此外，目前考古发现的彩陶中不少刻画有鱼纹、蛙纹、鹿纹，研究者认为这也说明鱼、蛙、鹿等动物都曾经作为某些氏族的图腾。论者还提出，中国许多古典著作还记载一些人造图腾的形象，如《山海经》说伏羲是"蛇身人首"，神农是"人身牛首"，西王母"其状如人，豹尾虎齿而善啸"。

一般说来，图腾崇拜具有以下几个特征：首先，氏族都相信自己与某些动物、植物有着一定的血缘关系，从而把有血缘关系的动、植物直接看成是本氏族的祖先；其次，对本氏族的图腾动物格外崇敬，禁止杀食；第三，本氏族对图腾有一定的祭祀活动，并在日常用具上甚至身体装饰、住所、墓地等方面用图腾作标记，表明自己的所属。

当然，对中国人来说，最著名的图腾是龙与凤。特别是龙，它以多种动物组合的体征，以其无比神异的特性，以其悠久而丰富的传说，成为公认的中华民族的一个特殊象征。

考古发掘所见的新石器时代的玉龙及龙形纹饰已有许多。例如，内蒙古翁牛特旗广德公乡黄谷屯的红山文化遗址出土一件黄色泛绿玉龙；龙山文化时期的山西襄汾陶寺遗址出土有龙纹大盘；内蒙古翁牛特旗三星他拉发现有大型碧玉龙；辽宁凌源县牛河梁的红山文化遗址出土有小型玉雕龙，东山嘴出土有双龙首玉璜；属于兴隆洼文化的内蒙古敖汉旗兴隆洼出土有龙纹陶器。这些发现表明，在新石器时代，无论是作为被祭祀供奉的神物，抑或是作为装饰花纹、装饰品，龙都是当时人们所敬仰、热爱与崇拜的对象。

在古史传说中，龙也是作为一种神物，而处于重要地位。《山海经·南山经》中说，“自柜山至于漆吴之山”，“其神状皆龙身而鸟首”；《山海经·东山经》中也说，“自天虞之山以至南禺之山”，“其神皆龙身而人面”，另外还有“人身龙首”的神。龙还与一些著名的神渊源颇深，如作为五帝之一的颛顼“兽身人面，乘两龙”（《山海经·海外南经》）；主管刑戮的称为“蓐收”的神灵，“左耳有蛇，乘两龙”（《山海经·海外西经》）；东方的称为“句芒”的神灵，“鸟身人面，乘两龙”（《山海经·海外东经》）；北方的称为“冰夷”的神灵，“人面，乘两龙”（《山海经·海外北经》）。在这些传说中，龙或与神合为一体，或为神之坐骑，都具有很大的神力。另外，我们也不应忘记，在黄帝与蚩尤作战之时，正是应龙杀死了后者（《史记·五帝本纪》）；应龙还曾协助大禹治水；它后来去了南方，“故南方多雨”（《山海经·大荒北经》）。

闻一多曾指出，龙这个幻想中的动物的形象是蛇的形象加上各种动物形象而综合形成的，它以蛇身为主体，“接受了兽类的四脚、马的头、鬣的尾、鹿的角、狗的爪、鱼的鳞和须”（《伏羲考》）。这可能是以蛇为族徽的远古华夏氏族、部落，不断战胜、融合其他氏族、部落，从而使蛇的族徽不断融合其他族徽而逐渐演化形成的。从“伏羲鳞身，女娲蛇躯”，尧舜禹等族多以龙、蛇为族徽，到甲骨文中的有角的龙、蛇字样，再到以龙作为皇帝的象征；从新石器时代文化遗址中出现的人首蛇身的陶器盖，到青铜器上的各种夔龙，再到战国楚墓的“人物御龙”帛画，一直到天安门城楼檐下坐龙、升龙、降龙和走龙的彩画，龙这个神异的形象在中华民族文化与精神发展进程中起着难以简言的重要作用。

一直到今日中国的大江南北，龙的形象还时隐时现，与龙有关的各种观念、现象、习俗等，组成了绚丽多彩的龙文化。“龙子龙孙”、“龙的传人”等意识世代相传；专门祭祀龙的节日几乎无地不有；“龙王爷”、“龙王庙”以及有关龙的各种传说绵延不断；民间各种龙舞、龙舟赛、舞龙灯活动经久不息；龙的形象更是随处可见，举凡建筑装饰、美术设计、家具器皿，甚至菜肴糕点等，都可见到龙的身影；以龙命名的地名不计其数，而带有龙字的人名更是难以尽数。正如闻一多所说：龙族文化“做了我国几千年文化的核心，……龙是我们立国的象征”。神乎其神的龙在历代人们的崇拜过程中，逐渐演化，升华为无与伦比的全民族性神物。今天，居住在世界各地的华夏后裔，都说是“龙的传人”，使龙真正成为中华民族共有的现代“图腾”。

中国以农业立国，能兴云布雨的龙符合农耕社会生产与生活的需要，而这几乎是决定性的一个因素。同时，龙成为中华民族共有的图腾式标志，也表现出了中华民族富有想象力与创造力的主体精神。中国古人正是按照自己的想象、希望、意志、情趣以及道德、审美标准，不仅创造了龙特异于其他动物的身躯体态，而且创造了龙的种种神性，以此来补充人类自身的先天不足，并曲折显示出人自身的内在力量。

据专家研究，甚至今人的姓，不少也可约略窥见远古图腾文化的遗留：

这其中，与动物有关的姓有：龙、凤、鱼、蚁、马、牛、羊、骆、鹿、熊、燕、鼂（晁）、蛇（佘）、禹、虎、狼（郎）、鲍、猿（袁）、猴（侯）、龚（下半之“共”即“恭”，敬龙之意）、驺、虞（驺虞即大熊猫）、巴（蛇）、万（毒虫）等等。

与植物有关的姓有：柳、李、花、桂、朱（红心木也）、荆、楚、麦、乔（大树）、蒲、柏、桑、林、华、叶、葛、蒙（女萝也）、蒯、蔡（草也）、艾、萧（香蒿也）、薛（草名）、竺（竹）、朴、杜、杭、果、柴、查（水中浮木也）、柯、杨、梅、檀等等。

与自然物有关的姓有：风、云、沙、石、水、江、阴（月亮）、阳（太阳）、山、岳、金、银等等[3]。

上述所列的姓，能在多大程度上与远古图腾有确切而真实的联系，还有待于学术界的更多确认。不过正如摩尔根所指出的，“古老的氏族姓氏很可能取自动物或无生物”[4]，史学家吕振羽更清晰地认为，“在中国今日的姓氏中，也保留着不少原始图腾名称的遗迹”。[5]实际上，20世纪以来，中国不少学者就开始探讨中国古姓与图腾的关系，如黄文山、董家遵、钟道铭、李玄伯、孙作云、丁山等，他们虽然意见不完全一致，但都认为中国的一些古姓源于图腾[6]，可见姓氏与图腾这一课题，还是值得给予格外注意与深入研究的。

文明时代的人们不谙古情，羞于用某些恶兽毒虫名其族，常变易成同音字，蛇之为佘、鼌之为晁都是明显的例子。班固好用古字，他在写作《汉书》时，就一改《史记》的写法，把西汉名臣晁错改作为鼌错，便是一例。至于与植物有关的姓氏，原始人本也有“植物生人”的原始想法，如羲、娲出自葫芦，夜郎国竹王生于水中浮竹（见《后汉书·西南夷列传》）等等，不胜枚举。

这一切有意味的蛛丝马迹，都让我们今天在念叨司空见惯的姓氏时，眼前会不由地浮现出远古图腾时代祖先们斑驳模糊的身影来……

注释：

〔1〕陈炎：《多维视野中的儒家文化》，中国人民大学出版社1997年6月1版，18-24页。

〔2〕王吉怀：《中国远古暨三代宗教史》，人民出版社1994年版，49-50页。

〔3〕龚维英：《原始崇拜纲要——中华图腾文化与生殖文化》，中国民间文艺出版社1989年10月第一版，111-112页。

〔4〕摩尔根：《古代社会》，人民出版社1978年版，291页。

〔5〕吕振羽：《史前期中国社会研究》，三联书店1980年版，77页。

〔6〕何星亮：《中国图腾文化》，中国社会科学出版社，1992年11月版，100-102页。

拜祖

祖先崇拜是在自然崇拜和图腾崇拜之后发展起来的一种宗教信仰形式。上古时人们认为人是有灵魂的，灵魂在人体内存在，人死后灵魂离开人体，灵魂变成了鬼，鬼成为人的精神活动的延续。那时的人们坚信鬼具有非凡的能力，仍然对活人施加影响。这样，那些生前曾经为本氏族的生存起过重要作用的祖先死后，其灵魂就成为初民们崇拜的对象，他们希望这些祖先的灵魂能够继续为氏族免除灾害。

祖先崇拜首先表现在丧葬方面。在氏族中地位比较高的人，其死后随葬物品也相对丰厚。这一点在后面的章节中还有细述。

其次，我们发现，远古时代祖先崇拜与英雄崇拜是合为一体的。那些杰出的氏族首领，在远古人眼里既是祖先，又是英雄，介于神、人之间，处于半神半人的状态。《国语·鲁语上》中说："昔烈山氏之有天下也，其子曰柱，能殖百谷百蔬。夏之兴也，周弃继之，故祀以为稷。共工氏之有伯九也，其子曰后土，能平九土，故祀以为社。"柱与后土，由于对生产活动贡献巨大，所以被奉为稷神与

后稷像，来自《明刻历代帝贤像》。

社神。其他如黄帝、颛顼、帝喾、尧、舜等人被尊奉，也都是因其有功于天下。

商代对于祖先的崇拜就已非常炽烈，祖先神也是商代人所祈祷的主要神灵。商王朝从上甲至帝辛共三十七王，除极少数外，绝大部分都受到隆重的祭祀。这在卜辞里有明确记载。例如，关于祭祀上甲的卜辞有一千一百多条，祭祀成汤的有八百多条，祭祀祖乙的有九百多条，祭祀武丁的有六百多条。在迄今所见的全部殷商卜辞里，明确为祭祀祖先的达一万五千多条。从各类卜辞的数量来看，关于祭祀祖先的卜辞超过其他任何一类辞例的数量。这一点很能表现出商代人对祖先神灵的重视程度。不仅如此，在用牲数量、祭典规模等方面，也可看出商代人对于祖先的祭祀是特别隆重的。商代人祭祀祖先的范围也相当广泛，往往会追溯到最初的祖先。殷商的祀典里也网罗了不少女性祖先在内，异姓部落的先祖也为殷人所尊崇，其中最为典型的是功臣伊尹。

不管是单独祭祀某一位先祖，抑或是祭祀若干位先王，殷人的祖先崇拜里都没有忽略对于全体先祖的尊崇，这种观念集中体现在殷人的“周祭”之俗，即对祖先的遍祭习俗上。在祭祀的具体实施上，殷人用翌、祭等五种祀典，对上古以来的祖先轮番地、周而复始地进行祭祀。由于商王死后都用天干为序标号，祭祀也就以天干的顺序，所以商代的周祭制度是很有规律的。在向祖先祈祷的内容上，据卜辞记载，殷人在祭典上曾经多次向不同的祖先“祈羊”、“祈禾”、“祈田”、“祈生”、“祈牛”、“祈雨”，也向一些先祖祷告以禳除灾害，如“御疾”、“御疾齿”等，都是在具体生产生活中所遇到的、渴望顺利解决的实际问题[1]。

和夏、商相比，西周时代的祖先崇拜有了比较鲜明的时代进步特点。在周人心目中，即使是那些最显赫的祖先，也不是完全意义上的神灵，他们本身并没有呼风唤雨的神力，而得借助万能上帝的力量，就连最为神圣的先祖周文王，也只是列席帝庭，仅仅作为上帝的辅佐而已，“文王陟降，在帝左右”（《诗经·文王》），是依靠上帝来转折保佑周人的。这种情况与殷人那种直接向祖先神灵祈求各种佑护颇有区别。这也从一个侧面说明，到了周代，祖先作为神的色彩在减弱，而作为正常人的色彩在增强。

就周王室而言，周族最为重要的祖先神是大王、王季、文王、武王、成王等著名的先王。周朝建立不久，武王病笃，周公向神灵祈祷，愿以自己的生命来换取武王的康复。周公的祷辞就很能说明周人当时的祖先崇拜观念——

惟尔元孙某，遘厉虐疾。若尔三王，是有丕子之责于天，以旦代某之身。予仁若考，能多材多艺，能事鬼神；乃元孙，不若旦多材多艺，不能事鬼神。乃命于帝庭，敷佑四方，用能定尔子孙于下地；四方之民罔不祗畏。呜呼！无堕天之降宝命，我先王亦永有依归。今我即命于元龟，尔之许我，我其以璧与珪，归俟尔命；尔不许我，我乃屏璧与珪。（《尚书·金縢》）

周公祈祷三王，希望能救助武王，并许以玉璧与玉珪，如果救助成功，玉璧与玉珪归三王使用；如果不成功，玉璧与玉珪就不给他们了。这反映了周人祖先崇拜中的功利取舍的原则与实用主义思想。这也说明在周人的观念中，祖先并不是万能的，对祖先的请求有可能落空，因而也可以说周人对祖先的崇拜是打了折扣的，其中弥漫着一种较清醒的实用主义精神。

周王朝每逢有重大活动或重要节气，都要祭祀祖先。《诗经·周颂》31篇，有近一半篇章是描写周王祭祀祖先的。如《丰年》、《有瞽》、《载芟》、《潜》是描写祀先祖的；《思文》是描写祀后稷的；《清庙》、《维天之命》、《维清》、《我将》、《雝》、《赉》是描写祀文王的；《闵予小子》是描写祭文王、武王的；《有客》是描写祭武王的。

有意思的是，周人在祭祀祖先的时候，往往以生人代替死者受祭。受祭者称为“尸”。尸，一般是主祭人的臣下或死者的孙辈，为有爵有德之人。《诗经·楚茨》篇所叙述的就是迎尸以祭的情况：

礼仪既备，钟鼓既戒。

孝孙徂位，工祝致告。

神具醉止，皇尸载起。

钟鼓送尸，神保聿归。

诸宰君妇，废彻不迟。

诸父兄弟，备言燕私。

尸在祭祀的时候要遵从各种祭祀礼仪。在各项礼仪完备之后，在钟鼓声中，尸离开主祭之位，祝官报告祭礼已毕、神灵都享用了祭品，这时候，尸才能起来告辞。祭礼在此时也再次掀起高潮，钟鼓齐鸣来隆重地欢送尸，司祭的神保这才告归。无论何人为尸，其为尸期间，人们都要以神灵待之。就目前记载来看，这种以尸为神象而进行的祭祀是周代特有的祭祀方式，周以后尸逐渐为神主和画像所代替，尸不再出现于祭典。

周代分封制与宗法制对于祖先祭祀的影响在立庙制度上表现得最为明显。设庙数量的多少，依社会等级的高低而有别。按照《礼记·祭法》的说法，周王要立七庙（考庙、王考庙、皇考庙、显考庙、祖考庙、文王庙与武王庙），诸侯立五庙，大夫立三庙，士立二庙，庶人无庙。

按照周代的祭祀制度，祭祀的人在祭典进行时，始终要有敬祖之心：

孝子将祭祀，必有齐庄之心以虑事，以具服物，以修宫室，以治百事。及祭之日，颜色必温，行必恐，如惧不及爱然。其奠之也，容貌必温，身必诎，如语焉而未之然。宿者皆出，其立卑静以正，如将弗见然。及祭之后，陶陶遂遂，如将复入然。

（《礼记·祭义》）

这强调孝子在祭祀前后都要有敬祖、思祖之心，在容貌、行动、言语等方面都要合乎礼仪规范。

祖先祭祀在春秋战国之时逐渐纳入了宗法系统，成为维系本族之人的特殊精神与社会纽带，也是对族人进行团结教育的一个重要手段。这个时候，随着宗族势力的日益强大，各族普遍建立宗庙。女子出嫁之前要到宗庙里向列祖列宗致敬献礼，《诗经·采苹》就记述了此种祭祀的情况：

于以采苹，南涧之滨。于以采藻，于彼行潦。

于以盛之，维筐及筥。于以湘之，维锜及釜。

于以奠之，宗室牖下。谁其尸之，有齐季女。

诗中的这位女子采苹采藻，盛在筐中筥里，回家用锜与釜煮熟，然后拿到祖庙中祭祀祖先。从祭品的规格及内容上来看，这位女子应当属于士、庶人阶层。

春秋战国时期的人们一年四次祭祖，“春祭曰祠，夏祭曰禘，秋祭曰尝，冬祭曰蒸”（《尔雅·释天》）。相传，每季的首月都要向祖先神灵进献新鲜之物，比如正月里贡韭、四月间贡麦、七月里贡黍稷、十月间贡稻等等。《诗经》中的《閟宫》、《楚茨》就描述了尝祭、蒸祭等场面。

祖先神是本宗族最主要的保护神，人们在平时祈望祖先神灵能“报以介福”，在危难之时祈望先祖神灵出面护佑。公元前493年，晋郑两国交战，正在晋军中的卫国太子蒯聩眼见郑师人多势众，大为惧怕，自投于车下，口中念念有词，跪求祖先护佑，他的祷辞如下：

曾孙蒯聩敢昭告皇祖文王、烈祖康叔、文祖襄公：郑胜乱从，晋午在难，不能治乱，使鞅讨之。蒯聩不敢自佚，备持矛焉。敢告无绝筋，无破骨，无面伤，无作三祖羞。大命不敢请，佩玉不敢爱。（《左传·哀公二年》）

蒯聩向先祖周文王、卫康叔、卫襄公祷告，祷辞中不仅陈述了自己参加这次战役的原由，而且请求先祖护佑的内容也很具体化，包括在战斗中不要使自己伤筋动骨，不要损伤容貌等，并提出假如保佑成功，那么就把佩玉敬献给先祖神灵。

春秋战国时期，不仅国家建有宗庙，穷乡僻壤也建有宗庙。《管子》为安定民心，曾强调在山野建宗庙。周代君王都认为，君权神授，家国一体，从而把宗庙看做是国家的象征。宗庙被毁就象征着国家灭亡。同样，平民百姓十分看重祖先冢墓，认为祖坟被挖是莫大的耻辱。战国时代齐将田单就曾利用齐人的这种心理激发士气，同仇敌忾，大败燕军于即墨城外。

春秋战国时期，社会上普通士人和民众除了参加宗族对于本族共同先祖的祭祀之外，还会到自己个体先祖的墓地上进行祭祀，以表达崇敬之情。孔子曾路过泰山侧，见有妇人嚎哭于墓，使子路查问实情，发出了“苛政猛于虎”的感慨。春秋时期，一般人离国及回国之时，也都得先到先祖的坟墓前祭拜，路过先祖墓葬也得行礼致敬。（《礼记·檀弓》）

总的来看，春秋战国时期，人们对祖先的祭祀意识在增强，远古以来的祖先崇拜观念也进一步世俗化、仪式化与实用化，祖先崇拜越来越多地减弱了其宗教性质，而增加了更多的人事需要。和政治权力下移类似，对祖先的祭祀权力也有下移趋势，社会地位较低的庶士与庶人也都有了祭祀的权力。此外，春秋战国时期的祖先祭祀还融会了相当浓厚的道德教育内容，这与儒家的崛起及儒家学说的提倡大有关系[2]。

注释：

〔1〕参见郭沫若主编，胡厚宣总编辑《甲骨文合集》，中国社会科学院历史研究所编辑工作组集体编辑，中华书局 1978-1982 年出版。

〔2〕晁福林：《先秦民俗史》，上海人民出版社 2001 年第一版，264、293-297、340 页。

逐火

西方有普拉米修斯从天庭盗火之说，中国有燧人氏钻木取火之说，一个是天火，一个是地火，同样反映了人类文明之初对于火这种巨大自然力的开发与利用。

人类对火的利用经历了对自然火有意识的保存和人工取火两个阶段。由于旧石器时代和中石器时代自然灾害较多，一些天火将不能逃生的飞禽走兽炙烤后散发出特殊的香味，诱使人们逐渐抛弃了食用生冷腥臊的兽肉的习惯，从而改为保存自然火，以烧烤动物骨肉为食。考古学家曾经认为，现在我国远古人类用火的最早时间可以追溯到距今 170 万年前的元谋猿人的时代，但最新的研究证明，山西芮城县西侯度文化遗址，是我国已知最早的旧石器遗存，据古地磁断代初步测定，年代距今 180 万年，在该遗址中发现了带切痕的鹿角和烧骨，表明当时的人们已经知道用火，这样，就把中国人用火的历史提前了 10 多万年[1]。而我国原始人类用火熟食最丰富的考古资料，则来自于北京猿人。北京猿人的用火遗址可谓目前所见到的内容最丰厚的古代人类用火遗存。

由于磨制技术的进步，在长期磨制生产工具的过程中，早期人类又逐渐懂得了摩擦生热甚至摩擦生火的道理，于是便学会了人工取火。发现于北京西南周口店的山顶洞人（距今 1.8 万年）已经能够人工取火，但中国境内原始人人工取火的历史，可能要早于山顶洞人时代。《韩非子·五蠹》等古籍也记载："上古之时……民食果蓏蚌蛤，腥臊恶臭而伤害腹胃，民多疾病。有圣人作，钻燧取火以化腥臊，而民说之，使王天下，号之曰燧人氏。"而制陶工业的兴起，则明确地意味着人工取火作业已得到了进一步的开发和利用。

也可以这样来理解与概括：普拉米修斯从天庭盗火，其实说的是人类对火的利用的第一个阶段；而燧人氏钻木取火，其实说的是人类对火的利用的第二个阶段。

恩格斯曾根据马克思"关于取火的一切方法，都是极为重要的发明"的精辟论述，深刻指出："就世界性的解放作用而言，摩擦生火还是超过了蒸汽机，因为摩擦生火第一次使人支配了一种自然力，从而最终把人同动物分开。"〔2〕动物畏火而人类用火，动物与人类由于对待火这种自然力的不同态度而拉开了距离，成为人与猿揖别的重要条件。火的使用不仅扩大了原始人类的食物种类，十分有利于消化，而且增强了人们对于食物营养的吸收能力，大大促进了人类体质方面的进步。火还给人类带来光明和温暖，驱走黑暗，延长了劳动和创造的时间，对于社会生产的推动作用也显而易见。

火的使用，最直接的结果之一是使人类逐渐养成了熟食的习惯。人类最早的饮食习俗是茹毛饮血、生吞活咽，这包括生食野兽禽肉，生吃植物根块、野果、野菜，生饮动物鲜血与生水等。而火的应用与烧烤食物的出现，成为人类饮食习俗的第一次决定性革命，它使得熟食这一生活方式从此主宰了人类的饮食习惯，并最终成为人类习以为常的主流饮食方式。

《礼记·礼运》在提到远古人类饮食方式时说："以炮以燔。"其中，"炮"亦作"炰"，意思是将肉用泥巴包裹后放入火中烧烤，熟后剥掉泥皮而食；"燔"是直接放进火中烧烤至熟，总而言之，都离不开火。从考古发现来看，距今30万年至70万年前的北京猿人时期尚未出现陶器，不可能有"煮"的方式，"炮"的方式可能也还没有发生，但"燔"的方式是明确存在的。考古工作者发现，从北京人开始至旧石器时代晚期，狩猎和"燔"烤飞禽走兽是当时人们的惯常的饮食方法。

随着制陶、草拌泥建筑技术的发明和启发，"炮"烤山珍野味、家畜动物的食俗也应运而生，人们在饮食中用火渐成燎原之势。据考古发掘资料，中国新石器时代"燔"、"炮"的对象主要有猪、狗、牛、鸡、羊、鹿、麞、麋、麝、獾、狼、狸、鼠、鼬、雕等等。可以说，动物不论大小，只要被初民逮到，无一例外要在熊熊烈火上"燔"、"炮"一番。

《礼记·礼运》在提到远古人类饮食方式时，又说："以烹以炙。""烹"是煮的意思，"炙"是烧烤的意思，是将肉切成块、段，再用签串起来，放到火中烧烤，犹如现代的烤肉串。很明显，"烹"与"炙"还是离不开火的助力。

中国新石器时代早期出现的诸如夹砂三足器的炊煮陶器，是烹煮之俗发生的明证。新石器时代中、晚期遗址所见的品类繁多的炊煮器，则表明了当时炊煮文化的繁荣发达。炙肉的习俗在夏、商、周时期是很流行的，据《仪礼·公食大夫礼》推知，当时的炙品至少包括炙羊肉、炙牛肉、炙猪肉、炙野鸡、炙野兔、炙鹌鹑等。

在新石器时代人类的住房中，考古工作者还发现了火塘的遗迹。这些火塘大多设在房子的中心部位，可能反映了原始家庭围灶烧煮食物并围坐共餐的一种食俗，甚至有些专家还把这种围灶共餐中使用的陶鼎、鬲、罐等陶容器，视为中国最早的火锅[3]，并认为后世吃火锅、打边炉的食俗，显然带有返本归真即围炉的原始色彩。

火的普遍使用所带来的辉煌文明成果还有陶器的制作。烧造陶器的出现，通常又标志着新石器时代的开始。《周书》上说："神农耕而作陶"，《世本·作篇》也有"昆吾作陶"之句，《吕氏春秋》："黄帝有陶正昆吾作陶"，《周礼·考工记》："有虞氏上陶"，这些古代文献的有关记述，传达出中国新石器时代弥漫的制陶习气，而这种习气的背后当然少不了烈火熊熊的场景。

这时候的陶器虽然色泽不匀，陶质疏松，但种类已有很多，如杯、碗、钵、盘、盂、罐、壶、鼎、豆、勺、器盖、支座等。随着人们制作陶器经验的丰富，彩陶也出现了，彩陶是在烧前绘色，经晾晒、压磨、烧制，从而使彩绘纹饰永久牢固。日常生活用陶器制作成功后，用陶烧制的乐器也逐渐增多，现已发现的有陶埙、陶响器、陶铃、陶角号等。陶埙多呈椭圆形，平底、中空，表面有一至数个小孔，可以吹奏高低不同的乐音。陶响器一般呈橄榄形，也有的呈馒头形，中空，内有泥丸，摇之作响。陶铃一般底口大、上顶小，系绳悬挂。

陶器的发明，在人类制造技术上是一个重大的突破。用泥土烧制的陶器，既改变了物体的性质，又塑造出便于使用的形状。它使人们在处理食物时，除了烧烤之外，又增加了蒸煮的方法。陶制的食器为人们进食提供了方便，陶制的容器可用于储存谷物、饮用水和各种食物；陶制的纺轮、陶刀、陶拍子是纺织与制陶的工具，在生产中发挥着特定的作用。因此，制陶技术出现后，陶制品成为社会生活与生产的必需品而被人们所广泛接受。特别是对定居下来从事农业生产的人群，更成为不可或缺的物品。他们在长期的生活实践中不断总结、提高，在制作技术、器物造型和装饰方面都在不断地改进，制作和创造了一批批精美的生活品与艺术品。陶器是新石器时代先民制造的物品中数量最多的一种，也是这一时期工艺技术水平的代表性器物。陶器制作是新石器时代最大规模、最具影响力和最呈专业化的手工业。在中国新石器时代这段特定的历史时空中，彩陶是最具代表性和最有特色的文化遗存，以至于彩陶文化几乎可以成为新石器时代文化的同义词或代名词。而这其实正反映了初民们对火这种自然力的纯熟掌控利用以及逐火风尚的流行。

火的使用所带来的更伟大的文明成果还有冶炼技术，这一点在后面章节中会有所涉及。可以说，正是上古人民逐火而生，使古代社会的生产力最终得以根本改观，并诱导、加速了古代文明的发展与繁荣。

注释：

〔1〕李学勤主编，丁季华等编著：《中国古代文明起源》，上海科学技术文献出版社2007年4月版，42页。

〔2〕《马克思恩格斯选集》第3卷，人民出版社1975年版，154页。

〔3〕郑若葵：《中国远古暨三代习俗史》，人民出版社1994年版，第96-101页，第106页。

尊母

氏族是原始社会的组织基础，它从诞生开始便与母系社会相系相连。关于这一问题，尽管仍有一些人类学家和考古学家存有不同的观点，但大量的事实表明，母系氏族组织和制度的建立在人类各民族早期社会的发展史上具有普遍性。

距今约十至二三万年前的旧石器时代中、晚期，远古社会由原始人群阶段进入母系氏族社会。这一转变是在生产力水平提高的推动下完成的。血缘内婚制向氏族外婚制的转化是社会性质变革的关键。血缘内婚制指的是在一个血缘家族内部的通婚。由于婚配的男女之间血缘关系太近，致使后代易患先天性疾病，或体质不良、智力低下，与自然界抗衡的能力因而减弱。这正如《左传》所说：“男女同姓，其生不蕃。”原始人们在生活实践中终于发现，各血缘家族之间男女通婚所生子女，无论在体能与智力上都优于同一血缘家庭男女婚配所生子女。于是，内婚制逐渐向外婚制演变。所谓外婚制，在当时是指一个血缘家族的一群兄弟和另一个血缘家族的一群姊妹之间的交互群婚。在这种群婚的形态下，子女只能确认生母而不能确认生父，家族成员的世系只能根据母系的血统来决定。同一女祖生下的若干后代，便形成一个氏族，母系血统是维系氏族存在的纽带，母系氏族社会从而最终出现了。

母系氏族社会里，存在着按性别和年龄区别的简单而不稳定的分工。青壮年男子外出狩猎、捕鱼，妇女则从事采集果实、看守住所、加工食物、缝制衣服、管理杂务、养护老幼等劳动。因为当时的采集经济比渔猎经济收获稳定，成为氏族成员生活资料的重要来源，所以是维系氏族生活的基本保证。妇女在社会经济生活中的主导地位，是女性受到尊重的社会基础。妇女在生育上的特殊作用，以及氏族成员的世系均按母系计算，更使妇女在氏族中具有崇高的威望。中国古代关于女娲补天的传说，生动地反映了母系氏族社会受人尊敬的妇女领袖带领先民对自然界进行艰苦卓绝斗争的情景，歌颂了妇女在社会生活中的重要作用。云南永宁纳西族至今仍保留了浓厚的母系制传统习俗，当地以女为贵，认为有女不算断根，只生儿子才是断根，必须过继女继承人。

考古发现也揭示了母系氏族社会初期人类活动的遗迹。广东马坝人、湖北长阳人、山西丁村人、广西柳江人、北京山顶洞人等等，都是中国境内实行过早期母系氏族制度或流行这种社团习俗的古人类。其中，山顶洞人是我们最熟知的例子。在山顶洞人的下室里，埋葬着一位青年妇女、一位中年妇女和一位老年男子。他们的尸骨上撒布赤铁矿粉粒，随葬有燧石石器和穿孔兽牙等装饰品。对于去世的老年人，尤其是妇女，将其生前使用过的装饰品随葬，反映了氏族成员对妇女及老年人的爱戴。

山东汉代伏羲女娲交尾画像石，中为西王母。

从距今1万年左右的中石器、新石器早期始，至距今6000–5000年的新石器时代中期止，母系氏族社会进入了大发展的繁盛时期。到距今5000年至4000年间，随着父系氏族社会的出现，母系氏族社会便逐渐走向衰落。

迄今为止，经考古发掘披露和研究证实的属此阶段的中国古文化遗址，总数已逾千处，其中重要者有：内蒙古、黑龙江、吉林、辽宁、河北、河南、山西、陕西、宁夏、西藏、新疆和广东等地发现的细石器文化，以河北磁山、河南裴李岗为代表的新石器时代早期文化，以陕西半坡、河南庙底沟等为代表的新石器时代中期仰韶文化，以及其他地区同一时期的原始文化等等，也都是属于此期母系氏族组织习俗的主要文化遗址，尤其是辽宁凌源牛河梁红山文化“女神庙”、“女神像”的出土更突出地说明了母系氏族制的问题。

关于母系氏族组织的存在和流行，在中国古文献中有不少传说。《庄子·盗跖》："神农之世，卧则居居，起则于于，民知其母，不知其父。"类似的记述，亦见于《绎史》、《白虎通义》、《吕氏春秋》、《春秋公羊传》、《汉书人表考》、《帝王世纪》、《史记》、《三代世表》诸书中。这些传说，为研究认定中国古代母系氏族公社组织的存在提供了重要的旁证。

《公羊传》说："圣人皆无父，感天而生。"《史记·殷本纪》说："三人行浴，见玄鸟堕其卵，简狄取吞之，因孕生契。"这便是殷商先祖。《史记·周本纪》说，周始祖后稷名弃，其母出野，"见巨人迹，心忻然悦，欲践之。践之而身动如孕者，居期而生子"。《史记·秦本纪》也说："玄鸟损卵，女修吞之，生子大业"，这就是秦之先祖。所谓"无父"、"感天而生"，据研究就是母系制婚姻形态的反映。母系氏族内部的成员都是同姓的，子女也从母姓。《说文·女部》："姓，人所生也。古之神圣母感天而生子，故称天子。从女，从生，生亦声。《春秋传》曰因生以为姓。"说明人从生母而姓。《说文·女部》所列的古姓，如婚、嬴、妫、妘、妞、娥、娃、姒、始、姜、姬、娥、安等，皆从女，可知是母系氏族的姓。

古代文献关于亲属称谓制度的记载中，也保留了母系氏族制的痕迹。《尔雅·释亲》："男子谓姊妹之子为出，女子谓舅弟之子为侄，谓出之子为离孙，谓侄之子为归孙。"母系氏族实行族外婚，一个氏族可以同其他许多氏族通婚，或在两个氏族之间通婚。《尔雅》中所说的就属于后者。因姊妹之了必须离丌白己的氏族到对方氏族中去婚配，故曰"出"。出之子，不生于己族，但是以辈分论为孙，故曰“离孙”。因兄弟婚配至对方氏族，与对方氏族女子所生之子，又要回到兄弟的氏族来婚配，故曰“侄”。侄之子又生于己族，所以称“归孙”。

属于新石器时代文化的陕西华县元君庙遗址，保存了一片基本完整的仰韶文化时期的墓地，为探索母系氏族社会制度提供了系统的资料。元君庙墓地的同性成年人和小孩合葬墓，以及包括异性成年不同辈分的合葬墓，清楚地反映出亲族世系是按女方计算的。墓420，是母亲和她的两个女孩子的合葬墓。两女孩分别随葬骨笄、骨珠和蚌饰。母亲死在两女儿之后，入葬时，特地将女儿骨殖迁出，使母女三人合穴。这座合葬墓明确显示，子女随从母亲，生前如此，死后也是如此。墓 457、429、458，反映出妇女和老年男性的社会地位较高。从随葬品的多少和某些女孩所获得的成人待遇，也说明妇女的地位较高。这清楚地反映出，“在母系氏族社会时期，存在着重女轻男的习俗”。〔1〕

在我国近年出土的新石器遗址中，发现了一些陶塑女像和石雕像。其中，最典型的是在辽宁、内蒙古附近发现的牛河梁女神庙等红山文化遗址。由这些塑像和石像来看，主要突出强调的是女性独有的生殖魅力，即突出丰乳、隆腹和肥臀，而不太注意脸部的表情和姿态的描绘。因而，不少专家推断说：肥大下垂的乳房、突出的腹部、宽大肥硕的臀部，这些特征鲜明地体现了原始的女性之美的具体内容〔2〕，同时也说明了当时人们对女性、母性普遍的尊崇、信任与爱戴。

而目前所知最早的陶塑人像，“是在河南密县莪沟北岗裴李岗文化遗址中出土的一件捏塑人头像，像为扁头方脸，前额低平，眉脊粗壮，深目宽鼻，瘪嘴，下颌前突。捏制手法虽简练，但造型生动，有人推测它表现的是一位氏族内老年女性的形象”。[3]这反映出母系氏族公社阶段人们崇拜偶像的情形。

马克思曾写道：“在一切蒙昧人中，在一切处于野蛮时代低级阶段、中级阶段、部分地还有处于高级阶段的野蛮人中，妇女不仅居于自由的地位，而且居于受到高度尊敬的地位。”“神话中的女神的地位表明，在更早的时期妇女还享有比较自由和比较受尊敬的地位。”“他们认为妇女体现着某种神圣的和先知的东西；他们甚至在最重要的事情上也听取妇女的意见。”[4]中国古代神话传说中的女神有创造人类、“人首蛇身”的女娲，有主管日月、同样“人首蛇身”的羲和，还有力填沧海、以“文首、白喙、赤足”的小鸟为形象的精卫。除此之外，还有常羲（嫦娥）、女魃（黄帝之女，秃头无发）、瑶姬（炎帝之女，人们称她为巫山神女）、帝女桑（炎帝之女）、娥皇、女英、嫘祖，以及样子长得凶猛（豹尾虎齿而善啸）的西王母。其中的一部分女神，以事迹而不是以容貌闻世。她们的形象有一个共同点，就是母亲特征、育化特征——这方面尤其以抟土造人的女娲、疑为母系氏族首领的西王母、黄帝的妻子嫘祖为典型。在中国，妇女的这种“还享有比较自由和比较受尊敬的地位”的情况，即使到了《诗经》时代，也还有一定遗存。《诗经》基本上产生于西周前期到东周前期，主要是周代文化的反映。从《诗》到《经》，经过孔子的编辑整理，实则已经经过了伦理化、“礼”化、父权化的处理。尽管如此，《诗经》中的许多诗还是表现了母系氏族的遗风，比如，陈子展在《诗经直解》中说："姜嫄履大人迹，感天而生后稷，知有母而不知有父，这是原始氏族社会母系制的反映。"〔5〕

《诗经》中这种"原始氏族社会母系制的反映"，主要靠平民女性形象来展现。在《诗经》中，男子追求女子是合理的，而女子追求男子也是合情的。《郑风·叔于田》就表现了女性对自己钟爱的男子的追求："叔于田，巷无居人。岂无居人？不如叔也。洵美且仁。叔于狩，巷无饮酒。岂无饮酒？不如叔也。洵美且好。叔适野，巷无服马。岂无服马？不如叔也。洵美且武。"诗中的男性美是女性眼中的男性之美，主动表达赞美之意、追求之心的是女性。《邶风·简兮》也写了女子眼中的男性美："简兮简兮，方将万舞。日之方中，在前上处。硕人俣俣，公庭万舞。有力如虎，执辔如组。左手执籥，右手秉翟，赫如渥赭，公言锡爵。山有榛，隰有苓。云谁之思？西方美人。彼美人兮，西方之人兮！"这些诗篇中的女性形象，呈现给我们的是自由、主动、有独立思考与审美能力的主体性的女性形象。

我们还可以从《诗经》中男女密期幽会的地点来做一番考证。《诗经》恋情诗中共有二十多首诗提到情人间约会的地点，大体上有如下几类——在城门附近的：《邶风·静女》、《郑风·出其东门》、《郑风·子衿》、《陈风·东门之池》、《陈风·东门之杨》；在水边的：《周南·汝坟》、《邶风·匏有苦叶》、《邶风·柏舟》、《郑风·褰裳》、《郑风·溱洧》、《陈风·衡门》、《唐风·扬之水》；在山间的：《召南·草虫》、《邶风·旄丘》、《王风·丘中有麻》、《郑风·山有扶苏》、《陈风·东门之枌》；在林中的：《魏风·十亩之间》、《小雅·隰桑》、《小雅·车辖》；具体地点不能肯定，但一定是在野外的：《郑风·野有蔓草》、《小雅·蓼萧》和《召南·野有死麕》，而《鄘风·桑中》是在水边的桑林中，《小雅·菁菁者莪》既提到山边也提到水边；在家中的：《齐风·东方之日》[6]。从总体上讲，《诗经》中男女幽会的地点大多是在野外，有山、有水或者是有树林的地方。这体现了此时女性身体在空间上的自由性，也透露出些许母系氏族的遗风，

尊母的风气不只限存于远古母系氏族社会时期，在后代也有遗存，甚至有专家认为，整个殷商时代，就是一个尊母崇母的时代："有商一代占据主流地位的思潮，首先是整个部族对女性的尊崇和对母权制时代民主自由遗风的向往。"[7]这一点固然有些绝对性，但也反映出部分事实。事实上，大地上自从有了人，在性别状况上就分为男、女。这种性别区分导致了社会状态在一定历史时空的短暂区分（母权制社会、父权制社会），并且导致了社会上人们的心理取向特点呈现出不同的面貌，形成了两种情结（尊母重女情结、崇父重男情结），在这之前以及之后，人们结合天地万物类似的实情实景，"远取诸物，近取诸身"，归纳、上升、形成了中国古代人普遍的思维结构（阴、阳），这种思维结构后经儒、道两家迥然不同的"读者接受"，从而得到历史性的双向拆解，最终形成了国人思想资源方面的两个富有特色的取向。总而言之，以上这种承继可谓是源远流长，波及社会、历史与中国传统文化的诸多方面。

有了上面的分析，我们回过头来再看一些专家学者关于母系

氏族社会、父系氏族社会与道家思想、儒家思想关系的论述，特别是关于母系氏族社会与道家思想关系的论述，就不难理解了。有学者认为，原始道家来源于伏羲时代的母系氏族原始宗教[8]。也有学者指出："道家学脉，源远而流长，其思想积淀，可溯源到远古时代。母系氏族社会中的原始平等意识、母性崇拜意识，以及物我一体、人天同构的自然生态意识，尤其是原始社会末期公社成员中产生一部分'避世之士'所坚持的自由精神和对于阶级分化与权力异化的自发反抗意识等，都为道家思想奠下了原发性的文化基因。"[9]

也就是说，在中国人的文化基因中，就有尊母的因子存在，而远古的尊母之风仅仅是起了个头而已。

注释：

〔1〕李健民 柴晓明：《中国远古暨三代政治史》，人民出版社 1994 年版，8-32 页。

〔2〕刘巨才：《选美史》，上海文艺出版社 1997 年版，8 页。

〔3〕赵策：《土石之魂——中国古代雕塑发现》，四川教育出版社 1996 年 9 月版，22 页。

〔4〕《家庭、私有制和国家的起源》，《马克思恩格斯选集》第四卷，人民出版社 1995 年版，45、59、139 页。

〔5〕陈子展：《诗经直解》，复旦大学出版社 1983 年版，306 页。

〔6〕吴晓红：《中国古代女性意识——从原始走向封建礼教》，苏州大学博士论文，国家图书馆 2004 年，28-29 页。

〔7〕霍然：《先秦美学思潮》，人民出版社 2006 年 7 月 1 版，109 页。

〔8〕吕锡琛：《道家与民族性格》，湖南大学出版社 1996 年版，39 页。

〔9〕萧楚父文，见《道家与民族性格》序，吕锡琛，湖南大学出版社 1996。

禅让

在原始社会，部落联盟设有联盟会议，各氏族部落的首领都是该会议的成员。相传，尧年老的时候，在部落联盟会议上提出后继人问题，谨兜推荐共工，尧虽不同意，还是让他担任工师之职，以考验其才能，结果不称职，大家又才推举舜，说他很能干。于是，舜协助尧20年，又代尧摄行政事8年，得到各方面的锻炼。尧死后，舜才正式主持联盟的事务。舜继位后，挑选贤人，治理民事，用禹治水就是其中一项重要措施。舜老的时候，也召集部落联盟会议，因禹治水有功，被大家推举为后继人。于是，禹代替舜处理联盟事务。17年后舜死，禹正式成为部落联盟的首领。

尧有子叫丹朱，但尧认为丹朱品行不好，故传位于舜，而不与丹朱。《史记·五帝本纪》云：

> 尧知子丹朱之不肖，不足以授天下，于是乃权授舜。授舜，则天下得其利而丹朱病；授丹朱，则天下病而丹朱得其利。尧曰："终不以天下之病而利一人。"而卒授舜以天下。

尧去世后，舜对丹朱采取避让的态度，以看天下民众的反映与选择，结果人民选择了舜而不是丹朱。《史记·五帝本纪》云：

尧崩，三年之丧毕，舜让辟丹朱于南河之南。诸侯朝觐者不之丹朱而之舜，狱讼者不之丹朱而之舜，讴歌者不讴歌丹朱而讴歌舜。舜曰“天也”，夫而后之中国践天子位焉，是为帝舜。

舜传位于禹的情况与尧传位于舜的情况类似。《史记·五帝本纪》云：

舜子商均亦不肖，舜乃豫荐禹于天。十七年而崩，三年丧毕，禹亦乃让舜子，如舜让尧子。诸侯归之，然后禹践天子位。

尧与舜各有儿子，但他们并没有把天下大权传给自己的子嗣，而是顺应民意，传给了有德有能的最佳人选。这就是所谓的“禅让”。

尧、舜、禹的禅让，已经可以看出原来老的联盟首领已具有相当大的权力，但最终还得服从联盟会议的决定。因此，当时的禅让制在实质上仍是一种民主推选部落联盟首领的制度。这时候，部落联盟有抗旱、治水、战争等公共大事必须召开部落联盟会议，各部落首领都来参加，发表意见，共同作出决定。至于部落联盟首领更换或递补这样的大事，更需要开会决定。

遗憾的是，这种近乎理想化的政治风尚，在大禹之后并没有继续下去。究其原因，是当舜去世而禹继位的时候，社会上其实已经发生了一些根本性的变化。

这主要可从四方面来阐述：

第一，是社会人心的变化。大禹时代，随着私有财产的不断增多，社会开始有了“私心”，这与“公心”相对，就是人们对拥有私有财产的权利要求有了根本变化。古文献记载：

禹出巡狩，见罪人，下车问而泣之。左右曰：“罪人不顺道，君王何为痛之？”禹曰：“尧舜之人，皆以尧舜之心为心，故不犯法。今寡人为君，百姓各自以其心为心，因而犯法，是以痛之。”（《说苑》）

文中的“尧舜之人，皆以尧舜之心为心……今寡人为君，百姓各自以其心为心”虽会有多角度的解释，但最本质的一点，是清楚地说明了家庭私有制的发展对氏族公有制藩篱的冲击。大禹之时，双方的较量实际上已到了一个临界点。

第二，氏族首领的专断代替了过去的民主协商。

防风氏后至，禹杀而戮之。（《史记·夏本纪》）

禹朝诸侯之君会稽之上，防风之君后至而禹斩之。（《韩非子·饰邪》）

昔禹致群神于会稽之山，防风氏后至，禹杀而戮之。（《国语·鲁语》）

古籍中关于夏禹杀防风氏的记载大同小异。但是，关于杀防风氏的原因，除孔子的“后至（迟到）说”外，尚有“误杀说”和“借故说”，后两种缺乏历史依据，大多根据民间传说和推测。

“后至”也是一种“至”，并非“不至”，折射出防风对夏禹在政治上并不对立。夏禹在制服洪水过程中，“披九山，通九泽，决九河，定九州”，得到众多部落首领的拥护，为中华民族实现真正的统一奠定了组织基础。他照会各个部落首领，在会稽大会天下诸侯，这在历史上是一件意义非同寻常的大事，标志着中华民族第一个真正的政治实体的初步形成。大多数历史学家因此认为，我国国家组织的出现，开始于夏朝。夏禹对防风在这样关键的时刻竟然“后至”，可以想见一定大为恼火，就地处决了防风，而且“杀而戮之”，砍了头还要陈尸，也是够严厉的了。“防风的头颅，就这样成了我们民族历史上建立最初国家的祭奠物。”[1]

第三，是禹贡的制订。《禹贡》虽为托古之作，但其内容基本上是以夏代史实为基础的。其中的“九州”一章分述了冀、兖、青、徐、扬、荆、豫、梁、雍各州的疆域、山川、植被、土壤、赋税、贡物、贡道等，“导山”和“导水”章记述了全国山川分布大势，“五服”一章提出了一个以甸、侯、绥、要、荒五服为构架的理想的大一统政治蓝图。一般人认为，这是一部了不起的地理学著作，清代学者李振裕在为胡渭《禹贡锥指》作序时亦称：“自禹治水，至今四千余年，地理之书无虑数百家，莫有越《禹贡》之范围者。”而实际上，《禹贡》中还有好多社会性内容，比如其中的赋税、贡物方面的记述。各方宝物都要向大禹纳贡，这已经成为一种社会制度。纳贡和交税的数目之大也是前所未有的。有了这样数额巨大的贡赋，才真正有了中央之国的权威。也正是由于有这样数额巨大的贡赋，才有了建立家天下国家制度的需要和动力。“禹合诸侯于涂山，执玉帛者万国”（《左传》哀公七年），说的就是有许多部落首领要携带玉帛等礼物向禹纳贡朝拜，这时的部落联盟会议性质已发生了变化，社会上已出现名副其实的国王了。

第四，是奴隶的大量出现。禹和三苗作战，把苗打败，便实行了“亡其氏姓，踣毙不振，绝后无主，湮替隶圉”。（《国语·周语》）也就是说，灭掉了三苗，把不少俘虏变成了奴隶。而在这之前，部落联盟之间的战争中，多是将战败者作为俘虏杀死，这在与此时期相应的墓葬中已得到了证明〔2〕。

简而言之，由于禹在治理黄河的过程中整合了各部落联盟的力量，提高了生产力，增加了自由财产，树立了自己的权威，并通过战争等手段扩大了势力范围，从而最终缔造了国家政权，并废除了原始的禅让制度，将政权传给了自己的儿子启。从字面上讲，启者，开也。于是，中国历史上第一个奴隶制国家便这样建立了起来，从而开启了一个文明的时代。

禹死后，按照氏族社会的习惯，应将联盟首领的位置让给东夷部落的首领伯益，但是，此时情况发生了变化：

益避禹之子于箕山之阴。朝觐讼狱者不之益而之启，曰："吾君之子也。"讴歌者不讴歌益而讴歌启，曰："吾君之子也。"

这虽是《孟子·万章》中所记载的传说，但却反映出以私有制为基础的传子制度的历史性出现。

但是，这种新制度的出现并非无风无雨，而是伴随着血淋淋的斗争。伯益不甘心旧制度的破坏，出面干预："益干启位，启杀之。"（《竹书纪年》）是禹在暗中培植了他儿子启的党羽和势力，使启在益反对其夺取王位的斗争中，杀掉了益，从而夺取了王位。

启成为中国政治风尚史上"禅让制"的终结者和"世袭制"的开启者。禅让制度的破坏，说明了氏族制度已成过去，奴隶制度已经出现，这是历史发展的必然趋势。启的成功，固然存在多种因素，但最为重要的，还是由于启顺应了历史发展的要求，其所作所为符合人类历史前进的方向。"氏族酋长议事会和已在图谋获得真正王权的军事首长，这是氏族制度下一般所能达到的最发达的制度；这是野蛮时代高级阶段的典型制度。只要社会一越出这一制度所适用的界限，氏族制度的末日就来到了；它就被炸毁，由国家来代替了。”“在经济发展到一定阶段而必然使社会分裂为阶级时，国家就由于这种分裂而成为必要了。”〔3〕

启杀死了益，打败了反叛的有扈氏，获得了最终的胜利。屈原曾经迷惑不解地发问：这是为什么？启与益的结局为什么跟尧、舜、禹的结局不一样了？“屈原的伟大之处在于，他对这一重大的历史现象作了忠实的记录”〔4〕，只不过限于历史与个人认知的原因，他还不能理解：此时阶级分化业已出现，时代已经发生了重大变革，尧、舜、禹的时代已成为尘封的历史，永远不复再现了。

《礼记·礼运篇》云：“大道之行也，天下为公。选贤与能，讲信修睦。故人不独亲其亲，不独子其子，使老有所终，壮有所用，幼有所长，鳏、寡、孤、独、废疾者皆有所养。男有分，女有归。货恶其弃于地也，不必藏于己；力恶其不出于身也，不必为己。是故谋闭而不兴，盗窃乱贼而不作。故外户而不闭。是谓大同。”这种“大同世界”是原始氏族社会的真实写照，或者说相当于老子所说的“小国寡民”时期。到了氏族社会后期，随着私有制的产生、阶级的萌芽，已逐渐蜕变为“小康”社会。所以，《礼记·礼运篇》又云：“今大道既隐，天下为家。各亲其亲，各子其子，货力为己。大人世及以为礼，域郭沟池以为固，礼义以为纪，以正君臣，以笃父子，以睦兄弟，以和夫妇，以设制度，以立田里，以贤勇知，以功为己。故谋用是作，而兵由此起。禹、汤、文、武、成王、周公，由此其选也。……是谓小康。”自此，人类跨入阶级社会的历史阶段。私有制取代公有制；“选贤举能，讲信修睦”的氏族社会运作手段被硬性的礼义制度代替，浓郁和谐的原始社会人情味也被尖锐的阶级对立和激烈的阶级斗争代替。

禅让制的毁掉，就是“大同世界”向“小康”社会过渡的前提与必然结果。

注释:

〔1〕汪浙成：《古国姿容》，《解放日报》2006年3月4日。

〔2〕王明阁：《先秦史》，黑龙江人民出版社1983年版，90-91页。

〔3〕《家庭、私有制和国家的起源》，《马克思恩格斯选集》第四卷，人民出版社1995年版，145-146页、174页。

〔4〕江林昌：《楚辞所见母权制向父权制转变诸现象考》，载《东岳论丛》1996年第4期，84-91页。

祭殉

祭与殉是古代社会极其重要的社会行为，其中最为惨烈的祭品与殉品是人本身，所谓“人祭”与“人殉”。“人祭”与“人殉”主要流行于原始社会末期与奴隶社会。

所谓人祭，多指以杀人的形式来祭祀人格化的神灵，或者对山川等自然之物进行崇拜，有人把这种形式叫做猎首。人祭中被杀或被解体的死者，大多是战争中所获得的俘虏，或是地位极其低下的奴隶。

人祭的产生与风行，顾名思义，当然主要是为了祭祀，如祭祀农业、祭祀建筑等等。除此之外，还有彰显行动者的力量、强者的地位以及复仇泄恨的动机。从深层意义上来看，人祭的产生与风行，也与当时人们的神灵观念体系有关，即认为人是神灵们最欢迎的祭品，人的血、人的肢体是人的生命支撑，人血与人体的奉献是一种最珍贵、最虔诚无私的奉献，是求助于神灵最有效、最灵验的物质，故以人牲（人祭又称为人牲）为祭也就成为最高规格的祭仪，能够保证祭祖、祭天地四方神灵的高质与高效。

在原始宗教中，人与神灵的关系，反映着氏族公社整体的生产、生殖和生活对自然的关系。对神灵的集体崇拜，反映了氏族全民屈服于幻想中超自然力支配的意识。考古所见到的原始社会的人祭情况就是如此，从出猎、凯旋，到祭首、供奉等一系列活动过程，都是全族群共同进行的，祭祀的目的也是为了集体的利益。

在原始氏族公社解体到国家的出现这一历史进程中，人祭曾经是普遍存在的一种社会现象。中国人祭的考古资料可以上溯到仰韶文化时期，在龙山文化时期或相当于龙山文化时期的一些遗址中，经常会发现被砍杀的人头骨，或多具骨架叠压于废坑或人与家畜同葬的现象。

原始社会的人祭资料，在中国丰富的岩画中能够找出许多。广西左江流域发现的岩画中，曾有很多关于人祭场景的画面，有的表现了以人祭鼓的内容，有的属于祭田、祭地的礼仪，还有的反映了祭祀鬼神的内容。这些画面以杀人祭祀的主题都非常明显，有的似能看出被杀、被肢解的图像〔1〕。

被视为夏代都城的二里头文化遗址曾经发掘出一批乱葬坑，坑内的人骨架大多叠压在一起，且骨架残缺不全，另在灰层和灰坑中也发现多例或呈捆绑状，或呈活埋挣扎状，或呈砍头缺肢状的人架，这种现象似乎说明，人祭习俗在此时已获得进一步的流行和发展。

商代的人祭“盛况”，可以说在中国历史上是空前绝后的。商朝的祭祀活动名目繁多，几乎举办任何活动都要进行祭祀，在祭祀活动中大量杀死奴隶献祭。商代祭祀山川要用奴隶，有的是破腹，有的是割头，然后掩埋或沉江〔2〕；建筑宗庙奠基时，要用幼小的

四羊方尊，商代最大的一件方尊，用于祭祀。

奴隶作祭礼，宗庙的门前都要活埋很多奴隶，竣工后还要杀奴隶进行庆典。商代国家建筑宫殿时通常要举行四种仪式，一是奠基，奠基坑内要埋葬小孩和狗；二是置础，置础时要用牛、羊、狗和人作祭祀；三是安门，安门时门的两边要埋人、兽，还要举行专门的安门仪式，用大量的人兽作祭品；四是落成，在建筑物前埋入一些车、马、人、兽。这一切体现了奴隶主想让奴隶的灵魂永远守卫着他们宗庙的意识与观念。据考古发现，盘庚迁殷时，安阳殷墟一宫殿建筑从奠基到落成，用为祭品的有5辆车、15匹马、40头牛、119只羊、127条狗和800名奴隶。发掘这些作为祭品的奴隶时，有的只存肢骨，有的双手反缚，有的身首异处。

据专家统计，现今所见有关殷商人祭的甲骨共有1350片，卜辞1992条，共用人牲13052人。另外还有1145条卜辞未记用人牲的数量，如一条卜辞所记都以一人来计算，则卜辞所记全部人牲数量最少当为 14197 人[3]。考古发掘所见殷墟洹水北岸的殷王室陵墓区有一大片祭祀祖先的场地，共发现祭祀坑 1433 个，至少用人牲 1178 人。商代贵族墓葬所发现的人牲有 278 人，用于其他祭祀的人牲有 871 人。专家估计，商代人牲数量有 15000 多人[4]。

甲骨文所见人牲记录只是反映了商代后期人牲的一部分情况，而考古发现所见则较此更为触目惊心。如安阳殷墟小屯村乙组基址范围内，共发现 189 个祭祀坑，坑内埋人牲遗骨 641 具。1950 年在武官大墓周围发现了一些排葬坑和散葬坑，共用人牲 1300 多人。

殷墟祭祀中的人骨经鉴定，人种成分较为复杂。它们属于"蒙古人种主干下的类似现代北亚、东亚和南亚的种系成分，其中，接近东亚的仍然居多。体型上的这种多种系成分，可以解释为殷人向四邻的方国部落征伐时，掳获了不同方国的异族战俘"。这从另一个方面说明商代的人牲主要来源于战俘，而这也与甲骨文的记载相一致。

到西周以后，祭殉之风渐弱，文献记载提到武王伐纣曾将俘虏作人祭，大量的考古也发现一些人殉，但与殷商相比明显减少。

人殉是指用活人来为死者殉葬。殉葬的人一般生前均与死者关系密切，如妻妾、近臣内侍、亲戚亲信、奴婢仆人等等。《墨子·节葬》载："天子杀殉，众者数百，寡者数十；将军大夫杀殉，众者数十，寡者数人"，说的就是先秦时期所风行的一种特殊葬俗。人殉的产生要晚于人祭，它们具有质的区别。人祭（人牲）是供神灵食用的，所以用的是俘虏、仇敌；而人殉是供主人役使的，因此所用之人多是亲近故旧。

人殉是阶级对抗的产物，也是一种残忍而野蛮的原始宗教行为。产生这种行为的原因至少有三：第一，是由于当时生产力水平有所提高，商品交换的发展和私有制的产生，最终引起氏族内部出现了阶级分化。父权制初期一些墓葬中的随葬品多寡精劣悬殊明显，这显然已是私有制的表现。而私有制的进一步发展，最后连牲畜、收获物以及房屋和妻妾都被随葬了进去。第二，这种现象的出现，也与父权制的发展有关系。那个时候，随着历史的发展，母权制逐渐被推翻，父系大家族日益成为左右一切的政治势力，妇女同男子的不平等地位最后彻底巩固起来，在父系大家族中，父系家长拥有支配全体家族成员的权力，这个大家族的共同特点，是男人对女人的奴役，男性大家长与丈夫死后，有的还要让妻妾为其殡葬。第三，葬礼中的杀殉，也是为了死者的阴间生活，人们相信妻妾被杀后，仍会在阴间服侍夫君，奴隶死后，其灵魂仍会在阴间当主人的奴隶。

中国最早的人殉发生在新石器时代晚期，如在江苏新沂花厅北区墓地大汶口文化时期的 8 座墓中有殉人 17 名。山东大汶口遗址的第35号墓，是一座夫妻与儿童的合葬墓，从墓中情形可以看出，当时男女之间的地位是极不平等的，3 人都是一次埋在同一墓穴里，男性仰身直肢位于墓穴中央，他的左边为一成年女性和一儿童作陪葬，他们不是同时死去而又同埋在一个墓中，这说明家长或丈夫对妇女儿童握有生杀予夺的权力。在这座墓中，还有一个明显的特征，20 多件随葬品全部放在男性一边，更说明了男性所具有的巨大权力[5]。

青海柳湾齐家文化的成年男女合葬墓也是很好的例证。从葬具和葬式来看，此类墓葬中的男女之间，生前有着明显的主仆关系，因此，男人死后，女人被视作牛羊等牲畜一样，成为殉葬品，其手段之残忍，令人惨不忍睹。编号为 M1337 的墓葬中，两具骨架明显有别，一具在棺内仰身直肢，一具在棺外侧身屈肢，她的上肢往胸部弯曲，右腿骨膝盖部分被压在棺木下，左腿骨上还压着两块大石头，并且在殉葬前被砍去了头颅。

根据考古资料来看，原始社会末期的殉葬墓有一个明显的特点，即在死者为成年男性的墓葬中，被殉葬者全为女性，这就说明了在父权制下的妇女地位是相当低下的，这一点具有典型的时代特征。

由于资料的缺乏，知识界对于夏代的人殉情况不甚清楚，夏朝文化的重要遗址、著名的河南偃师二里头文化墓葬中，也尚未发现明确的人殉墓例。

商代的人殉现象最为惨烈。商代晚期的人殉，尤以殷墟发掘的大、中型墓最为突出。人殉数量的多少，一般与墓葬规模成正比，如殷墟侯家庄西北岗 1001 号亚字形大墓，墓内腰坑、二层台、墓道中发现殉人 23 个，墓外东侧发现陪葬人殉坑 22 个共 68 人，合计殉人达 91 人；1950 年发掘的武官中字形大墓，墓内共发现 45 个殉人；殷墟西区发现的 701 号甲字形大墓，墓内共有 12 个殉人，其他中型墓，一般都是殉 1—4 人。他们有的殉于墓中的腰坑，有的殉于墓主身旁，有的殉于墓道，有的殉于墓的周围；他们有的是生殉，有的是死殉；有的呈捆绑状，有的呈俯身跪仆状，有的身首分离；殉葬中有男性、女性，也有儿童。考古者据此分析认为，商代晚期的殷墟文化时期，是中国早期人殉制度发展的巅峰时期。

殷商时期盛行的人殉，始终与当时人们浓厚的鬼神观念分不开。人们相信死后灵魂的存在，也相信鬼神的存在，并以实际行动来取悦鬼神，安排死后的生活。

这种制度或说风气，也被西周人所继承和推行。西周的人殉有一个明显特点，就是以殉葬青少年和儿童较多。但这时候的人殉，已比商代减色不少。考古发现西周墓葬中的人殉，少者 1 人，多者不过7人。发现的西周人殉墓共有80多座，累计殉人总数约200多人，这个数目仅相当于商代已知殉人数的约二分之一弱。这种情况说明，人殉制度和风气在西周晚期开始出现衰落的趋势。

春秋战国时代，人殉之风一度重新张扬。史载，秦穆公死时，殉葬者达 177 人，其中包括三位良臣，秦国人深感痛伤，作了一首《黄鸟》诗来怨刺此事，诗中说："彼苍者天，歼我良人！如可赎兮，人百其身。"（《诗经·秦风·黄鸟》）关于春秋战国时代人殉的事例，在《左传》、《礼记》、《吴越春秋》、《战国策》、《吕氏春秋》、《史记》、《尸子》、《墨子》、《列女传》等文献资料中均有记载，另外在山西、山东、河北、河南、湖北、安徽、江苏等地的考古发掘中也发现不少人殉实例[6]。此时殉人身份变化较大，除了姬妾、近侍、工匠、仆从、奴隶外，还有大臣、义士、弟子。殉死者除了与主人同穴而葬的外，还有异穴而葬的。从死成了当时社会的最高美德，正如《国语·鲁语下》所说："（君）好内，女死之；好外，士死之。"

春秋战国之时，随着社会生产的发展及各种新思想的出现，人殉、人祭现象急剧减少，人殉和人祭又以“俑”的形式出现在贵族墓葬中，“俑”成为继续为死者亡灵服役的人。《孟子·梁惠王》：“仲尼曰：‘始作俑者，其无后乎’，为其像人而用之也。”赵岐注：“俑，偶人也，用之送死。”郑玄释为“与生人相对偶，有似于人”。相对于以人殉葬，俑的出现显然是一种进步。

中国大陆发现年代最早的陶俑，是在山东临淄春秋时期殉人墓中。这个齐国贵族的大墓随葬品极其丰厚，其中有六个随葬坑，各出土一组随葬的陶俑。这些早期的陶俑每个仅高十厘米左右，有男俑和女俑之分。早期的木俑在楚国发现较多，成为战国楚墓的特色之一。

春秋战国时期出现的俑，开后代以俑随葬之先河，是用模拟的奴婢、卫士等代替现实生活中的人物，是人殉、人祭制度在新形势下的演变。不过总的看来，春秋战国时期，俑虽然出现了，但其存在并不普遍，制作也是很简单粗糙的。

注释：

〔1〕王克荣、邱钟仑、陈远璋：《广西左江岩画》，文物出版社1988年12月版。

〔2〕以人为牺牲的献祭方法至少有十多种，如俎、伐、沈等。所谓俎，是指用全人做牺牲。伐，甲骨文中凡是被砍头的人牲都叫作伐，包括用作祭祀牺牲品的俘虏。沈，是指在祭河神时将牲畜或人投入水中的献祭活动。其他还有诸如火烧、风干等用牲方法。有关情况可参见姚孝遂的《商代的俘虏》一文，载于《古文字研究》第1辑，中华书局，1979年。

〔3〕胡厚宣：《中国奴隶社会的人殉和人祭》下篇，载《文物》1974年第八期。

〔4〕黄展岳：《中国古代人牲人殉问题》，载《考古》1987年第二期。

〔5〕王吉怀：《中国远古暨三代宗教史》，人民出版社，1994年第一版，105-110页。

〔6〕陈绍棣：《中国风俗通史·两周卷》，上海文艺出版社2003年6月第1版，2006年3月第2次印刷，408-412页。

巫仪

巫术是借助一种想象中的超自然力量来征服自然的行为，它在一定程度上反映了早期人类对于自然与社会中的异己力量的抗争精神，虽然素朴、荒谬，但也不乏积极意义。原始时代的巫术有多种目的，主要有驱除魔鬼、诅咒敌人、祈雨、祈丰等。施行巫术者，最初可能是氏族内部的长者、酋长或者其他有威望的人物，以后才逐渐出现了专门化的巫师。

相传黄帝时代有一个天女女魃，所到之处旱灾严重，叔均把此事报告给上帝，上帝便让叔均放逐女魃于赤水之北。女魃所到之处，人们为了避免旱灾，要举行仪式驱逐女魃："所欲逐之者，令曰：'神北行！'先除水道，决通沟渎。"（《山海经·大荒北经》）这种仪式就已经包含了巫术的因素在内。值得注意的是，驱除女魃的先决条件是挖掘水道，开通沟渎，这实际上也是人们长期与旱灾相斗争的经验总结。与此相类似，甘肃秦安县大地湾仰韶文化遗址发现一座距今五千年左右的绘有地画的房基遗址，画正中一人长发飘散，做出捉拿害虫鬼蜮的样子，从而被认为是一件珍贵的原始时代的巫师降鬼图。这虽有迷信成分，但也反映了原始人类征服自然、战胜敌人的愿望。

上古时代的巫术与医学也很有关系。《山海经·海内西经》载有名为“巫彭”、“巫抵”、“巫阳”、“巫履”、“巫凡”、“巫相”的一批神医，均以“巫”相称，可见当时的巫术与医学是密切合一的。这些神医曾为一位名叫“窫窳（音 yà yǔ）”的人（或解释为天神）施行巫术，试图使他起死回生：

> 巫彭、巫抵、巫阳、巫履、巫凡、巫相，夹窫窳之尸，皆操不死之药以距之。……服常树，其上有三头人，伺琅玕树。

窫窳被人所害，黄帝命令巫彭等神医来拯救他。这些神医站在窫窳尸体旁边，有的手里拿着“不死之药”，有的拿着上面装饰有“三头人”的“常树”或“琅玕树”——大概是饰有玉石之类的神杖——以实施巫术。

无论对于巫的命运，还是对于中国远古时代宗教发展而言，甚至对于整个中国古代文明的进程而言，“绝地天通”都是一件大事。它发生在传说中的颛顼时代，《国语·楚语下》对此有详细记载：

> 古者民神不杂。民之精爽不携贰者，而又能齐肃衷正，其智能上下比义，其圣能光远宣朗，其明能光照之，其聪能月彻之，如是则明神降之，在男曰觋，在女曰巫。是使制神之处位次主，而为之牲器时服，而后使先圣之后之有光烈，而能知山川之号、高祖之主、宗庙之事、昭穆之世、齐敬之勤、礼节之宜、威仪之则、容貌之崇、忠信之质、禋洁之服，而敬恭明神者，以为之祝。使名姓之后，能知四时之生、牺牲之物、玉帛

之类、采服之仪、彝器之量、次主之度、屏摄之位、坛场之所、上下之神、氏姓之出，而心率旧典者为之宗。于是乎有天地神民类物之官，是谓五官，各司其序，不相乱也。民是以能有忠信，神是以能有明德，民神异业，敬而不渎，故神降之嘉生，民以物享，祸灾不至，求用不匮。

及少昊之衰也，九黎乱德，民神杂糅，不可方物。夫人作享，家为巫史，无有要质。民匮于祀，而不知其福。蒸享无度，民神同位。民渎齐盟，无有严威。神狎民则，不蠲其为。嘉生不降，无物以享。祸灾荐臻，莫尽其气。颛顼受之，乃命南正重司天以属神，命火正黎司地以属民，使复旧常，无相侵渎，是谓绝地天通。

其后，三苗复九黎之德，尧复育重黎之后，不忘旧者，使复典之……

这一段古文对于普通读者来说颇为难读。它讲的是远古之时，人们相信有天神的存在，当然并非所有人都能够与天神交流，能够通天者“在男曰觋，在女曰巫”。但是这种规则在少昊（黄帝之子）之时因为“九黎乱德”而一度被破坏。到了颛顼（黄帝之孙）的时候，颛顼专令南正重“通天”，命火正黎“司地”。这叫做“绝地天通”，也就是说，把天地之间的通达之事“收归国有”了。

颛顼时代正处于早期国家的形成过程中，世俗的权力正在趋向集中。“绝地天通”意味着在世俗权力与巫的斗争中，前者获得了胜利。在“绝地天通”之前，通天以及祭祀上帝是巫之事，而在这之后，世俗首领禁止巫再通天，同时任命南正重“司天”，命火正黎“司地”，祭祀天、地的权利为其所垄断。

可以想象，长期实施法术的巫不会轻易退出历史舞台，世俗权力与巫的斗争过程因有反复，有斗争，三苗复九黎之德就是一次反复，而尧的出现虽使世俗权力再次获得胜利，但宗教上的问题却没有根本解决。夏朝时世俗权力得到了进一步强化，但到了商朝，巫的势力又有所抬头。殷商时代人们信任鬼神，以巫师治国，巫术便发展成为具有神教性质的巫教[1]。巫教的骨干是殷商国家权力的实际掌握者，其教主为“阿衡”。伊尹、伊鹭、巫咸、巫贤、甘盘，都是巫教的“阿衡”。当时巫的势力很大，其主要的职司是奉祀天帝鬼神、主持婚丧嫁娶、为人祈福禳灾，并兼事占卜星历之术。可以说，巫就是当时的知识分子，他们创造并垄断了当时最“先进的”文化成果。同时，巫与世俗政权相结合，共荣共治，利用、分享并加强了对国家与人民的统治权。

殷商巫事之盛，可以人死办丧为例。

当时的人们迷信人死后鬼魂离开人间到阴间生活，所以丧礼中首先要进行的就是以告别为内容的仪礼，一般场面盛大，人数众多，其主持者大多是巫觋。仪礼以招魂仪式开始，《礼记》中是这样描述的：

> 复，招魂复魄也。……使人升屋北面，招呼死者之魂，令还复身中，故曰复也。……男子呼名，妇人呼字，令魂知其名字而还。

招魂者拿着死者的衣裳爬上屋顶招魂，呼喊着死者的名字，求其复生。这个过程，深深表达了生者与死者依依惜别、百般怜爱之意。丧葬仪礼中的“哭踊”，是巫师的一种特殊舞蹈，巫师悲伤哭泣，捶胸顿足，久而久之，其动作自然也就模式化、特色化了。

实际上，巫与舞的渊源颇深。有论者认为，商代甲骨文中的巫字是由舞字演化而来的，巫人是我国最早的舞蹈家。由于巫在进行巫术活动时，要舞蹈娱神、通神或装神，所以“巫舞”成为巫术活动的重要组成部分。

相传“禹步”就是一种特有的巫舞。据说这种舞步来自治水英雄大禹。由于他长年治水，双腿泡在水中得了病，走起路来迈不开步子，只能一点点挪动，所以人们称之为“禹步”。这种步伐被巫术利用，以禹的名义，更增加了其神秘感与威信度。

巫舞中比较多的是关于求雨的舞蹈。巫师主持隆重的祭祀向上天求雨，并跳起相关的舞蹈。《周礼》疏曰：“司巫……，若国大旱，则帅巫而舞雩。”这里的“雩”是旱祭的名称，也是求雨舞。据说商汤还曾“以身为牲，祷于桑林之野”，结果感动了上天，“天油然作云，沛然下雨，岁则大熟，天下欢洽，岁作‘桑林’之乐，名曰‘大濩’”。“桑林”之乐与“大濩”之舞后来便成为巫术活动中著名的舞蹈。

世俗权力所重视的是祖先崇拜，与巫所从事与认可的天神崇拜有深刻的矛盾。这一矛盾直到周礼的制订才得到真正的解决。周礼将文王与上帝同时祭祀，所谓“宗祀文王于明堂，以配上帝”，后来周统治者又宣称自己为天子，从而将祖先崇拜与天神崇拜结合起来，避免了两者间的冲突。从此，“巫术作为一种信仰消失了，它的神灵体系被纳入世俗政权所崇拜的神灵系统中，成为维系世俗政权之宗教力量的一部分。即使是作为一种占卜神意之术，在政治舞台上的影响也日益削减。从此，巫作为一个群体，作为一支独立的宗教力量，不复存在，巫术时代结束了”。[2]此后，特别是在历史动荡时期，巫的力量虽有复兴，但毕竟纲纪已定，其力量再大，也无法与世俗权力相抗衡。

虽然巫术时代在周代“结束”了，但巫祝文化的流脉在两周一直不绝如缕，尤其在下层民间和非中原国家，巫祝活动一直盛行不衰。楚国就是春秋战国时期巫风最盛的国家。

最痴迷于巫风的，恐怕要算楚灵王了。谭桓在《新论·言体》中说：“昔楚灵王骄逸轻下，简贤务鬼，信巫祝之道，斋戒洁鲜，以祀上帝。礼群神，躬执羽绂，起舞坛前。吴人来攻，其国人告急，而灵王鼓舞自若，顾应之曰：‘寡人方祭上帝，乐明神，当蒙福佑焉。不敢赴救。’吴兵遂至，俘获其太子及后姬。甚可伤。”（《全上古三代秦汉三国六朝文·全后汉文》卷一三）因为巫祝而丢了国家，这个楚灵王真是过于痴迷巫术了。

桃木避邪习俗的诞生也是春秋战国时期巫祝文化的绝佳例证。

鲁襄公二十八年，楚康王死，鲁襄公不巧正在楚国。第二年春天，楚国人请鲁襄公亲自为楚王装殓，襄公为此而犯愁。随从的鲁国大夫穆叔说：可先扫除楚康王棺材上的凶邪，然后再给死者穿衣服，就没事了。于是，襄公在给楚王着寿衣前，命令巫人用桃棒、笤帚在棺材上作法事以扫除凶邪。

在这个故事中，有一个用桃棒避邪的细节，它后来便演化成中国传统文化中的一个典型民俗。据《论衡·订鬼》引古本《山海经》

云："沧海之中，有度朔之山，上有大桃木，其屈蟠三千里，其枝间东北曰鬼门，万鬼所出入也。上有二神人，一曰神荼，一曰郁垒，主阅领万鬼。恶害之鬼，执以苇索，而以食虎。于是黄帝乃作礼，以时驱之。立大桃人，门户画神荼、郁垒与虎，悬苇索以御凶魅。"这是桃木驱鬼的神话依据。后来人们在新年时贴桃符于大门以避邪的风俗就是由周巫文化中的这个御凶巫术演变而来的。

此外，颇值得一提的是，学者们早已注意到中国古代文化有从巫到史的转换，并认为这显示出巫职业的从业人员身份、性质的转变。如陈梦家就曾提到所谓"由巫而史，而为王者的行政官吏"的命题〔3〕。杨向奎则认为"《诗》亡然后《春秋》作"，反映了从巫到史的转变〔4〕。陈来认为上古从巫到史的转变，反映的是从巫术文化向祭祀文化的转变〔5〕。李泽厚则从思想历程理性化的角度把握"由巫而史"〔6〕，均给予我们以鲜明通透的历史认知。

注释：

〔1〕李锠：《中国远古暨三代思想史》，人民出版社1994年第一版，74页。

〔2〕陶磊：《从巫术到数术——上古信仰的历史嬗变》，山东人民出版社2008年6月第一版，45页。

〔3〕陈梦家：《商代的神话与巫术》，《燕京学报》第20辑，1936年。

〔4〕杨向奎：《宗周社会与礼乐文明》，人民出版社1997年版，351页。

〔5〕陈来：《古代宗教与伦理》，生活·读书·新知三联书店1996年版。

〔6〕李泽厚：《说巫史传统》，载《己卯五说》，中国电影出版社1999年版。

卜筮

在我国古代，“占”是观察的意思，“卜”是以火烧灼兽骨或龟壳，就其出现的裂纹形状预测吉凶祸福。占卜源远流长，至少在新石器龙山文化时期占卜就已经出现了，此一阶段出土的用于占卜的甲骨有鹿骨、猪骨、羊骨、牛骨等。这些卜骨都具有一个最基本的特点，就是在动物肩胛骨上施以火灼。在火力的作用下，骨面会出现裂纹（兆），占卜者依据裂纹的形状、纹络方向，赋予神秘含义，以此预测吉凶。

上古时代的人们预测吉凶，除了以动物甲骨进行占卜之外，还有依据蓍草所得数字变化裁定休咎祸福的筮法。筮法的起源也很早，《易经·系辞下》中说：“古者庖牺氏之王天下也，仰则观象于天，俯则观法于地，观鸟兽之文与地之宜，近取诸身，远取诸物，于是始作八卦，以通神明之德，以类万物之情。”也就是说，八卦这种筮法在很早时就已出现并发挥重要作用了。

夏代盛行占卜。《墨子·耕柱》曾经谈及夏后启通过“杀雉衅龟”来占卜铸鼎之事。夏代占卜的实物在二里头文化遗址中也有所发现。

《史记·龟策列传》谓夏代卜筮之俗说："乃取蓍龟，已则弃去之，以为龟藏则不灵，蓍久则不神"，认为夏代不保存前次占卜所用过的龟甲或卜骨。夏代筮法，也传说有《连山》之法。

商代王室和贵族几乎每日必卜，每事必卜。由于占卜频繁，商代用龟数量甚巨。据专家统计，仅在殷墟所发现的龟甲就有十六万零三十片，如果"以龟甲十片为一全龟"计算，那么最低限度当用全龟"一万六千零三只"。殷墟甲骨记事刻辞关于贡纳龟的情况也不少，所记贡龟数量"总计一万二千三百三十四"。这些龟甲大多数是从南方纳贡的[1]。商代卜辞的内容几乎是包罗万象，《甲骨文合集》把它们分为阶级和国家、社会生产、科学文化、其他等四大类，又细分出鬼神崇拜、祭祀、战争、官吏等22个小类。

安阳殷墟。此处所发现的龟甲有十六万零三十片，比较全面地反映了商代盛行占卜的事实。

殷商王朝将占卜作为一种制度，在具体操作上有“习卜”、“三卜”、“多卜”之制以及卜筮参照等。在不同时间再度因前事而进行的占卜，殷人称“习卜”。“三卜”即元卜、右卜、左卜，指用于占卜的三块甲骨，或者指三个人同卜一事。商朝在大多数场合往往由商王和右、左卜分别主持每一卜的主要占卜环节，另外还有一些神职人员为辅助，称为“多卜”。占卜还要正反对卜，同事异问，目的在于以甲骨为中介，充分进行人神间的沟通联系，以使神的意愿为人所细察，并求得神的支持和保佑。一般来说，这种占卜的结果还要与筮占的结果相参照，以便准确无误地求得上天的旨意所在。

占卜的过程包括命龟、灼钻、观兆判断吉凶、事后验证、刻辞记录等环节。其中的“命龟”就是念咒请神，并向神灵提出要决疑的问题，祈请赐知。其他的环节从字面上就易于理解。最后一个环节即“刻辞记录”尤其值得我们注意，因为它把占卜的时日、内容、相关人员、仪式、断辞以及后来灵验与否的结果都严肃地刻记下来，这一切放到一定的历史背景来看，实际上已相当于国家、社会、殷商王朝的一种珍贵的历史记录。因而可以说，占卜的这最后一个环节，实质上助推了国人“史”的意识的诞生。事实上，殷商时代大量的甲骨卜辞，从一开始就被人们珍视为中国最早的王室档案，从而发挥了其独特的历史认知作用。

周人早期占卜也是以龟甲占卜为主。文献资料中与龟占有关的几件大事，颇值得一提。周之先人用龟卜选择周原作为自己的居住之址，《诗·大雅·绵》有“周原膴膴，堇荼如饴。爰始爰谋，爰契我龟，曰止曰时，筑室于兹”之句，说的就是古公亶父由豳迁岐时的事。《大雅·文王有声》中说："考卜惟王，宅是镐京，维龟正之，武王成之"，说的是武王经营镐京的事。再一件大事就是选择成周的城址洛邑，《尚书·召诰》中说："太保朝至于洛，卜宅，厥既得卜，则经营。"《尚书·洛诰》记载周公的话时也说："予惟乙卯，朝至于洛师。我卜河朔黎水，我乃卜涧水东、瀍水西，惟洛食。我又卜瀍水东，亦惟洛食。伻来以图及献卜。"由此可见，洛邑位置的选择是经过多次占卜才最后确定的。《左传》宣公三年中还记载："成王定鼎于郏鄏，卜世三十，卜年七百"，意思是说，占卜所得周王朝会统治三十世，历七百年。这几项占卜在历史上都非常有名，因而很具代表性。

周代占卜的范围也很广泛，所涉及的内容有立君、分封诸侯、祭祀、征伐、气象、赏赐、谋议、下雨、病愈、任官、田猎、农作、天象、婚嫁等。种种迹象表明，甲骨占卜在西周前期比较盛行，并且受到广泛重视；到了西周后期，筮法日益兴盛，成为与甲骨占卜一样的、社会各阶层的人们判断吉凶的重要方式。《周礼·春官》中所列有的"筮人"之职，应该是西周时期专门为王占筮的职官。《仪礼·少牢馈食礼》中所记载的一则占筮，可以说是当时筮占场景的典型再现：

少牢馈食之礼。日用丁、己。筮旬有一日。筮于庙门之外，主人朝服西面于门东，史朝服，左执筮，右抽上韇，兼与筮执之，东面受命于主人。主人曰："孝孙某，来日丁亥，用荐岁事于皇祖伯某，以某妃配某氏。尚飨！"史曰："诺。"西面于门西，抽下韇，左执筮，右兼执韇以击筮，遂述命曰："假

蓍草

尔大筮有常。孝孙某，来日丁亥，用荐岁事于皇祖伯某，以某妃配某氏。尚飨！”乃释韇，立筮。卦者在左坐，卦以木。卒筮，乃书卦于木，示主人，乃退占。吉，则史韇筮，史兼执筮与卦以告于主人：“占曰从。”乃官戒，宗人命涤，宰命为酒，乃退。若不吉，则及远日，又筮日如初。

这是一篇为选择吉利祭日而举行的占筮记录。主人与占筮的史官身着祭服，史官敲击蓍草筒，让蓍草活动以求神意。史官念完祷辞后，便用蓍草进行占筮。最后，卦者将所得之卦书写于木板之上，请主人观看。如果所得的卦不吉利，则再占筮其他可能的日期。

西周时期是筮法发展的一个重要阶段。《易经》一书的主要内容基本于此时完成，筮法在此时已逐渐系统化，卦爻辞的加工整理则反映了占筮理论的完成。从资料来看，筮占在西周晚期被广泛使用，所谓“小事无时日有筮”。但与龟占比较，筮占在有周一代国家生活中并不占重要地位。

从《左传》所记载的占卜事例中，可以清楚地看出周人在国家大事上更重龟占的事实。据李道平《易筮遗占》[2]，《左传》共记载了十二次筮占，与国之大事有关的四次，其余八次多是关于嫁娶、生子、做官等事情。与此相对照，《左传》中所有跟祭祀有关的占卜活动都是用卜，战争绝大多数用卜，国君有疾也用卜，国家迁移用卜。总之，在国家大事上，绝对以龟占为主[3]。国家层面如此，在卿大夫阶层中，龟占也重于筮占。这就是所谓“筮短龟长”（《左传》僖四年晋卜人语），也就是说，龟卜的地位要高于筮占。

为什么周人对龟卜的重视远超过对筮占的重视呢？一些学者认为，这不在于龟卜的成本高于筮占的成本，也不在于龟的长寿从而使其占卜更灵验，而在于从历史上看，筮占属于巫的占卜手法。“巫统与血统在宗教领域的冲突，使得与血统祭祀紧密结合在一起的世俗政权，选择甲骨占卜作为主要的占卜手段。”[4]就是说，虽然龟占与筮占同为占卜方式，同为周人所择用，但是，这两种占卜方式的“路线”不同，一个属于“血统”一路，即与祖先神崇拜有关的；另一个属于“巫统”一路，即与巫所重视的天神崇拜有关的。这是两种“路线”：一个代表了世俗政权的方法，一个代表了以巫师为主打的准宗教团体的手段。而最后，与祖先神崇拜有关、代表世俗政权利益的“血统”一方获得了历史性胜利，从而龟占的地位也就大大胜过了筮占的地位。

与此相应，春秋时期，各国还有所谓的“守龟”或“大龟”：

《左传》昭五年：卜之以守龟……国之守龟，其何事不卜？

《左传》哀二十三年：卜之以守龟于宗祧，吉矣。吾又何卜焉？

《国语·鲁语下》：老请守龟卜室之族。

《管子·小匡》：守龟不兆……

守龟大概类似《尚书·大诰》提到的文王传下来的大宝龟，是一种国之重器，在占卜活动中所占分量比较大。鲁昭公十八年，郑国发生火灾，大臣子产所采取的两项最重要的防卫措施就是“徙大龟”与徙先主神位，这就是说，在人们心目中，大龟与先主神位同等重要。大龟为诸侯国的镇国之宝，鲁国的阳虎被放逐而逃往晋国时，就带走了鲁国的大龟。

春秋时期，周王朝与各诸侯国皆有自己的卜官，卜官之职有称“卜正”的，也有称“卜尹”的。世代为卜官的贵族，其名之前往往冠以“卜”字，几乎成了其姓氏，秦国的卜徒父、晋国的卜偃、梁国的卜招父、鲁国的卜楚丘等皆为其例。

此一时期，各诸侯国卜官中影响最巨者当推晋国的卜偃。卜偃曾预言晋国将领毕万后裔“必大，……其必有众”（《左传》闵公元年），后来又预言虢国必亡。这些预言很可能是其占卜后所言，但可贵的是卜偃已经能够进行一些深层次的分析。例如，虢君打败戎人之后，卜偃谓虢君“必易晋而不抚其民”，故而预料虢必亡。可见，他的预料是以一定的社会阅历、历史常识为基础的，并非信口开河。卜偃对晋国的形势也有相当精细的观察。鲁僖公十四年沙鹿山崩塌，卜偃借此事预言晋国“期年将有大咎，几亡国”（《左传》僖公十四年），结果翌年就发生了晋、秦韩原之战中晋惠公被俘的大事。鲁僖公二十三年，晋惠公卒，嗜杀戮并且在晋国没有什么基础的晋怀公继位，洞明世事的卜偃即称疾不出，不去投靠晋怀公。他预料晋怀公必无后于晋。事实很快证明了卜偃预料的正确性。晋怀公继位不久，晋文公就返晋杀掉晋怀公而稳固了晋的局势。晋文公时，卜偃很受重用。鲁僖公二十五年，晋文公决策勤王，平定周子颓之乱，送周襄王返都。晋文公命令卜偃占卜，得吉兆后才坚定了决心。此事实为晋文公举起尊王旗号而称霸的关键。卜偃于此事中的影响是巨大的。《左传》载鲁僖公三十二年，晋文公卒，出殡的时候，灵柩有声响，卜偃即述其意，谓：“君命大事，将有西师过轶我，击之，必大捷焉。”此后果然有秦军远袭郑国之事，晋军打了一个漂亮的伏击战，俘获秦军三位统帅。杜注解释卜偃的预言，谓：“卜偃闻秦密谋，故因柩声以正众心。”卜偃虽然只任卜官，但实有政治家的远见卓识，因此他对于卜兆的解释往往有独到之处。《国语·晋语》所载卜偃的多条言论，皆通达明智，可见其作为卜官实有渊博的知识，并且善于分析事物的矛盾变化。

总之，占卜在先秦时代的流行，说明此时的人们相信一切事情的背后都有一种神秘的力量在起作用，相信每一件事情的发生都有一种特定的因果关系。这反映了当时人们受自然力的压迫，自感软弱无力而又要依赖神力的一种侥幸心理。相信神灵，相信天命，这是求卜者共同的心理。占卜所用的甲骨与蓍草可以说是人与天、人与神灵之间的特殊物质中介，具有一种无上的灵性，或说是神性，占卜因而也就成为人与天、人与神灵沟通的智慧桥梁。同时，在一些具有深刻洞察力的思想家与政治家那里，占卜在一定程度上还成为其认识世界、探求事物发展规律的一种必要的工具。实际上，从历史的角度去说，占卜算得上是先秦时期最先进的理论分析工具与思想斗争武器，其历史地位与理论功绩不容抹杀。

到了春秋战国时期，随着人们认识能力的提高，有些人对于占卜的作用开始产生了怀疑。在当时先进的思想家那里，重人轻神正成为一种发展趋势，社会上不少的人对于神灵逐渐减少了往日的虔诚。《庄子·外物》篇中说："神龟能见梦于元君，而不能避余且之网；知（智）能七十二钻而无遗策，不能避刳肠之患，如是则知（智）有所困，神有所不及也。"意思是说，神龟虽然是灵验的，但它并没有预料到自己会被捕、被全身钻透、被破腹清肠，这说明它的神力也是有限的啊。可见，在当时人的心目中，神龟的灵异与占卜的神威，已经被大大地打了折扣。

与此同时，筮法在春秋时期也有了长足的发展。筮法和《周易》此时有了更夺目的智慧之光和更浓重的理论色彩。这主要表现在四个方面：一是在卜、筮关系上，蓍筮日趋重要；二是由数字所表现的易卦完全变成卦画符号；三是《周易》的理论中开始注入了阴阳观念，并且与五行说有了关联；四是占卦方法有了新的改进[5]。

到了战国时期，筮法又有了新的重要发展。一方面表现于其理论体系框架的完成，另一方面也表现于筮法与巫术相结合，从而使其有了更大范围的普及。对《易经》进行诠释和阐述的七种著作，都完成于战国时期。这七种著作，即《彖》、《象》、《文言》、《系辞》、《说卦》、《序卦》和《杂卦》，由于《彖》、《象》、《系辞》各分为上下两篇，所以总数为十篇，后代人称之为“十翼”，言其为《易经》的羽翼。“十翼”也被称之为《易传》，是对《易经》的解释与发挥。《易经》和《易传》的结合，统称为《周易》。而《周易》的完成，则标志着筮法在战国时期已经进入了具有完整理论体系的新阶段。

除了龟卜与筮占之外，广义的占卜还包括星占、相术等，而星占与相术在春秋战国时代也是风行一时。

以星象的变化为现实生活中人事变动的征兆，是春秋战国时期政治家和民众们普遍的信仰。鲁文公十四年，经传载彗星入于北斗。这是世界上首次关于哈雷彗星的记载。春秋战国时期，人们把它视为一次大的事件将要到来的不祥征兆。周内史叔服据此说：不出七年，宋、齐、晋的国君都将死于动乱。果然，三年后，宋昭公被弑；五年后，齐懿公被弑；七年后，晋灵公被弑。

春秋战国时期相术风行。从一个人的形象可以看出他未来的命运，这是一门古老的占卜学，起源于何时尚未可知，但春秋战国时期显然已在社会各阶层中广为流行。如越国大臣范蠡在辅佐勾践称霸之后挂印而去，在留给大臣文种的信中说：越王这个人，长脖子、鹰钩鼻，这种人只可共患难，不可同安乐。（《史记·越王勾践世家》）孟子也说，从一个人的眼眸可以看出这个人内心的良善。荀子则专门写过一篇《非相》，批驳当时盛行的相术之说。相术的一个重要特点是，形貌姣好的人往往可以在占卜时取得较大的优势。

这显露出一种具有普遍意义的社会心理内涵，即拥有美好形貌的人理应在社会生活中得到更多的肯定、更好的对待和更佳的命运。相术的风行反过来又加深了人们对相貌的这种看法，具有美好的形貌显然已成为先秦人的一种生存理想[6]。

相术的可信度也引起学者的争辩。荀子说："盖帝尧长，帝舜短；文王长，周公短；仲尼长，子弓短。昔者卫灵公有臣曰公孙吕，身长七尺，面长三尺，焉广三寸，鼻目耳具，而名动天下。……"意思是说，这些古代的圣明伟人们长相都是一般水平之下。但在另一方面，道德败坏、不圣明的人反而有长得很美的："古者桀纣长巨姣美，天下之杰也。筋力越劲，百人之敌也。"战国时有位著名相人唐举，为蔡泽看相时引俗语说："圣人不相。"（《史记·范雎蔡泽列传》）意思是圣人大都长得很难看。这些不同的言论，其实也反证了相术在此时的盛行。

注释：

〔1〕胡厚宣：《殷代卜龟之来源》，载《甲骨学商史论丛》初集第四册。

〔2〕李道平：《易筮遗占》，载《周易集解纂疏》，中华书局1994年版。

〔3〕刘玉建：《中国古代龟卜文化》，广西师范大学出版社1992年，374-381页。

〔4〕陶磊：《从巫术到数术——上古信仰的历史嬗变》，山东人民出版社2008年6月版，61页。

〔5〕晁福林：《先秦民俗史》，上海人民出版社2001年第一版，368-369、388页。

〔6〕彭亚非：《郁郁乎文》，河南人民出版社2000年11月1版，245页。

酗酒

中国有着悠久的饮酒历史。大致在新石器时代早期，随着农业、制陶业的出现，酿造天然粮食酒的习俗便已发生。从新石器时代中期仰韶文化如西安半坡遗址时期开始，人们又学会了用酒麯酿造粮食酒的技术。饮酒之风至新石器时代晚期越刮越烈，并可能已出现了一些的确令人陶醉的甘美酒品，如传说“仪狄为酒，禹饮而甘之”。此时的人们已经开始发现饮酒耽国误事的副作用，“遂疏仪狄而绝旨酒”（《淮南子·泰族训》），禹的禁酒其实正说明了当时饮酒风俗之盛。

禹的儿子启所建立的夏王朝，酿酒与饮酒风俗盛行不减。《墨子·非乐篇》：“启乃淫溢康乐……湛浊于酒，渝食于野。”《列女传·夏桀妹喜传》：“桀既弃礼义……日夜与妹喜及宫女饮酒，无有休时……为酒池可以运舟……醉而溺死者，妹喜笑之以为乐。”《韩诗外传》：“桀为酒池，可以运舟，糟丘足以望十里，（一鼓）而牛饮者三千人。”这些文献资料说明，夏王朝的王公贵族醉生忘死，他们的饮乐不是一般的饮乐，而是视酒如命，嗜喝成瘾，酗饮无度，以至于丧权辱国，国破人亡。

“殷鉴不远，在夏后之世”（《诗·大雅·荡》），夏人嗜酒丧国的教训够深刻的了，商王朝的统治者按说应该引以为戒，但商代人对酒的热情似乎有增无减，考古发掘出土的大量的商代铜酒礼器、陶酒礼器，其品种之全、制作之精、分布之广，充分说明了商代自王室贵族至黎民百姓的全社会饮酒风尚比夏代有过之而无不及。而且，商代已进入一个全面酿造和饮用曲酒的时期，原始的无曲天然酒至此已濒临淘汰。以酵母为曲酿造的酒不仅有粮食酒，还有果子酒，文献记载商人将用黍蒸饭酿成的酒取名“酒”，此即后世的所谓黄酒；将用稻蒸饭酿成的酒叫“醴”，即后世的甜酒；将用秬（音“炬”，黑黍）蒸饭酿成的酒叫“鬯”（音“畅”，古代祭祀用的一种酒），此即后世加有香料的白酒。《史记·殷本纪》说：“（纣王）好酒淫乐，嬖于妇人。……以酒为池，县肉为林，使男女裸，相逐其间，为长夜之饮”，酒池肉林、长夜之饮、男女裸戏，这是商代王室贵族嗜酒风尚的最典型最极端的例子。

商代人沉溺于饮酒之中，其崇饮之风远胜于夏代，自商王至诸侯大臣皆然。商王祭祀先祖，则“既载清酤，赉我思成，亦有和羹”（《诗经·商颂·烈祖》），酒食美味为享礼所必具。《尚书·酒诰》归结商朝灭亡的原因在于酗酒：“庶群自酒，腥闻在上，故天降丧于殷。”西周康王时《大盂鼎铭》记载了“殷边侯甸与殷正百辟，率肄于酒，故丧师”的史实。《商书·微子》也多次对商贵族统治集团“沈酗于酒”作了省察。至于商末纣王的嗜酒，文献中记述更多。

崇饮亦渐泛滥于商代一般平民阶层，浸淫整个社会风气，还相应渗透到当时的葬俗方面。据 1969–1977 年殷墟西区墓地发掘材料，平民墓中最常见的随葬品，为陶制酒器觚、爵。在总数 939 座墓内，出土这种礼器的有 508 座，另有 67 座出土铜或铅觚、爵，两者共占总墓数近五分之三。其中如编为第八墓区的 55 墓中，竟有 49 座出陶觚、爵，高达 89%以上。可见，饮酒之风已深深地吹入平民阶层之中。一些中小型墓，尽管随葬器类和数量均不多，墓主生前社会地位较低，也总要与酒发生一些瓜葛，随葬数量不等的酒器。这反映了晚商王邑寻常平民的饮食风尚。酒进入寻常平民阶层的生活领域，大概商代前期即已发生，唯在相当长时期内限于小范围，只是到晚商时期才有较大泛滥，其中尤以殷墟王邑为甚。郑州商城城根一带曾发现 25 座平民的小型土坑墓，有 16 座无随葬品，有随葬品的 9 座中仅 2 座出陶酒器，只占总墓数的 8 %。专家认为这表明商代前期平民中饮酒现象十分有限，但毕竟已为后来殷人“率肆于酒”开了先河。与此形成鲜明对比的是，贵族统治者的酗酒之风则始终贯穿于有商一代。这反映到贵族葬制，其随葬礼器从最初时期起，就是“重酒的组合”。曾有学者综合郑州商城、辉县、温县、殷墟等商中心统治区内 77 座不同时期贵族墓出土青铜礼器，进行总体考察，得出以酒器觚、爵为核心的组合方式在商代前期即已产生，一直保持到商末。

商代的“重酒”习气，也体现在酒器觚、爵等礼器名物的配备方面，而呈现出金字塔般的等级制特征。自商王之下，使用者所能享有的觚、爵套数，至少可分为八大系列：其一是王室最上层权贵和受宠王妃，能享至 50 套以上。其二是殷商王朝的高级权贵或军事统帅，以及各地方国君主，能享10套之多。这两个系列，大体代表着金字塔结构的最顶端。其三是6套使用者，身份可能为王朝或地方的上层显贵。其四是5套使用者，基本属于商王朝受有封地的贵戚或族落方国的高级官员。其五是4套使用者，有商王高级近侍卫士以及地方强族或方国的高级军事将领。其六是中等权贵，一般享至3套。其七是为数较多的2套使用者，属于一般贵族之列。其八是众多的1套使用者，大致属于末流贵族或中上层自由平民，代表着金字塔式等级制的庞大下层。在这一等级制结构的金字塔之下，还有广大下层平民，包括奴隶，青铜酒器与他们无缘，至多能使用几件陶酒器〔1〕。

商代“重酒”之风愈演愈烈，其发展的极端，必然导致统治者的酒醉沉湎而为政荒怠，社会危机和政治危机的降临当然也就不可避免。有鉴于殷人酗酒的恶劣后果，西周初期曾进行过严厉的禁酒，如《尚书·酒诰》中曾谈到对群饮酗酒的人处以极刑的事情。考古发掘出土的大量陶、铜酒礼器，《周礼》记述的酒正、酒人等酒官的设置以及对酒的五齐的认识，还有《仪礼》中有关西周乡饮仪礼情况的详细介绍等等，都充分证明西周时期由上而下的饮酒之风丝毫不逊于商朝〔2〕。

西周末年，贵族们无视周公禁酒的命令，又开始酗酒。《诗经·小雅·宾之初筵》淋漓尽致地描绘了幽王时贵族酗酒的场面。其中说：“宾既醉止，载号载呶。乱我笾豆，屡舞僛僛。是曰既醉，不知其邮。侧弁之俄，屡舞傞傞。”大意是：宾客们喝醉了，又是叫来又是闹。打翻杯盘和碗盏，跌跌撞撞把舞跳。还说这是喝醉了，糊里糊涂不害臊。真是丑态百出，行为放荡。这样的失仪纵酒，在当时的贵族阶层，在那个礼崩乐坏的时代里，当不是个别的、偶然的现象。

春秋战国时期，中上层贵族做很多重大事情前后一般都要举行宴会，宴会上一定要喝酒。比如国君册封臣属、祝贺战捷、庆祝某事成功、会见臣下等都要举办朝宴赐饮，卿大夫则在自己官邸私宅举行规模不等的宴席饮酒，接待朋友拉拢属下，筹划事情，以至于消遣、娱乐。宴席及饮酒成为当时社会交际的一个重要手段。

就在上层贵族酗酒成风的同时，下层平民中也有了酿酒饮酒的风气。《诗经·豳风·七月》中说："十月获稻，为此春酒。""十月涤场，朋酒斯飨。"《小雅·伐木》中说："有酒湑我，无酒酤我。……迨我暇矣，饮此湑矣。"这些都说明劳动人民在收获或完工后偶有闲暇饮酒作乐的情况，表现了热爱生活、享受生命的情趣。春秋战国时期的官员们为了使乡里百姓尊贤、养老、谦让不争，形成好的民风，乡里经常举行会饮。每年春秋乡民习射也要举行会饮，年终举办蜡祭也要饮酒。然而，乡里饮酒也经常出现醉乱狂欢的场面，与统治者的预期目的相去甚远。孔子说："惟酒无量，不及乱"（《论语·乡党》），规劝人们要适量饮酒，可以从中感觉到当时饮酒无度的社会情态。

战国以后，伴随着酿酒业的发展，饮酒之风更盛。如齐威王"好为淫乐长夜之饮，沉湎不治"（《史记·滑稽列传》）；如魏公子无忌"与宾客为长夜饮，饮醇酒，多近妇女。日夜为乐。饮者四岁，竟病酒而卒”（《史记·魏公子列传》）。齐威王宫廷里有个滑稽人物淳于髡，有一次，威王问他喝多少酒才能喝醉，他回答说饮一斗酒和饮一石酒同样能醉。威王让他作出解释，他这样回答：“大王当面赏酒给我，执法官站在旁边，御史站在背后，我心惊胆战，低头伏地而喝，喝不了一斗就醉了。假如父母有尊贵的客人来家，我卷起袖子，躬着身子，奉酒敬客，客人不时赏我残酒，屡次举杯敬酒应酬，喝不到两斗就醉了。假如朋友间交游，好久不曾见面，忽然间相见了，高兴地讲述以往情事，倾吐衷肠，大约喝五六斗就醉了。至于乡里之间的聚会，男女杂坐，彼此敬酒，没有时间的限制，又作六博、投壶一类的游戏，呼朋唤友，相邀成对，握手言欢不受处罚，眉目传情不遭禁止，面前有落下的耳环，背后有丢掉的发簪，在这种时候，我最开心，可以喝上八斗酒，也不过两三分醉意。天黑了，酒也快完了，把残余的酒并到一起，大家促膝而坐，男女同席，鞋子木屐混杂在一起，杯盘杂乱不堪，堂屋里的蜡烛已经熄灭，主人单留住我，而把别的客人送走，绫罗短袄的衣襟已经解开，略略闻到阵阵香味，这时我心里最为高兴，能喝下一石酒。所以说，酒喝得过多就容易出乱子，欢乐到极点就会发生悲痛之事。所有的事情都是如此。”（《史记·滑稽列传》）淳于髡以自己的亲身体会来婉转地劝说彻夜欢饮的齐威王。威王听从了他的话，从此就停止了彻夜欢饮之事，并任用淳于髡为接待诸侯宾客的宾礼官。齐王宗室设置酒宴，淳于髡常常作陪。

应该提到的是，古人酒量看起来比现代人酒量大得多，究其原因，一是当代人的身体机能在城市化进程中，在环境污染加重的前提下有退化的可能；二是因为古籍中所载有记述者夸张的成分；三在于那时的酒全部是采用发酵法酿造的，酒中水分很大，酒的度数很低[3]。

注释：

〔1〕宋镇豪：《夏、商社会生活史》，中国社会科学出版社1994年9月版，284-286、302-303页。

〔2〕郑若葵：《中国远古暨三代习俗史》，人民出版社1994年1月，第107-109页。

〔3〕刘军、莫福山、吴雅芝：《中国古代的酒与饮酒》，商务印书馆国际有限公司，32页。

重农

中国自古以来便是一个农业大国，重农之风甚盛。

中国国土面积广大，有众多的河流湖泊，有充足的日照和雨水，有温凉适宜的气候，有广袤肥沃的平原与盆地，还有丰富的动植物资源。这一切物质方面的条件，促成了原始农业的发生与重农之风的兴盛。

农业的发明，不仅开辟了人类食物来源的新途径，是人类发展史上具有深远历史意义的伟大变革，还加速了历史进程，改变了社会的结构。中国新石器时代的繁荣发展，夏、商、周文明社会的诞生，都离不开农业的支持、催化和润滑。考古和历史资料昭示，农业生产是自新石器时代早期至夏、商、周三代最重要的经济生产形态之一，它具有持续时间最长、组织规模最大、跨越时空最广阔的特点，“从中国全史的角度看，则其是最具影响力、造福人类最大的生产行为和习俗，是社会生产和经济发展的主要基础和命脉”。[1]

然而农业并不是人类社会一开始就有的。旧石器时代与中石器时代，人们以采集和狩猎经济为主要谋生手段，原始农业还没有产生。

新石器时代，原始的种植业逐渐兴起，而原始的畜牧业也在狩猎经济的基础上发展起来。由于人们长期采摘一些植物的果实，便了解了一些植物的生长特性，于是开始用石刀、石斧等开垦荒地，播种这些植物的种子，年复一年，就有了原始农业的产生。现代考古学家认为，原始农业的发明是新石器时代的革命。新石器产生的前提，就是适应农业生产而出现的石器磨光技术以及与磨制技术相继产生的切割、钻孔技术。农业堪称新石器时代的最基本特征，是"人类文化史划时代的历史事件"[2]。

《淮南子·修务训》记载有"神农乃始教民播种五谷"的故事，神农氏同燧人氏一样，也是中国人生活生产时尚最早的一批创新者。作为"播种五谷"这一先进、时尚生产方式的结果之一，在新石器时代中后期，黄河流域和长江流域已经出现了大范围的农作物种植。黄河流域耕种的粮食作物主要有粟、黍，长江流域主要种植水稻，从此逐渐形成了中国北方以粟为主、南方以大米为主的食物结构。据史料记载，新石器时代种植的作物还有菽、薯、芋、麻、麦、葫芦、薏苡、菱角、樱桃、莲藕、栗子、花生、橄榄、桃、枣、油菜、芥菜和白菜等等。

夏王朝的农业生产，就目前的资料来看，主要是流行旱田耕作技术与习俗，而在夏王朝中心范围之外的其他地区，如长江流域和南方地区，则仍然是流行以水田耕作为主的生产习俗。按《国语·鲁语》的说法，在夏代之前的烈山氏之子柱已能种植百谷百蔬，至夏朝时周人的始祖弃则继承了这种技能，并被人称为后稷，这表明夏

商代牛鼎，凸现了牛作为生产力的重要作用。

朝的种植业是较为发达的。

商代以农立国，有一系列“纪农协功”的传统礼俗。从殷墟甲骨文、商代青铜器铭文等有关资料来看，以商王为首的统治集团几乎介入了谷类粮食作物种植的全过程，有一系列农作之礼。如在耕种前要相地之宜，青铜器铭文中有不少例子，如说：

庚午，王令寝农，省北田四品，在二月。（《商周金文集成》2710）

这说的是商王在春耕之时省视辨别田地质量。此外，商王还适时举行各种性质的农业耕作仪式，如除杂草、开荒、核登农事力役、开挖田间水沟等。甲骨文中还记载有商王象征性地参与播种及收割的农作活动，如种植与收割黍与粱等。特别是商王亲自参加的春播活动，被称之为“耤田礼”，商代之后为中国历代统治者所循行，并更趋规范化、礼仪化、制度化，而上升为一种流于形式的传统农事礼制。在文献中，“耤田礼”专名为“藉”，如《五经要义》云：“天子藉田，以供上帝之粢盛，所以先百姓而致孝敬也。藉，蹈也，言亲自蹈履于田而耕之。”

在农业信仰方面，商代也有很丰富的礼俗内容。从甲骨文资料上来看，大略有求年受年礼俗、出于农业灾祸观念的御灾礼俗、告秋及告麦礼俗以及登尝礼俗等。求年受年礼俗，均是祈求神灵保佑农谷丰收，所拜祈的对象，有山川自然神如河、岳、土、方等，有先公先王先祖先臣如上甲、高祖等，还有天神或气象神如日神、风神等，拜求年成丰收，要备祭品，并有种种相关的祭祀仪式；御灾礼俗有祭风、宁风的仪式，有宁息蝗灾的仪式，有宁雨求雨的仪式；告秋及告麦礼俗是向神灵报告谷麦长势，以求丰收；登尝礼俗是指农事收获之后，以新黍荐于祖庙，以便让祖先先尝新〔3〕。

周代民间流行根据物候的变化来掌握农时，安排农业生产的风俗。在西周至春秋时期杞国一直使用的《夏小正》是我国现存最早的一部物候历，历史上有人认为它是夏朝历书，但近代多数学者认为它不是夏朝历书，但可能仍然保存有夏代历法的基本面目。它“讲到物候便有 60 多条，其中属于动物的物候 37 条，属于植物的物候 18 条，非生物的物候 15 条。这些物候，在动物方面涉及 11 种兽类，12 种鸟类，11 种虫类和 4 种鱼类；在植物方面，涉及 12 种草本，6 种木本；在非生物方面，涉及风、雨、旱、冻等气象现象，可见，三千年前我国积累物候知识已相当丰富”。〔4〕

除物候外，《夏小正》还记载了与物候相对应的农事活动。如说："正月……囿有见韭（韭菜）……采芸（油菜）……梅、杏、杝桃则华。……三月……摄桑……祈麦实。……四月……囿有见杏。……五月……煮梅、蓄兰、菽糜。……八月，剥瓜、剥枣。……九月……荣鞠树麦。……十二月……纳卵蒜。……"可见，当时用物候指示农时已相当具体细致。

《诗经》中对周之先祖后稷、公刘、古公亶父等的歌颂，无不与他们平生身体力行的农田耕作相联系，如《鲁颂·閟宫》、《大雅·生民》、《大雅·公刘》、《大雅·绵》等。

而《诗经·豳风·七月》说的是西周劳动人民的生活生产风尚，更是一幅中国古代生动形象的农耕图，它记述的物候及其相关的农事，从岁初到腊尾，终年不停。

诗中说："三之日于耜，四之日举趾。"（正月里修好锄和耙，二月里举足到田头。）"女执懿筐，遵彼微行，爰求柔桑。春日迟迟，采蘩祁祁。"（姑娘们在春天里采桑的情景。）"蚕月条桑。"（三月里桑树要整枝。）"六月食郁及薁，七月亨葵及菽。八月剥枣，十月获稻。为此春酒，以介眉寿。七月食瓜，八月断壶，九月叔苴，采荼薪樗，食我农夫。"（六月里野李葡萄尝尝鲜，七月里烹煮葵菜烧大豆。八月里齐把枣子打，十月里又将稻谷收。新米新谷酿春酒，好给老爷去做寿。七月里好瓜吃在口，八月里葫芦摘在手，九月里苎麻种子留。多采苦菜多砍柴，养活自己忙不够。）"九月筑场圃，十月纳禾稼。黍稷重穋，禾麻菽麦。嗟我农夫！我稼既同，上入执宫功。昼尔于茅，宵尔索绹，亟其乘屋，其始播百谷。"

（九月里筑好打谷场，十月里喜把庄稼收。小米高粱和谷子，粟麻小麦加大豆。哎呀我们种田人，庄稼活儿没尽头，又为公家宫室修。白天野外割茅草，夜里搓绳忙不休。急忙上房盖屋顶，春要播种到田畴。）“二之日凿冰冲冲，三之日纳于凌阴。四之日其蚤，献羔祭韭。九月肃霜，十月涤场。朋酒斯飨，曰杀羔羊。跻彼公堂，称彼兕觥，‘万寿无疆’。”（腊月里凿冰咚咚响，正月里藏进冰窖冷飕飕。二月里取出冰块行祭礼，韭菜羔羊供案头。九月霜降天气爽，十月里清扫场地把谷收。满斟美酒敬客人，宰杀羔羊争献酬。登上公堂同聚会，牛角杯儿举过头，高声齐祝万年寿。）

从这些生动的资料可以看出，夏、商、周主要农作物有粟、黍、大麦、小麦、高粱，而且还饲养猪、狗、牛、羊、鸡等动物，能够栽培的水果约有甜瓜、花生、桃、栗子、杏梅等，可熟食的蔬菜有葫芦瓜、韭菜等二十余种，调味品已有盐、饴（糖）、醯（醋）等。常见陶炊器主要有鬲、鼎、甗、罐、甑，饮器有斝、爵、盉、觚、杯等，食器有簋、豆、钵等，盛储器有盆、瓮、大口尊、深腹罐、壶、缸等，食品加工器有擂钵。

周代也有一系列的农业禁忌，包含在播种、收获、储藏的各个环节，透露出的是不违农时的重要性。周代还有祈祷丰收的习俗以及禳灾风俗，其中的禳灾风俗包括了对水、旱、地震、蝗、疫、霜、雹之灾的巫禳之事等，尤以雩祭为盛。利用物候指示农时，到春秋、战国时期又有了显著发展，《吕氏春秋·十二纪》和《礼记·月令》不仅详细记载了各月的物候，而且与节令相结合，用来指导农事活动。其中，《礼记·月令》对物候的记载更为细致，二十四节气的名称多数已经有了，如春分、秋分、夏至、冬至、立春、立夏、立秋、立冬、惊蛰、雨水、小暑、霜降等。这是农业气象知识长期积累的结果。

春秋、战国时期，随着商业的繁荣与城市的发展，社会上产生了对农业与工商业孰重孰轻的议论。在议论过程中，统治阶层与思想家们逐渐形成了以“农本论”为特色的重农思想，即把农桑耕织看作“本业”，把商贾技巧看作“末业”，崇尚本业，抑制末业。《管子·王辅》称：“强本务，去无用，然后可使民富”，《管子·治国》称：“舍本事而事末作，则田荒而国贫”，这是农本思想的代表性论述。当然，这一时期所形成的农本思想，并不是一种单纯的经济思想，而是兼具政治和军事的多种内容，其目的直指富国强民、长治久安，进而争霸称雄于诸侯之间，逐鹿中原，这与时代形势的发展走向是一致的。

如果说春秋时期的政治家、思想家还多持农工商一同发展观点的话，到战国之时，这种观点就急剧地向重农抑商转变了。李悝是重农抑商的最早提出者，他认为农业几乎是国家财富的唯一源泉，“农伤则国贫”，而“雕文刻镂”与“锦绣纂组”则会导致“国贫民侈”，不过李悝的抑商思想并不是特别明确，更多的是针对手工业而言。商鞅以完整的思想系统表达了重农抑商观点，他的抑商不只是一般的抑制，程度上更为严重，甚至到了打击商业行为的地步。比如，他提出要对非农业性的经济活动征收重税，不许商人买粮、农民卖粮，国家独占山泽之利，强迫人们务农，等等。韩非的倾向也很明确，就是重本抑末，“夫明王治国之政，使其商工游食之民少，而名卑以寡，趣本务而趋末作”（《韩非子·五蠹》）。

李悝、商鞅与韩非都是法家的代表性人物，他们在农工商地位方面的观点有着惊人的一致。但是，儒家学派中的代表性人物孔子、孟子、荀子在这方面的观点却还有一个明显的发展过程。孔子并不反对经商，他的弟子子贡就是一位大商人，他有时也把自己比作商品，“我，待贾者也”（《论语·子罕》）。孟子极力主张应重工商，甚至提出工商免税这种特别优惠工商业的主张。荀子重农轻商，完成了先秦儒家从重农工商，向重农轻商、抑商的转变，他认为：“工商众则国贫”，因而要抑商。不过，荀子虽然主张抑商，但对商业、贸易的职能却有正确的认识，他认为贸易的作用在于使财货“无有滞留”，利于消费者和生产者。

注释：

〔1〕郑若葵：《中国远古暨三代习俗史》，人民出版社1994年1月版，43-44页。

〔2〕安志敏：《中国新石器时代的农业》，《中国大百科全书·考古学》，704页。

〔3〕宋镇豪：《中国风俗通史·夏商卷》，上海文艺出版社2001年11版，2006年2次印刷，459-495页。

〔4〕梁家勉：《中国农业科学技术史稿》农业出版社1989年版，67-68页。

青铜

从某一种程度上来说，青铜器可谓夏、商、周三代最重要的标志性器物。历史学家曾经根据制造业的发展将人类历史分为石器时代、青铜器时代和铁器时代，其中青铜器时代就是指夏、商、周三代。历史学家普遍认为，青铜器的制作和使用，是人类从野蛮走向文明的开始。

确切说来，在新石器时代晚期就已经出现了青铜器。考古发现了许多新石器晚期冶铸的铜器、废弃的铜渣或炼铜用的坩埚。这个时候是一个金、石并用的时代，即铜器与石器的并用。这时的铜是红铜，而红铜质地软，自然铜又很少，因此人们在生产上仍以石器为主。后来，人们发现在红铜中加入少量的锡，比红铜有更低的熔点，这样就给铸造带来了方便；而且这种铜的硬度大，化学性能稳定，更好使用。这就是青铜。

夏代的青铜器已较新石器时代有所发展，但青铜器成品仍然质朴和粗糙，这主要受制于当时青铜器冶炼铸造的工艺水平。石器由打制而成，陶器由塑烧而成，青铜器需要冶铸而成。制作青铜器首先要由经验丰富的人员寻矿、选矿，并开采出矿石，将矿石碾碎筛选，再将筛选后的原材料放在熔锅里经高温熔化成液体，放入事先制作好的范中冷却成型。青铜器制作过程之复杂、制作技术之精湛在当时堪称一绝，仅冶炼青铜就需要1000℃的温度，为了达到这样的高温，就要有合理的炉灶、强力的鼓风设备和质量上好的燃料。

与夏代相比，商代青铜器的品种、数量及其工艺水平都有了长足的进步，青铜器几乎成了殷商文明的象征。据不完全统计，历年出土的商代青铜容器达数千件之多，兵器、车马器和工具等更是多以万计。殷墟妇好墓出土青铜器460多件，从中可以想见商代青铜器铸造业的兴盛景象。值得一提的是，在相当于商代后期的青铜器艺术中，近年来的江西新干县大洋洲商墓和四川广汉市三星堆祭祀坑出土的青铜器，代表了南方方国青铜艺术的杰出成就，也从而印证了青铜器在这一时期的分布。

1989年在江西新干大洋洲发掘的商代大墓，出土青铜器数量之大，品种之多，造型之奇特，装饰之精美，为商代方国所罕见。这批青铜器共480件，其中青铜礼器60余件，铜兵器250余件，铜农具和手工工具120余件。1986年在四川广汉三星堆发掘的两个祭祀坑，也出土了大批国内首见的珍贵青铜器，仅二号坑就出有439件，其中众多的人像、人头像和神兽面具等颇引人注目。神兽面具形象怪异，眼球突出如圆柱，鹰钩大鼻，长尖耳，有浓厚的神秘色彩，其最大者通高65厘米，齐耳宽138厘米，十分罕见。还有高3.5米的神树，树枝上雕有人像、花、叶、果及飞禽鸟兽等，充分展示了商代后期早期蜀国青铜艺术所取得的巨大成就。

四川三星堆出土的商代晚期金面罩铜质平顶人头像

西周的青铜器，特别是青铜礼器进一步发展，最突出的表现就是铸铭之器增多，长篇铭文大量出现。这与周人为巩固自己的统治，大力加强礼制建设有关。在商代，青铜礼器是奴隶主贵族用于宗庙祭祀或丧葬等礼仪活动的宝器，西周完全继承了这一传统，而且以铭文的形式使青铜礼器获得一种法定的正统地位。同时，长篇铭文的流行，不仅开创了风格独特的金文书法艺术，而且还保留了许多重大史实，使西周青铜礼器具有十分珍贵的史料价值。如武王时期的利簋，记载了武王克商的重大历史事件；成王时期的何尊，记述了成王营建洛邑、造都成周的史实；恭王时期的史墙盘，系统地叙述了从文王到恭王时期的许多重要史实；康王时的宜侯矢簋，记述了西周初期封邦建国的大事。其他青铜器还铸有关于奴隶赏赐与买卖、土地交易、周王的册命、征伐，甚至诉讼判决书等内容的铭文。它们都是关于西周历史的重要资料。

西周青铜器的发展，比较明显的就是青铜酒器大为减少，这是周人鉴于商人酗酒亡国的教训，周初曾严厉禁酒的反映。商代青铜器中以爵、觚、斝、觯为组合的饮酒器此时被代之以鼎、簋为组合的饮食器，从而使鼎、簋成为西周时期最重要的青铜礼器。鼎是青铜器中最有名的形制，它原本是中国远古的一种三足两耳的烹饪器具，但是，自“夏铸九鼎”之后，鼎的地位上升，“九鼎”更成为传国重器和立国的象征，新的势力想夺取国家政权被称为“问鼎”，建立新的王朝则谓之“定鼎”。《墨子·耕柱篇》：“昔者夏后开，使蜚廉折金于山川，而陶铸于昆吾。……鼎成，三足而方。……九鼎既成，迁于三国。夏后氏失之，殷人受之；殷人失之，周人受之。夏后殷周之相受也，数百岁矣。”九鼎成为国家拥有政权的象征，进而成为国家传国宝器。据说，秦灭周后第二年即把周王室的九鼎西迁咸阳。但到秦始皇灭六国，统一天下时，九鼎已不知下落。有人说九鼎沉没在泗水彭城，秦始皇出巡泗水彭城地方，曾派人潜水打捞，结果徒劳无功。除鼎之外，周代的青铜器皿成套的也比较多，一整套有许多大大小小不同的器皿，相互配套使用。如当时非常流行的是奇数鼎配偶数簋，九鼎配八簋，七鼎配六簋，五鼎配四簋，三鼎配两簋。这些都是不同享用者身份、地位的象征。

夏、商与西周时期，青铜被广泛地用于制作礼器，比如鼎、鬲、尊、盘、壶、爵、斛、角、方彝、觥、瓿、甗、盉、斝、罍等。青铜器也大量出现在日用器皿中，如鼎、鬲、甗、盉、簋、爵、尊、觚、斝、罍、卣、盘、瓿、鉴等，使人们的生活质量得到进一步改善。就连乐器中也有用青铜器制造的，如铙、钲、铎、铃、钟等。此外，商代的许多建筑和马车上也有的挂青铜饰物，人们在雕琢技术、纺织技术、铭文锲刻等文字技术方面，也及时地打上了青铜工艺的烙印，这说明青铜的应用已涉及社会生活的各个方面。

夏、商与西周时期，青铜器除了承担礼器和生活用品的功能之外，也应用于人们的生产领域，使生产力获得了很大的提高。从夏代至西周，青铜器的使用越来越普及，数量越来越多，制作越来越精细，生产过程中已经出现了镬、铲、斧、刀、削、钻、凿、锯、锛、犁、铧等青铜工具，这些工具远比石器更为锋利、精巧、有效、便捷，改善了人们的生产条件，对农田开垦、耕作技术的改进和水利灌溉工程的兴建起到了直接或间接的推动作用，使人们的生产能力在一定程度上得到了提高。青铜兵器的出现也使畜群的卫护工作得到改进。青铜刀的广泛应用，使牲畜"去势术"的普及成为可能，对农业和畜牧业的发展都起到了积极的作用。

夏、商与西周时期，青铜器也应用于武器的使用。戈、矛、刀、钺、剑、胄、戟、镞等的出现，使军队的战斗力增强，使攻防系统发生了巨大的变革。这些兵器由于都用模铸，设计合理，厚薄均匀，形制规范，其锋利的程度远非石器所能比。因此，它们的刺、砍、勾、射等功能大大地提高了。比如，青铜铸造技术的发展，使一个标准件通过模具就能铸出许多合适的铜箭镞，这就数倍或数十倍地提高了工效。这些兵器的出现，从根本上改变了战争的规模与速度。

夏、商与西周青铜器在造型上代表了早期青铜器的基本风格。如鼎、鬲多为三足，爵、斛都是扁体平底，窄而长，尊和罍等圈足上流行十字形镂孔。但是，各个时期又根据不同用处在青铜器的造型上有所变化。如商代将斛改造成口为喇叭形的细腰形状，这样既便于饮酒，又便于用手把握。罍则铸成口为喇叭形，腹部圆鼓，底部圈足，这样既可以多盛酒，又摆放稳定。而较大的鼎有的铸成四足，并加厚实的耳，利于摆放和抬举。商末及西周时期，青铜器的造型又有了进一步发展。高大、厚重但制作精巧成为这时青铜器的典型特色。方形器明显增多，方鼎、方彝、方爵、方斝、方尊、方罍、方壶、方缶等已经屡见不鲜。1939 年在殷墟出土的司母戊方鼎高达 133 厘米，重 875 公斤，是中国目前所知最大的一件青铜器。

夏、商与西周青铜器最能体现出艺术风格的当属装饰物。一般青铜器大都铸有一些装饰造型，一般以动物装饰居多。如许多器皿加工过程中经过刻镂的象、犀、羊、豕、鸮、鸷等兽禽形体，构思相当精巧，刻镂也很精美。一般的青铜器上都有纹饰，最常见的有龙凤纹、饕餮纹和麒麟纹。将龙和凤的图案刻铸在青铜器上，标示着使用该器皿的人的社会地位，因为龙和凤在神话传说中是非常神奇的动物，地位非常高，因此，使用刻铸龙凤图案青铜器的人社会地位也极高。饕餮是传说中的动物，它由许多动物分解组成，有虎或牛的头，羊或鹿的角，鸟的羽和足，蛇的身和鳞等。饕餮纹也是青铜器的重要纹饰，主要刻铸饕餮的头部，《吕氏春秋・先识览》记载：“周鼎著饕餮，有首无身。”饕餮纹刻铸的是一个非常贪婪狰狞的模样，以正面饕餮造型，一双圆睁的大眼射出凶光，鼻头耸起，耳朵直竖，大口张开露出排齿和獠牙。麒麟纹是将麒麟刻铸于青铜器之上。麒麟是传说中的一种吉祥动物，其状如鹿，身披麟甲，牛尾狼蹄。

春秋以后，周天子统治权力衰落，封建诸侯势力增强。这在青铜器上的反映之一就是王室之器衰退，诸侯之器兴盛。西周时期青铜器物形制上的那种呆板厚重、样式单一、规格雷同的特点，逐渐被形态新颖、种类繁多、轻巧秀美、标新立异的设计和造型所替代；表现奴隶主高贵尊严的各种礼器不再受到重视，而各种实用化器物越来越得到推广普及。比如，壶类的酒器，在春秋前的圆形、双耳基础上加上了盖。河南新郑出土的“莲鹤方壶”，盖顶为双层，莲瓣分饰四周，中立一只展翅欲飞的白鹤举首远望，颈部双耳为两龙造型，胸背峙立双龙，翘首弄姿，四隅饰有伏龙，回首四顾，足下有双兽负载壶体，双兽扭头欲动，栩栩如生，映衬出当时设计艺术的精湛。鼎的形制亦由粗重转向巧便。春秋晚期，有盖的附耳鼎成为流行式样，造型也由庄严变为俏丽。王子午鼎器形奇巧富丽，花纹繁密剔透。春秋战国时期铜器的日常应用日渐普及，因此制作更加轻巧，鉴、钩、盘、玺等铜器的制作非常精妙，磨光技术极高，纹饰不仅普及，而且制作非常精美。比如，用来做腰间佩饰的钩，这个时期制作的各类钩饰都非常考究，江陵楚墓出土的铜带钩头部为鸟首，钩体遍饰精美的花纹，十分耐看。

春秋战国时期，商业的繁荣和贸易的活跃推动了铸币业的发展，而用浇铸法大量制造钱币，青铜比生铁更为适用。因为生铁易锈蚀，且质脆易断。这一时期的青铜钱币有不少形状：一是“布币”，形状像个铲子，主要流行于三晋（韩、赵、魏）地区；二是“刀币”，形似一把小刀，流行地区很广，以齐为主；三是“圆币”，形圆，中有圆孔，出现最晚，流行地区也很广。

春秋战国时期在青铜器应用方面，还应该提一提铜镜的发展。从商代到西周，铜镜都是奴隶主贵族专用的。战国时代的铜镜，质量很好，为历代所珍视。战国的镜又以楚镜最好、最多。楚镜多为黑色，光亮如漆。铜镜是用青铜铸造的，正面加工为光亮的平面，用以照人；背面常铸以文字和图案，作为装饰。镜面除平面形状的外，当时已出现凹凸面的。用凹面镜或凸面镜所照出的像与实物的大小相等，而且可用改变距离的方法得到正立或倒立的像，这在《墨经》中已有论述，说明在公元前5世纪以前，中国古人已发明了球面镜。

春秋战国时期青铜工艺技术的进步，突出表现在以下两项技术的使用上：一是金银错技术。所谓金银错技术，就是在铜器表面上镶嵌金银丝，制成图案或文字。这项技术，春秋中期已出现，当时楚、宋等国的兵器上有错金的美术字。战国初，铜礼器上出现了大片金银错图案，战国中期这种技术不仅用在兵器、礼器上，而且也用在符节、玺印、车器、铜镜、带钩和漆器的铜扣上。二是刻镂画像工艺。战国中期以后，刻镂画像工艺发展了起来，这种工艺是在比较薄的壶、鉴、奁等上面制作细如发丝的刻镂画像图画，多是水陆攻战、狩猎、宴乐礼仪等内容的图画。这些图画是在铸成器形后，用钢刀刻镂加工制成的。

分封

分封制在中国古代原叫做“封建制度”。但这个“封建”与社会发展史上称中世纪为“封建”不是一个含义，而是“封诸侯，建藩卫”的简称。为了将这两个“封建”相区别，今天史学界多称前者为“分土封侯制”或简称“分封制”。“分封”是何时产生的?这在学术界还是一个有争议的问题。吕思勉、周谷城等认为，分封起源于部落时代后期；郭沫若、斯维至、田昌五等认为，分封制源于夏代；董作宾、胡厚宣等认为，分封制源于商代；王国维、葛志毅等认为，分封制为周人所创并独有。

事实上，所谓“分封”，并不是什么神秘的东西，而是中国早期阶级社会中政权结构的一种表现形式，一种由部落联盟转变而来的“联邦”或“邦联”式的松散的国家结构形式。“这种国家政权结构形式，从原始社会末期开始孕育，夏、商二代产生、形成，至西周，渐趋完备、典型，春秋战国时代走向衰落并逐渐为统一的中央集权的郡县制所取代。”〔1〕

这里主要以西周为例，来说明这一情况。周人分封子弟的事例，早在武王克商之前就存在。据《穆天子传》卷二："大王亶父之始作西土，封其元子吴太伯于东吴。"郑玄《周南召南谱》中也记载："文王受命，作邑于丰，乃分岐邦周召之地，为周公旦、召公奭采邑。"周武王克商之后，实行了一次比较大的分封。这次封建的经过和内容主要有以下数项：周武王灭商后，自动退出殷都，封纣王的儿子武庚到那里，继续管理商的遗民；周武王在殷的附近，分封自己的三个弟弟管叔、蔡叔和霍叔，目的是监视武庚，称为"三监"；周武王定都稿京后，又分封亲属和功臣为诸侯，这些封国大多数集中于黄河南岸。其分封的原因有三：首先是为了安抚殷民，同时加以监视；其次是进行武装移民，借此扩展势力；还有就是笼络人心，以巩固周朝的统治。

西周建立两年，周武王就死了。他的儿子成王年幼继位，由武王的弟弟周公姬旦代理政事，这种做法称为"摄政"。三监不满，便散布谣言，说周公会对成王不利，又怂恿武庚共同起来叛乱，史称"三监之乱"。周公亲自领兵东征对付三监，用了三年的时间，才把乱事平定下来。后来他在洛邑营建东都，把参加武庚叛乱的"殷顽民"迁到那里，又派驻重兵加以监管，将洛邑作为统治东部地区的政治与军事中心。此外，周公又制定礼乐，藉以维系国家和社会的秩序。周公平定了三监之乱，再次实行分封。这一次分封的内容主要包括：把殷人旧地分封为宋、卫二国，以方便统治；大封亲属和功臣，作为王室的屏藩；周公特意把第一次封建的一些封国向东移，部分更远至东方海边，借此扩大统治范围，并将殷人的封国包围其中，以防其再生叛乱。这次分封的目的有三：分化殷地遗民，防止殷民再次起来叛变；巩固周朝的统治，作为王室的屏藩；扩大统治范围，加强对地方的控制。这既是巩固和扩大周朝统治的手段，又是贵族内部对财产和权力进行再分配的一种方式。《左传·昭公二十八年》记载："武王克商，先有天下，其兄弟之国十有五人，姬姓之国四十人。"《荀子·儒效》又说："周公兼制天下，立七十一国，姬姓独居五十三人。"周公这种分封制，虽然以姬姓贵族为主体，但是为了稳定统治的大局，又不能不照顾到异姓贵族，还得分封一些异姓诸侯。

周王朝分封诸侯国之后，上古长期存在的"部落"自此逐渐消失，为封国所代替。周初所有封国的国君总称"诸侯"，封国地位平等，直属中央管辖，但国君的爵位各有高低，故封国的面积也大小不一。周王朝将封国国君的爵位分为"公、侯、伯、子、男"五级，五级以下还有第六级"附庸"。附庸国的面积更小，附属于附近较大的封国。这五级爵位的产生，系根据宗法制的嫡、庶关系而定。

关于宗法制及其中的嫡、庶关系，有必要在这里插述解析一下：周王朝的王位明确规定只传长子，而且是"传嫡不传庶，传长不传贤"，这一制度就是标准的"宗法制"。宗法制是一个非常复杂的制度，其主要精神为"嫡长继承制"，这是一种以父系血缘关系为准绳的"遗产（包括统治权力、财富、封地）继承法"。宗法制源于并体现出父权家长制家庭的特点。随着社会发展，漫长的原始母系氏族社会逐渐被父系氏族社会取代，并最终确立了父权在家庭中的统治地位，太古先民"知母不知父"的历史终于画上了句号。父权家长制家庭普遍实行"一夫多妻制"，并在诸妻中分别嫡庶。嫡，正妻为嫡，正妻所生的儿子谓嫡生、嫡子，即正宗之意。庶，旁支之意，妾所生的儿子谓庶子、庶出。嫡为大宗，庶为小宗。

分封制与宗法制其实互为表里，分封制实际上是宗法制在政治上的体现。西周统治者就是凭借这两种制度，以血缘关系构成了国家政治结构的骨干。

周初五级封国与附庸国的情况如下：

等级	爵位	法定面积	举例
一	公国	50 平方公里	齐、鲁
二	侯国	35 平方公里	晋
三	伯国	35 平方公里	申
四	子国	25 平方公里	黄、罗、祝、邾
五	男国	25 平方公里	许
六	附庸	不足 25 平方公里	萧

由上可知，西周初期的诸侯国领土很小，不少封国只是一个城。东周开始，各诸侯互相吞并，疆域逐渐膨胀，各诸侯大国纷纷建都，并成为与周王室分庭抗礼的独立王国。

在西周时代，除了中央直接分封各路诸侯外，各诸侯在自己领地内再分。诸侯一般将中心地区留给自己直接统治，其余土地再分封给嫡长子以外的亲属——卿大夫，此类封地称为“采邑”。卿大夫一般也将中心地区留给自己直接管辖，而将其余的土地再分割给自己的嫡长子以外的亲属——士，称作禄田。于是，全国就形成了一个以国王室为中心，向四周辐射，由四周拱卫的统一的等级分明的宗法分封政治结构。这样一来，“国”便是“家”的放大，“父子”

便成了“君臣”。

西周大规模分封是在成王及其子康王的时期。康王之后，周朝疆域大体固定，分封的机会减少，但分封并未绝迹。直到周宣王二十二年（前806），宣王还把其弟友分封在郑（今陕西华县东）。

西周所封诸侯主要有三类：一类是王室的姬氏同姓亲属，如伯禽封于鲁、康叔封于卫等。另一类是功臣，如姜太公（吕尚）封于齐。再一类是边远地区较强大的异姓氏族或部落首领，实行羁縻政策，这其中又包括古代帝王的后代：如微子（殷商后代）封宋，妫满（舜的后代）封陈等。因分封制与宗法制相结合，所有受封者都是宗法贵族，所以专家们称此制为“宗法贵族分封制”。这种制度是西周的主要地方行政制度，也是主要的国家制度。

西周分封的诸侯在封国内享有世袭特权，对天子有朝贡和提供军赋、力役的义务，负责藩卫王室。在西周鼎盛时期，周王对诸侯拥有很大的权威。各封国的诸侯要定期朝见周王，报告自己国内的情况，听取周王及其辅佐的指令；如发生重大事故，要及时向周王报告。他们还必须向周王贡献封国的产物和周王需要的东西。他们还有保卫王室的义务，包括为周王提供作战的军队。如果他们不履行自己的义务或超越周王赋予他们的特权，周王可以收回或削减他们的爵禄，改变他们的封地，可以废除和另立国君，甚至灭掉他们。

应该指出的是，分封制下的贡赋制度的政治意义远胜于经济意义。诸侯贡赋为各地方物，代表这方土地属于天子。其贡献之物多为军事和祭祀物资，内容以林、猎、渔、矿为主，偶有谷类，也主要用于祭祀，如黍、椒（豆子）、麦、稻等。《左传·僖公四年》

记载管仲伐楚时借口“尔贡包茅不入，王祭不共，无以缩酒，寡人是征”，即反映了这个问题。天子及王室日常用度出自王室领地，公卿又各有专门的采地，如周、召、单等，这些并不依靠诸侯，因此，从经济上来说，诸侯与天子之间并无从属关系。

西周中期以前，分封制尚能保持一定的延续。之后，随着各诸侯国力量的强大，分封制逐渐崩溃。一方面，王室已无地可封；另一方面，各诸侯国也不再听命于周王的指挥。终于，在经历春秋战国500多年的纷争之后，秦代废除了分封制，在全国推行单一的“郡县制”。当时，秦的丞相王绾和博士淳于越先后建议秦始皇分封诸子为王，认为“殷周之王千余岁”，是由于“封子弟功臣自为枝辅”。李斯则反对分封诸子为王，以“使后无战攻之患”（《史记·李斯列传》），就是说，分封诸子为王，会回复到战国时代诸侯割据混乱的局面。秦始皇最终听从李斯的主张，以“天下共苦战斗不休，以有侯王”为理由，拒绝分封诸子为王。

西汉王朝建立后，部分恢复分封制，并一直延续到魏晋时期。但这一时期的分封制已与西周的分封制大不相同，各封国内主要官吏基本都由中央政府任命，国主也大多没有兵权和财权，实际上只是空具封国的形式而已。魏晋之后，分封制就基本退出了历史的舞台。

注释：

〔1〕张广志：《西周史与西周文明》，上海科学技术文献出版社，2007年4月版，119-121页。

尚礼

礼制并非于夏、商、周三代起源，而是可以追溯到更早。当父系氏族建立起来后，人们就试图建立一种宗法关系来维护父系在宗族中的领导地位。早在大汶口文化时期，随着贫富分化现象的出现，礼乐制度亦初见端倪。在此基础上，夏、商、周三代建立起了成熟的礼制体系。《论语·为政》说："殷因于夏礼，所损益可知也；周因于殷礼，所损益可知也。"这既说明三代礼制已经成熟，也说明三代礼制是继承和发展的关系。从司马迁所著《史记》中对五帝三代历史的叙述里，可以发现，周礼并不是一下子就完备起来的，它经历了从远古一直到商代的漫长的积累。孔子说："夏礼，吾能言之，杞不足徵也；殷礼，吾能言之，宋不足徵也。文献不足故也。足，则吾能徵之矣。"（《论语·八佾》）从三代礼制的沿革，孔子总结说："周监于二代，郁郁乎文哉！吾从周。"（《论语·八佾》）

夏、商、周三代礼制的成果体现在《周礼》中。《左传》记载："先君周公制周礼。"周公是西周初年的大政治家、思想家，是周文王之子、武王之弟。周公在完成东征和营建成周之后，即开始着手为周王朝制定新的政治制度。“五年营成周，六年制礼作乐。”当然，这并不是说周礼完全是周公一人所为，周公的伟大之处，在于综合吸收了夏、商以来的统治经验，顺应时代要求，给予创造性发展，使之成为一套经营有方、严谨细致的制度性的“周礼”。周人把“礼”的内容规定得非常具体化，与原来殷人的还多少有点仪式作用的“礼”就显得大有不同了。

在尚礼原则方面，我们可以把西周至春秋战国时代的社会称为“泛礼主义”的时代，或可视为一个“礼治社会”，这与西方所形成的“法理社会”是有着迥然不同的历史风貌的。周礼的核心是对宗法关系的维护。简而言之，就是依靠血缘关系确立嫡长子继承父位（大宗），庶子分封（小宗）。王室如此，贵族如此，乡民百姓也是如此，这样就建立了“贵贱有等，长幼有差”的等级礼法制度。这种制度的主要内容就是“尊尊”与“亲亲”。“尊尊”是对长一辈或上级人员的一种礼法关系，强调的是对长辈或上级的“尊”，这种“尊”是从心理上的维护与敬重，即使长辈或上级的言语和行为与自己所想像的有很大出入，也要无条件地“尊”，这样，以家族为基础的上下级关系就得以确立。“亲亲”是对与自己有血缘关系的人的爱，由这种爱建立起一种乐融融的大家族。家族中人与人的关系就以相互的爱护为基础，也就是我们现在所说的亲情。这种亲情（爱）是与生俱来的，维护这种亲情的血缘关系是天经地义的事情，因此也成为礼法关系的基础。“尊尊”与“亲亲”的情感表现在生活方式与行为举止上，就成为一套有规范性的“礼”。因此，周礼远比我们今人所理解的“礼节”更为丰富、更为复杂，也更为宽泛。

宗法关系并不能保证社会各环节的运转畅通，所以要用法律加以维护，这就是法制。周代把法律一并纳入礼制之中，认为法制是礼制的一个延续。周代的法律严格遵循维护宗法等级制度的原则。《礼记·王制》说："凡听五刑之讼，必原父子之亲，立君臣之义以权之。意论轻重之序，慎测浅深之量以别之。"《礼记·大传》也认为："亲亲故尊祖，尊祖故敬宗，敬宗故收族，收族故宗庙严，宗庙严故重社稷，重社稷故爱百姓，爱百姓故刑罚中，刑罚中故庶民安。"可见，周代的法制是为了维护礼制的，并把法律定位于"经国家，定社稷，序人民，利后嗣"（《左传·隐公十一年》）。但是，周代对待礼义与法制还是有所不同的，他们认为礼义是上层社会成员能够模范遵守的，因而礼义是上层社会成员的行为规范；而社会的下层成员就不能很好地遵守礼义，其行为就要用法律来规范。因此，"礼为有知制，刑为无知设"、"礼不下庶人，刑不上大夫"是周代礼、法关系的实质，也正因为如此，这个时期法律对庶人的制裁相当严酷。西周对犯人处罚的五刑可谓惨无人道，墨刑（黥刑）用刀刺刻犯人额颊等处，再涂上墨作为惩罚的标记；劓刑要割去犯人的鼻子；剕刑（刖刑）即剁去犯人的双足；宫刑是将犯人的生殖功能破坏；大辟是死刑，执行手段有斩、焚（烧死犯人）、烹（将犯人放进热水煮）、辜（肢解）、绞（缢杀）等等。

"礼"既不同于法律，也不完全同于道德。贾谊说："夫礼者禁于将然之前，而法者禁于已然之后，是故法之所用易见，而礼之所为生难知也。"（《汉书·贾谊传》）"礼"体现为一种人为的秩序，一种特殊的规矩。它的约束性与惩罚程度比“法”与“德”对人们的约束性与惩罚程度都轻。在这三者之中，“法”的约束性与惩罚程度最高，次之为“德”，再次之是“礼”。

礼只适用于贵族，它是防止贵族们僭越等级制度的规范。“孔子曰：夫礼，先王以承天之道，以治人之情。故失之者死，得之者生。……是故夫礼，必本于天，肴于地，列于鬼神，达于丧祭射御冠昏朝聘。故圣人以礼示之，故天下国家可得而正也。”（《礼记·礼运》）孔子的意思说得很明白：礼本是先王用以代表自然法则而控制人类生活行为的。人类既然是自然的产物，所以失去这法则就不能生存，得到这法则便不至于消灭。圣人用丧、祭、射、飨、冠、婚、朝聘等礼仪来代表天道与人情，天下才能有条不紊。而荀子说得更坚决：“人之命在天，国之命在礼。”

周礼体现在社会生活与社会制度的各个方面，既包括尊、彝、鼎、爵等礼器的使用，又包括宫室的设计，还包括丧葬制度等各个方面。既然礼如此重要，统治者自然会重视礼仪机构，使之成为维护等级秩序的有力工具。据《周礼》记载，周代专门设置了管理礼制的官职大宗伯和小宗伯。又据《礼记》记载，周代礼仪颇为系统化、完备化，大礼达300多种，小礼竟至3000多种。这众多繁琐的礼节，归纳起来可分为吉、凶、宾、军、嘉五类。吉礼，就是祭祀之礼。这是五礼之首。《礼记·祭统》说：“礼有五经，莫重于祭。”凶礼，是哀悯吊唁、抗灾救患之礼，又分为丧礼、荒礼、吊礼、襘礼、恤礼五类。宾礼，是天子与诸侯国以及诸侯国之间的往来交际之礼，包括朝、宗、觐、遇、会、同、问、视八类。军礼，是与军事有密切关系的礼，包括大师礼、大均礼、大田礼、大役礼、大封礼五类。嘉礼，是喜庆欢会活动中的礼仪，又包括饮食之礼、婚冠之礼、宾射之礼、飨宴之礼、脤膰之礼（将祭肉分赐给助祭者的礼仪）、贺庆之礼六类。

周礼制的基本理念，是维护建立在宗法血缘关系基础之上的等级制度。如周代的官爵以所谓的“九命”来定贵贱等级，不同等级的贵族所拥有的住宅不同，所使用的礼器不同，所观赏的乐舞不同，所享有的食物不同，所穿戴的衣服不同，所行为的举止不同。如果一个人享用了超出自己身份的物质，就是“逾制”。而“逾制”就意味着不安于现状，有谋反的企图，所以孔子才有“八佾舞于庭，是可忍，孰不可忍”（《论语·八佾》）的慨叹。

礼的最大用途，是在人际交往之中。无论是在民间，还是在官场，当时人的行为举止都要遵从礼的规范。据《礼记》记载，周代男子 20 岁行冠礼。冠礼是成人之礼的开始，是嘉礼中最重要的。冠礼一般在宗庙里举行，并规定了一套严整、周密、系统的仪式。据李学勤的研究，冠礼的过程大致如下：

冠礼在宗庙举行。将加冠的青年的父亲先用筮决定行礼的日期，并且用筮决定请哪一位宾来为青年加冠。确定后，把日期通知宾家。到行礼那一天，早晨将一切准备好，将加冠的青年立于房中。其父请宾进门，入庙就位，将加冠的青年出房就位，然后行礼。宾把规定的服饰加于青年，共行三次，称为始加、再加、三加，于是以酒祝青年。青年由西阶而下，去拜见他的母亲。然后，回到西阶以东，由宾给他起一个字。于是礼成，青年之父送宾出庙门。被加冠的青年见他的兄弟姑姊，随后再见君和乡大夫、乡先生等。其父以酒款待所请的宾，送他束帛、俪皮，最后敬送出家门[1]。

女子的成年礼叫笄礼。据《礼记》记载，周代女子15岁行笄礼。所谓笄，就是把头发挽起来，用笄簪上。古时候，无论男女，幼年时都不结发，头发是自然披散的，顶多是将头发扎成两撮垂在脑后，称为"总角"，并不加修饰。及至成年时，头发就要精心收拾起来了，男子加冠，女子加笄，这标志着他们已经成年，可以结婚出嫁了。

再如，关于相见的礼节，《仪礼》有专篇的《士相见礼》，虽名为"士"，实际上统括了各类贵族人物乃至部分庶民的相见礼仪。人们初次相见，在一般情况下需要有人介绍或推荐，如春秋时的管仲，是因鲍叔推荐而得见齐桓公，被任以为相。见面时还得有见面礼，称为"挚"。身份不同，挚亦不同，如"士相见之礼，挚，冬用雉，夏用腒（干雉）"，"下大夫相见以雁"，"上大夫相见以羔"，诸侯相见以圭。据说这类见面礼除了表示宾客对主人的敬意外，还有特定的象征意义，玉圭，取其贵重显尊；羔羊，取其随群不失其类；雁，取其候时而行，象征大夫之随君；雉，取其耿介不失节操……当然，更多的时候，挚礼量力量时量人而为。客人初见主人，通常还要自报"名事里"，即名籍身份，如苏秦见燕王，报称"臣东周之鄙人"。后世见面通名有"名谒"、"名刺"、"名帖"、"名片"之类，与战国以前的这种自报"名事里"形式虽然不一，内容上却是有因循演化关系的。《士相见礼》的规定还很多，比如"凡与大人言，始视面，中视抱（指胸前），卒视面"，就是说，与对方说话时，你的眼神朝向哪儿也是有礼节讲究的，要做到敬而有度，视而有仪，眼神旁顾或乱瞧是不礼貌的。其他如迎送、跪拜、言行举止等各方面种种看似繁琐的礼仪，渗透于日常生活的各个角落，真实而具体地展现了先秦时人特别是两周时代人们尚礼的生活原则。

再比如，鲁昭公二十年，齐侯在沛地打猎，用手中的弓召唤虞人（掌山泽之官）。虞人没有应召前来，齐侯便派人把他抓了起来。虞人为自己的行为辩解道："从前我们先君打猎的时候，用红旗召唤大夫，用弓召唤士兵，用皮冠召唤虞人。下臣没有见到皮冠，所以不敢前来。"也就是说，在这件事上，行为不合乎礼的不是他而是齐侯。齐侯无言以对，便释放了他。《左传》记载的这一件小事，反映了周代上上下下的人们（虞人只是一个小官）对礼的重视和具体运用，说明有礼已成为他们日常行为规范性的品格之一(《孟子·滕文公章句下》)。

当时的人们对社交礼仪看重到了如此的地步，以至于即使是在激烈的战斗之中，有礼节的举止也是被认可和赞赏的。史载，鲁成公十六年，晋、楚两国在鄢陵展开大战。战斗中，晋国的郤至三次碰到楚王。他见到楚王，一定下车，脱下头盔，向前快步而走。楚王见此，也马上派人送上一张弓表示问候，并对属下评价说：那位身穿浅红色皮军服的人是一位君子啊。刚才见到他不縠而快走，是不是受伤了？郤至接见来客，脱下头盔接受楚王之问，说：我作为贵国君王的外臣，跟随我的国王作战，不敢拜谢君王之问。谨向君王报告我没有受伤。辱承君王慰问，由于战事的缘故，谨向使者肃拜。三次肃拜之后才退走。（《左传·成公十六年》）战事正酣之时还如此礼尚往来，这在后世是少见的，也可从一个侧面看出周人的懂礼尚礼之风之盛。不管是一般的士兵，还是高贵如君王的上层社会的人们；不管是在平常，还是在战事之中，人们对礼的认可与遵守都是严肃认真的。

孔子对周礼的尊崇与执行更不用说了。《论语》中记载，孔子走进朝廷的大门，便显出惶恐而拘谨的样子，好像没有容身之地似的。站，不站在门的中间；行走，则不踩门槛。经过国君的座位时，面色便严肃庄重起来，脚步加快，说的话也好像中气不足。提起衣裳的下摆往堂上走，非常恭敬谨慎、拘束自抑的样子，屏住气，好像不呼吸的人一样。出来时，走下一级台阶，面色便放松了，很怡然自得的样子。下完了台阶，快步往前走，便好像鸟儿舒展开了翅膀。回到自己的位置后，又显出恭谨而内心不安的样子。(《论语·乡党》)

现代的人看到这种情景，也许会感到很不自然，或者很压抑。但周朝的人们就是生活在这样一个异常讲究礼仪的社会环境中，他们以此为原则，以此为常态，以此为风尚。

注释：

〔1〕李学勤：《古代的礼制和宗法》，载《中国文化史讲座》，中央广播电视大学出版社 1984 年版。

采诗

西周之时，有从民间采诗、自下而上传递民生心声的风俗。采风或采诗的说法，首先出自《国语·周语》：“故天子听政，使公卿至于列士献诗。”此后《礼记·王制》载：“天子五年一巡守……命大师陈诗，以观民风。”《汉书·食货志》载：“孟春之月，群居者将散，行人振木铎徇于路，以采诗，献之太师，比其音律，以闻于天子。故曰：王者不窥牖户而知天下。”《艺文志》有“古有采诗之官”的记载。

从有关资料来看，周人在农闲时分往往相聚而歌，歌词随时编排，歌唱的内容不外自己在生活中的所感所想。周统治者根据这种民风建立了相关的采诗制度，即招募一些无子嗣的老年男女，由公家发给他们口粮与衣服，派他们收集民间歌词。这些人摇着木舌铜铃，从一个地方到另一个地方，沿途询问路人，请他们唱当地流行的歌谣。这些收集诗歌的人被称为“遒人”。他们收集的诗歌上报到乡一级政府，然后层层上报，一直送至天子处，并由王朝宫廷最高乐官太师一一唱给天子听，以便天子了解各地民风民情。

周代有天子巡狩的制度，其中一个目的是考察巡视各地风俗。其做法重在考察民间歌谣与商贾市价，从而知民情得失，审时尚所在，得出对各地风俗的综合认识。其根本目的，还在于为制定和调整统治政策提供一种参考和依据。除天子亲自巡行之外，还要派遣一些使者巡行。以上文献中所提到的“振木铎徇于路”的“行人”或“遒人”，实际上是同一类人。孙诒让认为“遒人”即“行人”（《周礼正义》卷56）。《周官·秋官》中，提到“大行人”、“小行人”、“行夫”等，皆是执掌天下邦国奉使往来之礼的职官。《小行人》载：“及其万民之利害为一书，其礼俗、政事、教治、刑禁之逆顺为一书，其悖逆、暴乱、作慝、犹犯令者为一书，其札丧、凶荒、厄贫为一书，其康乐、和亲、安平为一书。凡此五物者，每国辨异之，以反命于王，以周知天下之故。”也就是说，“小行人”周行天下，秘得各国政令风俗，著成五书，上呈天子。孙诒让认为，“盖大则献五物之书，小则采诗及代语僮谣歌戏”。（《周礼正义》卷72）。周天子为悉知天下政俗，不仅遣遒人采诗，要搜采的资料实则更为广泛得多。

采诗所带来的直接文化成果之一，就是《诗经》的诞生。当然，关于《诗经》诗篇的来源，有两种说法，一种认为来源于“采诗”，另一说法认为《诗经》是孔子所删定的，这在《史记》等书中有记载。实际上，这两种说法并不矛盾：《诗经》诗篇的最初来源是采诗，后来，又经过孔子的修订与删节，这就是“先采后删”。今天我们翻阅《诗经》，还可以见到古老的采诗风俗所留下的种种痕迹。

首先，采诗给《诗经》带来了广博的视角。事实上，《诗级》

反映了从传说中的氏族时代到奴隶制向封建制过渡时期的广阔的社会生活。其中，既有中华民族远古氏族产生、发展、壮大的历史，又有上层社会祀神祭祖、歌功颂德活动的记载；既有社会生产劳动的生动描述，又有保卫疆土的战争记载，更有对那个时代爱情、婚姻和妇女命运的大量吟唱。就《诗经》中所提到的人物来说，有氏族酋长、天子、大臣、将军、宠妾、国君夫人、小臣、没落贵族、士兵、农民、猎人、劳动妇女、小商人等，涉及范围极其广泛。可以说，《诗经》是周代前五百年社会生活的百科全书。而这一切，与采诗活动的大力开展脱离不开。

其次，采诗也使《诗经》保留了古代大量的民间歌曲，使之具有丰沛的人民性。《诗经》开创了“饥者歌其食，劳者歌其事”的现实主义的为人生的文学传统。从《七月》、《伐檀》、《硕鼠》等一系列诗歌中，可以看出当时的阶级矛盾是多么尖锐。此外，现实主义诗歌传统还体现在人民群众对战争和徭役的正确态度上，从《皇矣》、《大明》、《采薇》、《无衣》等诗篇中，可以看出人民群众对正义战争的献身精神，而对繁重徭役又表现出强烈的抗议。《诗经》中还有大量的有关爱情生活的名篇，从中可以看出如山花般烂漫芳香的民间爱情的普遍存在，这些篇章包括《桑中》、《木瓜》、《褰裳》、《溱洧》、《关雎》、《狡童》、《柏舟》、《谷风》、《将仲子》等。

复次，从语言上来讲，采诗使《诗经》的语言构成与内容异常丰富。据杨公骥《中国文学》所讲，《诗经》使用了2949个单字，如果把一字多义的情况估计在内，那么，字义的单位约有3900多个。

这其中包括繁多的名词、生动简练的各类动词以及贴切形象的形容词，尤其值得注意的是，《诗经》中出现了许多复合词，这种构词方法，为我们民族语言的发展开辟了广阔的道路。《诗经》中的许多复合词，经过两千五百多年，直到今天仍然保有鲜活的生命力。如：中央、光明、流离、伤悲、婚姻、翱翔、朋友、衣服、休息、经营、旷野、中国、劳苦、逍遥等。有些成语也源于《诗经》，如“人言可畏”、“辗转反侧”、“高高在上”、“战战兢兢”、“如临深渊”、“如履薄冰”、“不可救药”、“同仇敌忾”、“万寿无疆”等，它们一直流传至今。

最后，采诗还使《诗经》为我们留下了多种鲜活的鸟兽草木之名。据统计，其中有木本植物 54 种，草本植物 100 种，鸟类 38 种，兽类和鱼类 41 种。如此众多的鸟兽草木之名，不仅丰富了诗歌的内容，也反映出那一时代人民对自然认识的深度和广度。像《豳风·七月》：“五月斯螽动股，六月莎鸡振羽。七月在野，八月在宇，九月在户，十月蟋蟀入我床下”，不仅具有文学价值，而且具有科学价值。

周天子派遣风俗使者巡行天下，去各地采风，这种制度或说风俗，至春秋时代被一些大国霸主利用为刺探各国情况的政治外交策略。《国语·齐语》中说：“（桓公）为游士八十人，奉之以车马衣裘，多其资币，使周游于四方，以号召天下之贤士；皮币玩好，使民鬻之四方，以监其上下之所好，择其淫乱者而先征之。”《晋语七》中说：“（悼公）使张老延君誉于四方，且观道逆者。”齐桓公、晋悼公使人游访四方，与周天子遣使考求天下风俗的做法显然同出一辙，只不过周天子的目的是为了考察各国政俗得失，而春秋时代的君主们则以此来为其争霸大业服务。《管子·八观》中的所述也与此有关，其中更为详尽地论述了对各国状况进行观察的方法。文中说："行其田野，视其耕耘，计其农事，而饥饱之国可知也……行其山泽，观其桑麻，计其六畜之产，而贫富之国可知也……入国邑，视宫室，观车马衣服，而侈俭之国可知也……课凶饥，计师役，观台榭，量国费，而实虚之国可知也……入州里，观习俗，听民之所以化其上，而治乱之国可知也……入朝廷，观左右，求本朝之臣，论上下之所贵贱者，而强弱之国可知也……置法出令，临众用民，计其威严宽惠行于其民与不行于其民，而兴灭之国可知也……计敌与，量上意，察国本，观民产之所有余不足，而存亡之国可知也。"《八观》提供了一种清晰的观察模式，可以说是对西周以来的采风、采诗、遣使观风俗等做法的一种理性总结，当然，这种观察不只限于采诗，而是扩大到了社会生活各个方面。

周代之后，西汉统治者又曾专设官署"乐府"，主要任务是一方面将文人歌功颂德之诗制谱配乐，以供统治者祭祀和朝会宴饮时演奏使用；一方面则经常派遣官员收集新兴民间俗乐，以"广求民瘼，观纳风谣"（《后汉书·循吏传叙》），而广泛采集民间歌谣也使民间歌谣广泛传播，故能"使行风俗，宣明德化"（《汉书·平帝纪》）。这种政治措施，说明当时的统治者专置乐府，既为了歌功颂德，宴饮享乐，也具有所谓"观风俗，知薄厚"（《汉书·艺文志》）之政治意图。

数百年之后，唐代大诗人白居易在他的"新乐府"中写有一首《采诗官》，他很希望李唐统治者恢复周代那种"采风"制度，达到"上流下通上下泰”：

采诗官，采诗听歌导人言。言者无罪闻者诫，下流上通上下泰。周灭秦兴至隋氏，十代采诗官不置。郊庙登歌赞君美，乐府艳词悦君意。若求兴谕规刺言，万句千章无一字。不是章句无规刺，渐及朝廷绝讽议。诤臣杜口为冗员，谏鼓高悬作虚器。一人负扆常端默，百辟入门两自媚。夕郎所贺皆德音，春官每奏唯祥瑞。君之堂兮十里远，君之门兮九重闭。君耳唯闻堂上言，君眼不见门前事。贪吏害民无所忌，奸臣蔽君无所畏。君不见厉王、胡亥之末年，群臣有利君无利。君兮君兮愿听此，欲开壅蔽远人情，先向歌诗求讽刺。

诗人提到，自秦至隋，“十代采诗官不置”，而“郊庙登歌赞君美，乐府艳词悦君意”，这使得“贪吏害民无所忌，奸臣蔽君无所畏”，所以，他建议唐帝“欲开壅蔽远人情，先向歌诗求讽刺”，就是说要把采诗官再设起来，给讽刺诗打开闭塞之门。

争霸

自西周分封以来，诸侯国在经济上的发展渐渐形成了贫富差距，在军事上的发展渐渐形成了强弱对比，在政治上也尾大不掉，渐渐脱离了天子的统治。平王东迁之后，周王朝日渐衰弱，而一些诸侯国却逐渐强大起来。从春秋到战国，诸侯相互兼并，大国争霸成风，进入到一个动荡不安的时代，前有所谓“春秋五霸”，后有所谓“战国七雄”。

“春秋五霸”是指东周前期的春秋时代五位充当过盟主地位的君王，但史书上对这五位霸主的说法不同，至少出现过以下七种说法：

《史记》：齐桓公、宋襄公、晋文公、秦穆公、楚庄王。

《荀子·王霸》：齐桓公、晋文公、楚庄王、吴王阖闾、越王勾践。

《白虎通·号篇》：齐桓公、晋文公、秦穆公、楚庄王、吴王阖闾。

《四子讲德文》：齐桓公、晋文公、秦穆公、楚庄王、越王勾践。

《汉书·诸王侯表序》：齐桓公、宋襄公、晋文公、秦穆公、吴王夫差。

《鲒崎亭集外编》：齐桓公、晋文公、晋襄公、晋景公、晋悼公。

《辞通》：郑庄公、齐桓公、晋文公、秦穆公、楚庄王。

“战国七雄”则是指东周后期的战国时代七个强势的诸侯国家。西周建国时分封了几百个诸侯国，到春秋时由于各种混战、兼并，已经少了许多，但仍然是大国数十、小国过百，其中主要有齐、楚、晋、秦、宋、吴、越、鲁、卫、燕、曹、陈、蔡、郑等十四个主要的国家活跃在当时的历史舞台上；到了战国时期，则进一步兼并成齐、楚、燕、韩、赵、魏、秦七个主要的国家，是为“战国七雄”。

无论是“春秋五霸”，还是“战国七雄”都是在那个动荡不安的岁月里争夺政治、经济、军事资源的产物。在当时，争霸是大国国君们为了争夺劳力、掠夺财富和兼并土地，迫使其他小诸侯国称臣纳贡的过程。他们巧妙地利用周天子这块“天下之共主”的招牌，打起所谓“尊王攘夷”的旗号，造成“挟天子以令诸侯”的局势，在结盟的会议上，手执牛耳，发号施令。所谓“执牛耳”，即指在诸侯结盟的会议上，与会者要宰牛以示庆贺，而宰牛之时，盟主则亲自把牛耳割掉，放在玉盘之中，再由盟主端起，向各诸侯国发号施令。因此，时人当盟主喻作“执牛耳”，后来把凡主持其事的霸主，均称为“执牛耳”者。

首次称霸的是齐桓公，他也是春秋五霸中最受称道的盟主。

孟子就曾说："五霸，齐桓为盛。"（《孟子·告子下》）齐国原是姜太公的封地，国富民强，至襄公时依然相当强盛，灭纪伐卫，征服鲁国，几乎成为中原霸主，但不久发生了内乱，襄公死后不久，公子小白继位，这便是赫赫有名的齐桓公。桓公重用管仲，制定了"尊王攘夷"的方针，实行了"寓兵于农"的政策，迅速强大起来。公元前681年，齐桓公约集宋、陈、蔡、邾会于齐地北杏，为宋国平定内乱。北杏之会是春秋霸主会盟诸侯之始。公元前680年，齐桓公打出周天子的旗号，以宋国"背北杏之会"为借口，出兵宋国边境，准备大举进攻，宋国被迫与齐国订约，又给齐桓公带去一份礼物，桓公把这份礼物给了周天子，齐宋风波也暂告结束。同年冬，齐、鲁、宋、卫、郑在鄄地会盟。此时，齐国称霸的局面已完全形成，公元前679年春，齐、宋、陈、卫、郑再次会盟于鄄。《左传·庄公十五年》记载："十五年春复会焉，齐始霸也。"公元前651年，齐桓公召集鲁、宋、郑、许、曹等国在葵丘（今河南兰考）会盟，相约"凡我同盟之人，既盟之后，言归于好"，周天子派宰孔参加，并赐给齐桓公王室祭祀祖先时的祭肉。这标志着齐桓公已成为周王承认的合法霸主，齐国的霸业达到了顶峰。

继齐桓公称霸之后的是晋文公。晋国最初是周成王弟弟唐叔的封地，国力并不是很强。晋献公时，因清除了与自己对立的公族，灭掉了耿、霍等西周封国，晋国才逐渐强盛起来。到春秋中叶，晋已跨有现在山西、河北、河南、山东等省的一部分或大部分，国土面积仅次于楚国。公元前636年，晋国大臣们迎立重耳为君，是为晋文公。文公从43岁逃亡起，此时已经63岁，在外流亡19年。文公在位期间，重用一直跟随他在外流亡的赵衰、狐偃、贾陀等，进一步整顿内政。就在这一年，周王室发生内乱，太叔自立为天子，把原来的周天子襄王打到郑国。晋文公抓住这一机会，打出了“勤王”的旗号，亲自指挥军队，迎接襄王回到洛阳，随后杀死了太叔带。晋国自此以中原霸主自居，有些诸侯国，特别是些小国，遇有外敌来进攻时也多向晋国求助，原来对臣服于楚心怀不满的宋国，也背楚归晋。公元前633年，楚联合陈、蔡、郑、许以重兵围宋，晋助宋解围，于是第二年发生了春秋时期最大的一次战争——城濮之战。这是晋、楚两个大国之间的战争，也是两个霸主之间的争霸战。战争开始的时候，文公遵守流亡时对楚军许下的“退避三舍”诺言，后退九十里，接着连设两个埋伏圈，大败楚军。这年五月，晋、郑在衡雍会盟，晋把楚国俘虏献给周襄王。文公又召集鲁、齐、宋、蔡、郑、邾、莒等诸侯，在践土（今河南原阳西南）会盟，成为中原霸主。文公提出要周襄王也来参加，襄王只好应召，为顾全天子的脸面，说是到那里去打猎，顺便看看。孔子在编辑《春秋》时说，“以臣召君，不可以训”，曲笔为“天王狩于河阳”。践土之盟是齐桓公葵丘之盟之后的又一次诸侯大盟会，在盟会上，周襄王册封晋文公为侯伯，正式确立了晋国的霸主地位。

中原各国争霸正酣，地处西方的秦国也跃跃欲试。历经一百多年，秦国到穆公时才开始强大起来。穆公征服了西戎十二国，地广千余里，遂称霸西戎，并得到了周天子的承认和嘉奖。周襄王派召公为使者，专程奔赴秦都祝贺，还给了穆公十二只铜鼓，封之为西方霸主，嘱咐他好生辅佐周室。秦强大起来，必然要插足中原，但始终受到晋国的阻挠，使其不能东进。因此，晋成为秦的世仇和强敌，经过多次较量，互有胜负，直到形成了秦、晋对峙的局面。公元前 628 年，晋文公死了，秦穆公劳师远袭与晋订立盟约的郑国。第二年，疲劳不堪的秦军路过殽山，遭到了晋军的埋伏，致使全军覆没，连孟明视等三帅也做了俘虏。在秦穆公女儿、晋文公夫人的搭救下，晋襄公才把他们释放归秦。为报殽山之仇，公元前 624 年，秦穆公亲率大军，以孟明视为先锋，出征晋国。由于准备得比较充分，在王官一地大败晋军。回国路经殽山时，发现三年前战死者的尸体早已变成累累白骨。穆公于是下令军中，用草裹骨，埋葬山坡，穆公亲自祭祀一番，班师回朝。秦敢于与晋多次较量，与之争霸，这和它后方稳固有重大关系，因为许多西戎小国均臣服于秦，秦的人力和物力得到源源不断的供应。但秦在交战中的几次失败，使一些西戎小国纷纷离叛，不向秦称臣纳贡了。"王官之役"，秦取得了对晋作战的重大胜利，此时，西方的二十多个小国又恢复了与秦的朝贡关系。

在楚国称霸之前，齐、楚之间曾有过一次著名的较量。那是在公元前 656 年，称霸后的齐国与鲁、宋、郑、陈、卫、许、曹等国组成联军，侵蔡伐楚。当楚国军队进至陉，又进至召陵时，齐桓公把诸侯之军排列成作战队形，与楚国大夫屈完共乘一车，观阅军容，显示军力之强，更主要是逞一下霸主威风。楚国不向周天子纳贡，连周王都不敢责问，可是齐国敢于这样挑战，更显示了齐桓公向楚国所摆出的霸主姿态。但是，楚国并不示弱，他们决心与中原各国争衡，抢夺霸主地位。在随后的几十年里，楚国首先出兵灭了弦国，接着灭掉了黄国，之后又打败了徐国，楚成王不仅成为南方的首领，而且触角业已伸入中原。成王之后，楚国经历了一个低谷阶段，国力渐弱。随后，楚庄王“三年不鸣，一鸣惊人”，他首先从削弱权臣令尹的权力入手，大力整顿内政。继之，他又调整了人事，加强了军队的力量，并亲自掌握了指挥大权，决心称霸中原。在灭庸之后，于公元前608年举兵侵陈伐宋获胜，并夺得兵车五百乘；公元前606年，庄王亲自率兵伐陆浑之戎，遂至雒阳，“观兵于周疆”，问九鼎之轻重。从此，中原诸侯尊楚庄王为霸主，邻近小国和部族亦纷纷归服。

当中原地区的大国争霸接近尾声之时，位于长江下游的吴、越两国相继崛起，进而又出现了争霸局面。吴王阖闾即位之前，吴国就与昔日的霸主楚国多次交战，而吴多次获得胜利。公元前514年，吴王阖闾即位之后，任用著名军事家孙武为将，整顿和加强军备，吴更加强大起来，公元前512年、前511年、前508年，吴、楚三次交战，均以吴胜为结果。公元前506年，吴军连同唐、蔡两国军队，大举进攻楚国，楚军大败，吴军“五战及郢”（《左传·定公四年》），楚昭王仓皇出逃。这时，楚昭王派大夫申包胥到秦求救，他在宫墙外哭泣了七天七夜，秦才出兵五百乘，和楚国残余军队一道，在稷地将吴击败。公元前504年，吴军再一次伐楚，楚军再一次战败。为了加强防御，楚国把都城从郢迁到了鄀。

虽然吴军多次将楚军打败，看似不可一世，但邻国越国却抓住机会，给予吴国以致命一击。公元前496年，吴王阖闾亲

吴王夫差盉，迄今为止发现的吴王夫差唯一的一件青铜礼器。

自率兵伐越，新即位的越王勾践组织“死士”，勇猛善战，最终将吴军战败，吴王阖闾本人最后也因伤重而死。吴王阖闾死后，其子夫差即位，他时时不忘战败之恨、杀父之仇。公元前494年，吴王夫差伐越成功，越王勾践“以甲兵五千人栖于会稽”（《史记·吴太伯世家》），被吴军层层包围。勾践采纳大夫范蠡建议，派大夫文种去吴，说“勾践请为臣，妻为妾”（《史记·越王勾践世家》），遭到伍子胥的反对而未果。文种再次去吴，买通大臣伯嚭，吴王不顾伍子胥的反对，答应了越的请和要求，遂下令“罢兵而归”。越王勾践从吴返越之后，“卧薪尝胆”，发愤图强。公元前482年，吴王夫差已在争霸中原，两次战败齐国之后，率军北上，与鲁、单、晋等国诸侯会于黄池，“欲霸中国以全周室”（《史记·吴太伯世家》），准备再次显示一下霸主的威风。越王勾践却率五万兵力，乘虚而入，攻占吴都，将吴的残兵歼灭殆尽。公元前478年，越王勾践再次率大军伐吴。在吴师三战三败的情况下，吴王夫差急派使者求和。在范蠡的极力反对下，勾践拒绝请和，将夫差囚禁起来。公元前473年，夫差自杀身亡。

概括起来讲，春秋时的诸侯兼并与大国争霸可以划分为四个阶段。第一阶段，由公元前770年周平王东迁洛邑至公元前681年齐桓公北杏会盟，开始称霸，前后凡89年。这一阶段是诸侯互相兼并的混乱时期，在兼并中形成了几个区域性的“小伯”，即郑、齐、秦、楚。第二阶段，由公元前681年齐桓公称霸，至公元前632年城濮之战，前后凡49年。这一阶段，齐桓公称霸在前，晋文公称霸在后，是春秋霸业的高潮阶段，特点是齐、晋、楚三国争霸。第三阶段，公元前632年城濮之战至公元前546年晋、楚两国所达成的暂停争霸战争的宋之盟，前后凡86年，是晋、楚两强争霸的历史阶段。宋之盟是春秋历史的转折点，它表明中原诸侯争霸的历史进入了尾声。第四阶段，由宋之盟至公元前453年韩、赵、魏三家分晋，前后凡94年。这一阶段是中原列国军权下移和东南吴、越争霸的历史时期。宋之盟后，中原诸侯的军权普遍下移于卿大夫，礼乐征伐大权已由前一时期的“自诸侯出”转变为“自大夫出”。

春秋时期的大国争霸，给人民带来了极大的折磨与痛苦。不仅如此，大国作战，小国就要出兵出物；大国诸侯婚丧嫁娶，小国也得送礼致敬或哀悼。而战争导致的“易子而食”、“民力凋尽”、

“道殣相望”（《左传·宣公十五年》），更使民不聊生，使整个社会走向了动荡、崩溃的边缘。当然，春秋期间的大国争霸，客观上也促进了民族大迁徙、大交流、大融合。自古以来，尤其是商、周以来，在中国境内周边的少数民族，有“北狄”、“南蛮”、“东夷”、“西戎”，经过春秋时期的战争，使华夏与蛮夷、狄戎的界线逐渐消失，形成了汉族的前身。具体说来，齐国是东方各族（淮夷、徐戎、莱夷和郯、莒等）融合的中心，秦国是西方各族（陆浑族、阳拒、泉皋、伊洛之戎、戎蛮、大戎、骊戎和朐衍等）融合的中心，晋国和燕国是北方各族（貉、北戎等）融合的中心，楚国则是南方各族（荆蛮、越族和濮等）融合的中心[1]。

春秋期间大国争霸，也加速了奴隶制的瓦解与封建制的形成，推动了社会的进步，并且形成了地区性统一，为战国时代秦的最后一统中国奠定了基础。应该指出的是，战争是战国时期最主要的社会内容，但此时战争的主要目的已不再是争霸，而是为了统一。前面说过，春秋时期战争的最高目的在于争夺中原霸权，取得支配其他诸侯国家的权力。在早期的争霸战争中，齐、晋还打出了“尊王攘夷”的旗号。这说明周天子至少在名义上还是天下共主，在政治上还有一定影响力，列国还不具备取代周天子、统一天下的主客条件。而战国时的战争则不然，此时的王室已经威信扫地，完全失去了号召诸侯的政治权威。这使得霸主政治已经成为过时的历史，而统一天下则被提到新的议事日程上来。也就是说，战国时代的战争，已不再是那种以战败国纳贡受盟为目的的争霸战争，而是争城夺邑、兼地掠土、由分裂走向统一的战争。

战国时代战争的规模远比春秋时大。春秋时的战争大多在数日内即可决定胜负，战争的胜败往往取决于两军的一次性交锋。战国时代的战争则不相同，如马陵之战，“魏惠王悉起境内之众”，结果“覆十万之师”；秦、韩、魏伊阙之战，秦杀魏、韩士卒“二十四万”；长平之战，秦前后斩杀赵卒“四十五万”。就战争时间来看，魏军围赵“邯郸三年而弗能取”，赵“以二十万之众攻中山，五年乃归”。这些旷日持久的战争都是春秋前的战争所无法比拟的。

战国时的战争手段也有了明显改进。战国时期“大规模的步骑兵的野战和包围战代替了整齐的冲击战”[2]。春秋时期的主要作战方式是车步兵结合作战。交战双方事先“结日定地”，约好决战的时间和地点，以战车为核心摆好“堂堂之阵”，然后击鼓冲击、厮杀。到春秋晚期时，战争方式已发生了较大变化。兵不厌诈已成为兵家的共识，交战国普遍利用设伏、诱敌、包围、避实击虚、避强击弱、以逸待劳等一切“诡道”来克敌制胜，“攻其不备，出其不意”更成了军事家信奉的至理名言。战国时期随着大规模野战和包围战的出现，战争方式变得更加复杂。仅排兵列阵一项，据《孙膑兵法·十阵》，就有方阵、圆阵、疏阵、数阵、锥行之阵、雁行之阵、钩行之阵、玄襄之阵、火阵、水阵等，要求车兵、骑兵、步兵、水兵等各种兵种协同作战。春秋时期，列国争霸的战场，主要是平原旷野或城郭都邑，而战国时期，不论平原、山地，都已开辟为战场，列国的关塞要津更成为攻守双方的必争之地。战争的结果往往是“争地以战，杀人盈野；争城以战，杀人盈城”（《孟子·离娄》），表现得相当残酷。

在韩、赵、魏三家分晋之后的战国时代，有资格统一天下的国家似乎有三个，一个是有渔盐之利因而最为富裕的齐国，一个是有广阔疆域因而幅员最大的楚国，一个是有勇猛之师因而最为善战的秦国。最后，由于秦国采取了变法维新的政治改革，从而最终完成了中国的统一大业。

注释：

〔1〕王明阁：《先秦史》，黑龙江人民出版社，1983年3月第一版，277页。

〔2〕杨宽：《春秋战国间封建军事组织和战争的变化》，《历史教学》，1954年4期。

盟誓

春秋时期社会各个阶层进行盟誓的数量之多和对于盟誓的重视程度，都是相当突出的。

盟誓，就是人们由于各种原因结盟、在神前祷告、订约并且发誓遵守约定。《礼记·曲礼》中说："约信曰誓，涖牲曰盟。"从性质上来说，盟誓就是在神灵面前结盟、起誓，有借助神灵规范约束的意义，带有明显的神灵监督和裁判的色彩，属于祖先信仰、鬼神崇拜的一种表现形式。

盟誓这种习俗起源很早，据文献记载，早在蚩尤和颛顼之前的原始时代，盟誓就已经比较流行。夏、商时期，诸侯众多，邦国林立。"禹合诸侯于涂山，执玉帛者万国"（《左传·哀公七年》），"夏启有钧台之享，商汤有景亳之命，周武有孟津之誓……晋文有践土之盟"(《左传·昭公四年》)。这些文献中提到的"合诸侯"、"享"、"命"、"誓"、"盟"，尽管名称不同，时代各异，但都是天下盟主或诸侯之长会盟诸侯的重要盟誓。在讨伐敌对的邦国时临阵誓师，是夏、商之时盟誓的又一主要形式。《尚书》中的《甘誓》、《汤誓》、《牧誓》诸篇，记录了几次大战前的誓师辞。《牧誓》即武王在牧野之战前发布的誓师辞。《尚书》中收录的这几篇誓师辞，类似于战争总动员令，由主帅在出征或开战前向全体将士们发布，其主旨是行天之罚，替天行道，以鼓励士气。西周时期，盟誓这种习俗进一步发展，已渗透到社会生活的方方面面，大到分封诸侯，小到民事纠纷，都要进行盟誓。《周礼》是周代官制的汇编，其成书年代虽晚，但保留了不少西周时期的制度。据统计，在《周礼》收录的三百七十七种职官中，约有六十余种职官与盟誓有直接或间接的关系。在周代的六官系统中，均设有与盟誓相关的职官，表明盟誓活动已进入到社会的各个领域，已经形成了比较完备的制度。

无论是盟誓的规模还是盟誓的次数，春秋时期都远远超过以前。春秋时期，在诸侯争霸过程之中，会盟是一种相当频繁而重要的外交活动。春秋前期多是由诸侯国国君之间结盟，到了春秋后期，则多由卿大夫代表国家跟别国结盟。春秋时期会盟的次数很多，仅见于《左传》一书记载的就有将近二百次之多，其中尤以晋国的盟誓活动最多。所以说，盟誓是春秋时期政治特色的一个集中表现，它与大国争霸、诸侯国之间的兼并战争等具有时代特色的社会现象有密切关系。例如，作为王霸之首的齐桓公，其霸业就是与会盟相始终的。据统计，齐桓公在位 43 年，召集诸侯会盟就有 22 次。《谷梁传·庄公十九年》中说："盟，国之重者也。"诸侯国之间的外交活动，有聘、朝、会、盟等项，其中以盟最为隆重。因为盟是"昭信于神"的庄严活动，是关系到国家前途命运的"存亡之道"。由此，人们重视盟誓，也就可以理解了。

在春秋时人的观念中，盟主的权力很大，违背盟主的命令是要被征讨的。但是，盟主的权力又不是广大无边，盟主只有顺应社会发展的形势，才能保住盟主的地位，才能继续行使盟主的权力。人们推许盟主，对盟主也寄予很高的期望。在人们心目中，盟主似乎应当是一个非常完美的人。赫赫有名的秦穆公，尽管功勋卓著，但是由于他以秦国子车氏的三个儿子殉葬而遭到非议，所以后世便以为他没有当上盟主是理所当然的事情。《左传·文公六年》中就说："秦穆之不为盟主也宜哉！死而弃民。先王违世，犹诒之法，而况夺之善人乎？"

春秋时人们盟誓的过程，依照文献记载与考古发掘所见，过程大约如下：先命人挖好坑穴，即古书上所说的"坎"，然后以牛、羊、猪或马为牲，杀于坎上，割牲左耳，以盘盛之，取其血，以敦盛之。准备好这些之后，主盟者即命人宣读事先写好的盟约，即"载书"，表示将载书的内容昭告于天地神灵。向神灵祷告之后，参加盟誓的人稍微饮些牲血，这称为歃血。歃血之后将盟约的正本放置于牲体之上，和牲体一起埋于坎中，盟约的副本由参盟者各自带回收藏。这类埋藏载书的坑坎，在20世纪60年代中期的考古发掘中已经有所发现。1965年在山西侯马的晋国遗址出土有五千余件载书，其中有六百余件字迹清晰可辨。多数坑的北壁挖有小壁龛，龛内放置一件璧或璋，多者可达八件之多。侯马所出土的载书，写在石片或玉片上。石片数量较多，有三千余片，质地多为泥质板岩，呈黑色、墨绿色或赭色。

"侯马盟书"是半个世纪以来中国十项重大考古成果之一，所出土的载书已成为国宝级的文物。据考古学家研究，它的内容分作五类。宗盟类：要求与盟人效忠盟主，一致讨伐敌对势力，是主盟人团结整个宗族的盟誓；委质类：与盟人表示同逃亡的旧主断绝关系，并制止其重返该国；纳室类：与盟人表示盟誓后不再扩充奴隶、土地和财产；诅咒类：对某些罪行加以诅咒，以杜绝类似行为的发生；卜筮类：为盟誓卜牲时龟卜及筮占文辞的记载，不属于正式盟书。

上世纪 80 年代初期，在河南温县也发现有春秋末年的盟誓遗址。遗址发现土坑 124 个，即是当年盟誓的时候埋盟书的“坎”。

在一些特殊情况下，无法杀牲取血盟誓，也有用其他方式替代的。《左传·庄公三十二年》记载，春秋初年，鲁庄公遇见了孟氏之女孟任，喜不自禁，追随至孟任之家，但被拒之门外。孟任待鲁庄公答应让她为夫人时才应允，遂“割臂盟公”，破臂出血而盟。

载书是写给神灵的誓词，所以，春秋时人对于载书的用词十分重视，载书的内容与词句推敲往往成为参盟者争执不下的焦点问题。公元前 564 年，晋率诸侯国军队伐郑，郑不得已求和，与晋在戏（今河南登封境）地盟誓：

> 将盟，郑六卿公子騑、公子发、公子嘉、公孙辄、公孙虿、公孙舍之及其大夫、门子皆从郑伯。晋士庄子为载书，曰：“自今日既盟之后，郑国而不唯晋命是听，而或有异志者，有如此盟。”公子騑趋进曰：“天祸郑国，使介居二大国之间。大国不加德音而乱以要之，使其鬼神不获歆其禋祀，其民人不获享其土利，夫妇辛苦垫隘，无所底告。自今日既盟之后，郑国而不唯有礼与强可以庇民者是从，而敢有异志者，亦如之。”荀

偃曰："改载书。"公孙舍之曰："昭大神，要言焉。若可改也，大国亦可叛也。"

这节记载颇富有戏剧性。晋国士庄子与郑国公子骈的两个载书，在内容上针锋相对。晋国让郑国唯晋命是从，郑国则强调在晋、楚两个大国之间，谁有礼、谁能保护郑国，郑国就听谁的。晋国的荀偃听到郑国公子骈的载书，立即让修改，郑国的公孙舍之马上反驳说：盟誓就是对天神发誓，是不能改的。若可以改的话，郑国将来也可以背叛晋国了。他巧妙地利用了盟誓的神圣性，维护了郑国的尊严，取得了这次外交的胜利。晋国这次就吃了个哑巴亏，如果当时晋国事先看一下郑国的载书，抑或是双方使用同一载书，也就不会发生如此结果了。戏之盟真的犹如一次高级的政治与外交的游戏。

如此戏剧性的盟誓，在春秋时期还有一例。这一次发生在齐国。公元前548年，齐国权臣崔杼在庆封的支持下弑杀了齐庄公，为了巩固崔、庆两族的地位，他们便在齐国太祖庙中与贵族和国人盟誓：

盟国人于大宫，曰："所不与崔、庆者——"，晏子仰天叹曰："婴所不唯忠于君、利社稷者是与，有如上帝！"乃歃。（《左传》襄公二十五年）

盟誓是对神发誓。这是一种无比庄严的行为，所说出的话不能轻易改动，否则就是对于上神的大不敬。机警的晏子不在宣读载书之前说出自己的誓词，而是在宣读的时候讲出来，出其不意，让崔氏、庆氏无可措手，只能承认既成事实。

当然了，像上述两例在现场说出自己的盟誓，并突然加进单方意见的载书，在当时并非常态。春秋时期大多数的盟誓，是双方事先敲定好载书的内容，然后再参加会盟的。此一时期通常使用的载书，其用辞往往言简意赅，以便使盟誓者牢记而慎守。公元前 711 年，鲁桓公与郑庄公会盟，盟曰：“渝盟无享国”，意思是谁违背了盟约，那么上神就不会让他继续留在国君的位子上。公元前 594 年，宋楚盟曰：“我无尔诈，尔无我虞”，谓两不相欺。春秋末年，宋国卿族争权，戴氏、皇氏、乐氏共立宋昭公，盟誓曰：“三族共政，无相害也”，强调三卿族之间的团结。公元前 557 年，晋卿荀偃与鲁、宋、卫、郑、小邾等国的大夫盟誓，辞曰：“同讨不庭”，要参盟者同讨不忠于盟主的人。公元前 554 年，晋率诸侯伐齐时盟曰：“大毋侵小”，等等。（均见《左传》相关章节）

戚城遗址。河南濮阳戚城又称“孔悝（kuī）城”，全国重点文物保护单位。戚城是春秋时卫国的重要城邑。城东 80 米处有一夯土台是当时诸侯会盟的盟坛基址。公元前 626 年到前 531 年的近一个世纪内，各诸侯国在卫会盟十五次，其中七次会盟于此，因此被认为是古代诸侯会盟次数最多的地方。

当然，长的盟誓还是有的。《孟子·告子》下篇载有齐桓公召集葵丘之会所定的盟约主要内容，容量就相当丰富：

初命曰：诛不孝，无易树子，无以妾为妻。再命曰：尊贤育才，以彰有德。三命曰：敬老慈幼，无忘宾旅。四命曰：士无世官，官事无摄，取士必得，无专杀大夫。五命曰：无曲防，无遏籴，无有封而不告。曰：凡我同盟之人，既盟之后，言归于好。

从这个珍贵的记载来看，当时盟约的内容非常广泛，这类重大会盟的盟约包含了当时人们所普遍关心的政治与社会问题，后人要寻找当时的社会焦点与热点问题，不能不认真研究这些盟誓的内容。同时，丰富的盟誓内容，也说明了在当时人们的心目中，神的威力非同一般，它所能够监督制约的范围导常广大。

春秋时期的盟誓遍及社会各个阶层，除了诸侯国君、卿大夫贵族，还有一些普通民众。公元前520年，周卿士单旗曾与一般工匠的“百工”相盟，让他们随其征伐。郑国商人势力强大，从郑桓公时起，郑国君主就曾与郑国商人结盟。公元前476年，楚国军队也曾与“三夷”的少数族民众相盟。社会上也有普通女子相互盟誓的，《左传·昭公十一年》记载，鲁国泉丘的两位女子私奔，就曾“盟于清丘之社”。

春秋时期盟约如此之多，其中也有不平等的、屈辱的盟约。比如“城下之盟”。公元前700年，楚伐绞，大败绞国之人，“为城下之盟而还”。公元前594年，宋国被楚师长期围攻，以至于到了“易子而食”的地步，但却表示，即令如此，“城下之盟，有以国毙不能从也”，就是国家灭亡，也不签订屈辱的城下之盟。结果，楚国

不得不退兵三十里，才与宋达成协议。（均见《左传》相关章节）

春秋时期还有一种致命的“伪盟”，就是假作盟誓，以达到一定的政治或军事目的。公元前635年，秦晋军队进攻高密，假作盟誓，使得高密人误以为楚国援兵已经与秦结好而返，从而惧而降秦。公元前547年，宋国寺人伊伪造太子与楚臣盟誓现场，并且报告说太子与楚人盟誓要夺取君位，使得宋平公逮捕了太子。公元前536年，寺人柳作伪盟，使得宋平公驱逐了大臣华合比。

春秋时期的盟誓活动达到如此鼎盛的程度，以至于大到国际争端，小至个人纠纷，天子与诸侯、诸侯与诸侯、诸侯与卿大夫、卿大夫与卿大夫、卿大夫宗族内部以及个人之间的各类盟誓史不绝书。根据《春秋》、《左传》、《国语》等的文献记载，春秋时期的盟誓有盟、誓、命、诅、盟誓、盟诅、诅命、誓命、质誓、胥命等不同的称谓；按盟誓者的愿望和态度，有请盟、乞盟、抢盟、争盟、寻盟、改盟、拜盟、莅盟、与盟、卒盟、主盟、复盟之别；就盟誓的方式方法而言，则有入盟、来盟、朝盟、聘盟、会盟、私盟、私誓、伪盟、赐盟、斋盟、贿盟、强盟、劫盟、要盟、城下之盟、割臂盟、割心盟等；按盟誓的结果，则有受盟、渝盟、背盟、弃盟、逃盟、叛盟、奸盟等[1]。《春秋》及其三传中，仅“盟”字就出现了七百多处，是使用频率最高的字眼之一。春秋时期盟誓活动之频繁，使用范围之广泛，于此可见一斑[2]。

总之，春秋时期的盟誓与社会政治关系密切，是当时社会上相当广泛的阶层关注与参与的事情。无论从其频繁举行而数量众多来看，或是从其对于当时社会的影响来看，都可以说是“一项前不见古人后不见来者颇具时代特色的活动”[3]。

战国时期，随着成文法的颁布实施，盟誓之风渐衰。盟誓活动急剧减少，列国之间的盟誓已没有多大的约束力，卿大夫之间盟誓的事例已不多见，盟誓的礼仪大大简化，盟誓的作用和重要性远不及春秋时期。

秦汉以降，盟誓进一步衰落，其神圣性和约束力日益淡化。然而，作为一种残余形态，盟誓在此后的历史岁月里仍长期存在，常常被中央政府作为改善与周边少数民族关系的政治策略，或被某些政治集团作为加强和巩固自身政治势力的有效手段。民间的表示诚信、表达友爱、结拜兄弟等，也每每采用盟誓的形式。其流风余韵，相沿至今，可谓源远流长。

注释：

〔1〕雒有仓：《天人之际——先秦盟誓制度研究》，西北大学硕士学位论文，1999年。

〔2〕王美凤、周苏平、田旭东：《春秋史与春秋文明》，上海科学技术文献出版社，86-91页。

〔3〕晁福林：《先秦民俗史》，上海人民出版社2001年1月版，448-483页。

变法

从春秋后期开始，各国兴起了变法热潮，主要目的是打击旧贵族势力，在经济、政治和军事等方面进行一系列符合时代要求的革新，使本国强大，进而战胜其他国家。从性质上来说，变法是从奴隶制向封建制转变的过程，是封建制得以确立与巩固的关键。

公元前 422 年，魏文侯任命李悝为相国，最早实行了变法。李悝变法的主要内容有三点：一是“集诸国刑典”，编著《法经》六篇。《法经》认为，国王从政最要紧的是防止盗贼，因此有“盗法”和“贼法”。盗贼必须囚禁，所以有“囚法”。囚犯必须捕捉，所以有“捕法”。此外还有“杂法”。凡违犯上述法令，还要根据具体情况加刑或减刑，称为“具法”。《法经》是我国历史上第一部封建地主阶级的法典，完整体现了保护新兴地主阶级利益的法治思想，后来商鞅在秦国的变法以及汉代的法律都受到它的极大影响，为历代封建法典所宗。二是为了发展农业生产，增加官府税收，李悝又颁布了“平籴法”。具体做法是：在大丰之年，官府买入粮食；在年成歉收之年，官府卖出粮食。其目的是保持粮食价格与农业生产的稳定性。

俸禄开支，对不急需的无用之官坚决裁掉，把节省下来的经费用到训练军队上。第五，堵“塞私门”，规定取消私门，严禁私学，并“一楚国之俗”，使旧贵族招引食客、结成余党而制造反变法舆论的可能性大大降低，并一统楚国各地的习俗。吴起变法，使楚国较前大为强盛，不仅“南收扬越，北并陈蔡”，并且在救赵攻魏的战争中取得了胜利。但是，由于吴起变法的力度太大，实行的时间只有一年，就在旧贵族的反对下以失败告终。

公元前355年，韩昭侯任用“本于黄老而主刑名”的申不害为相，也开始实行变法。申不害变法强调“明法察令”，实行法治，主张建立集权制的君权至上的国家，要求国君能够“独视”、“独听”、“独断”。他的变法还以“术”为要义，他所谓的“术”，其实不过是君主驾驭臣下之术，在具体要点上有三：第一，君主要“惟无为可以规之”。就是说，国君平时要“无为”，不能让群臣摸到底细，这样才能做到“术不可知，则威不可测”，而使“明君无为于上，群臣竦惧于下”。（《韩非子·主道》）第二，“因任而授官，循名而责实”。即君主委任官吏，要用一套方法去考察他们的言行是否一致，如果言行一致，行为称职，思想忠诚，则赏，反之则诛。第三，“治不踰官，虽知弗言”，即君主必须掌握让臣下在官职范围内尽忠职守，而不允许去做超出职权范围以外的事。

申不害的变法在强化封建专制主义的中央集权方面，起到了一定的作用。正如司马迁所说：“内修政教，外应诸侯，十五年终申子之身，国治兵强，无侵韩者。”（《史记·老庄申韩列传》）但是，申不害过于强调统治伎俩、甚至搞阴谋诡计，难以触到治国安邦的核心策略，因而作用也极其有限。

继申不害之后，深受黄老之学影响的慎到也在赵国实行变法，他的主要观点包含在对“势”的论述之中。他认为，贤人之所以屈服于不肖之人，是由于贤人“权轻位卑”之故；不肖之人屈服于贤人，则是由于贤人“权重位高”的原因。他指出，尧为普通百姓时，三个人也治理不了，而桀为天子时，则足以扰乱天下。贤智不足以服众，而势位却足以让贤者屈服。在慎到看来，如何充分利用好手中的权势，才是君王变法的关键。

在确立封建制的各国变法之中，秦国的商鞅变法对旧贵族打击最为严重，变法措施最为全面，实行得也最为彻底。由于对奴隶制削弱最大最深，旧贵族的反抗也最为激烈。商鞅最初担任魏惠王相国公叔痤的家臣，公叔痤病重的时候，魏惠王问政，公叔痤就向惠王建议让商鞅接替他的相国职务，惠王默不作声。公叔痤见此情景，屏去左右，对惠王说：“王即不听用鞅，必杀之，无令出境。”（《史记·商君列传》）惠王走后，公叔痤又急忙告诉商鞅，让他快逃往他国以免被杀。此时，秦孝公的“求贤令”已传到魏国，商鞅便西走入秦。经过他的好友、孝公宠臣景监推荐，得到秦孝公的召见与晤谈。

商鞅与孝公先谈“帝道”，不为孝公赏识，甚至根本听不进去，打起瞌睡来；第二次谈“王道”，孝公仍然昏昏欲睡；第三次谈“霸道”，孝公这才有点模样，表示欣赏，但也没有深深打动孝公的心；直到第四次谈“强国之术”时，才得到了孝公的高度重视，不但不打瞌睡，而且越谈两人的身体越靠近，不知不觉连膝盖都相碰了，竟达到了促膝谈心的程度，“语数日不厌”。（《史记·商君列传》）

商鞅

公元前359年，秦孝公任用商鞅为左庶长，并采纳了商鞅提出的实行变法的建议。

商鞅共进行了两次变法。第一次变法的内容有如下要点：第一，“令民为什伍，而相收司连坐”。这项规定又称为“连坐法”，即把全国居民每五家为一伍，二伍为一什，互相监督，一家犯法对其他九家同样处罚。客舍留宿客人必须要验证，否则客舍主人与无验证的旅客同样会受到相同的惩罚。第二，“民有二男以上，不分异者，倍其赋”。规定家有两个成年男子婚后仍在一起居住者，必须缴纳两倍的赋税。这项措施客观上促进了一家一户的小农经济的发展。第三，“有军功者各以率受上爵”。对在战斗中建立军功者，根据军功大小赏给不同等级的爵位。第四，“为私斗者，各以轻重被刑”。这项规定意在鼓励战士们为国家而战斗而非私下相斗。第五，“宗室非有军功论，不得为属籍”，即国君家族没有建立军功的，不上宗室的谱牒，从而剥夺了没有军功的贵族的所有特权，削弱了旧贵族的势力。第六，“大小僇力本业耕织，致粟帛多者复其身”。这条规定鼓励男子勤于耕种，女子努力纺织，使粮食丰产、织帛也多者，免除本身的徭役和赋税，即所谓“复其身”。

公元前 352 年，秦孝公任命商鞅为大良造，相当于相国，并能统率军队。由于商鞅直接掌握了军政实权，为彻底颁行新法提供了重要保证。公元前 350 年，变法已实行了十年，收到“乡邑大治”的成效。商鞅于是颁布了新的变法条文，并把都城从雍迁到咸阳。此次变法延续到公元前 344 年，商鞅陆续颁布并实施了以下四条新措施：第一，禁止“父子兄弟同室内息”。商鞅严格禁止这种秦国长期以来的旧习俗，既为封建制的一家一户小生产的自然经济创造家庭条件，也确立了封建的道德观念。第二，“集小乡邑聚为县”。把全国合并为三十一县，设令、丞掌管全县政事。这项措施在政治体制上废除了旧贵族赖以统治的分封制，为统一的中央集权的实现奠定了地方组织上的基础。第三，废“井田”、“开阡陌”，平赋税，民始得买卖。这项措施比较彻底地摧毁了奴隶社会的土地制度，确立了封建的土地所有制。第四，“平斗、桶、权、衡、丈、尺”，即在全国实行统一的度量衡制度，以利于国内经济的发展、商业的交流。

变法是在激烈的较量中进行的。公元前338年，秦孝公死，惠文王即位，旧贵族们诬告商鞅谋反，派官吏逮捕他。他不得不逃至关下，欲投宿客舍，但客舍主人不知他是商鞅，说："商君之法，舍人无验者坐之。"投宿未成，他最终在彤地被俘，遭受车裂酷刑而死。

春秋、战国时期，由于社会变革的需要，各国兴起了移风易俗的变法之风。除了以上涉及的，著名的还有赵武灵王在赵国变移习俗，推行胡服骑射；公仲连在赵国改革；邹忌在齐国改革，修法律而督奸吏，举贤才而开言路。另据《史记·滑稽列传》，西门豹在邺县也废除陋习，惩办贪官，移风易俗。在所有这些变法当中，商鞅变法是登峰造极的一次，是各国变法风尚的巅峰，它为秦国开创了帝业之基，也为全中国从奴隶制向封建制的全面转型打下了坚实的基础。正如李斯在《谏逐客疏》中所说的："孝公用商鞅之法，移风易俗，民以殷盛，国以富强。"

捭阖

战国时期的较量不仅在军事领域、政治领域，也在外交领域中进行着。随着兼并战争的深入，战国七雄中逐渐出现了新的分化，有了强国与弱国两种发展势头不同的国家。面对这种状况，一批为各国进行外交活动的谋士，就形成了合纵与连横两条不同的路线与策略。所谓“合纵”，指的是“合众弱以攻一强”；所谓“连横”，指的是“事一强以攻众弱”（《韩非子·五蠹》）。前者以苏秦为代表，鼓吹弱国联合起来对付强国；后者以张仪为代表，主张弱国依附强国来获取生存空间。前者叫做“合纵派”，后者叫做“连横派”，二者统称为“纵横家”。需要指出的是，这些“纵横家”们别无所长，只是凭借着三寸不烂之舌到各国去推销外交策略，是为“捭阖”。

捭阖者，道之大化，说之变也；必豫审其变化，吉凶大命系焉。口者，心之门户也；心者，神之主也。志意、喜欲、思虑、智谋，此皆由门户出入，故关之以捭阖，制之以出入。捭之者，开也，言也，阳也；阖之者，闭也，谋也，阴也。阴阳其和，终始其义。故言长生、安乐、富贵、尊荣、显名、爱好、财利、得意、喜欲为阳，曰“始”；故言死亡，忧患、贫贱、苦辱、弃损、亡利、失意、有害、刑戮、诛罚为阴，曰“终”。诸言法阳之类者，皆曰“始”，言善以始其事；诸言法阴之类者，皆曰“终”，言恶以终其谋。（《鬼谷子·捭阖第一》）

从字面上讲，“捭阖”是开合的意思，引申为嘴巴的开合，即“游说”；再引申为政策上的开合，即“外交”。于是，“纵横”与“捭阖”这两个词便连在一起，成为“纵横捭阖”了。

公元前322年，张仪首先来到魏国，游说魏惠王：“秦挟韩而攻魏，韩劫于秦，不敢不听。秦韩为一国，魏之亡，可立而须也。”（《战国策·秦一》）一番恐吓之后，伶牙俐齿的张仪又以推心置腹的口气献计道：

为大王计，莫如事秦，事秦，则楚韩必不敢动。无楚韩之患，则大王高枕而卧，国必无忧矣。（《战国策·魏策一》）

说到底，张仪是让魏国臣服于秦，与秦连横，从而保全自身。秦国还迫使魏国逐走惠施，而以张仪为魏相。这是秦国连横政策的首次运用，从此之后，张仪作为秦国特派游说之士，到各国活动，想尽一切办法，制造连横，为秦国兼并谋取最大利益。

秦、魏联盟，这对其他各国是很大的威胁。于是又有公孙衍出来游说他的合纵方针，各国纷纷响应。魏国也于公元前319年，改用公孙衍为相，使张仪不得不退回秦国。

公元前318年，在公孙衍的策划下，魏、赵、韩、燕、楚等组成了五国联军，推举楚怀王为合纵约长，共同伐秦，史称“五国伐秦”。但由于五国中只有韩、赵、魏出兵，燕、楚兵马未动，不能合作一致，而且魏国伐秦的态度也不是很坚决，只是勉强出兵，暗中还派惠施到秦国，代表楚魏请和。在这种情况下，秦军略施计谋，在修鱼将三国联军击溃。这次合纵攻秦，虽然不胜而还，但在当时的声势是很大的。有人曾评论说："公孙衍、张仪，岂不诚大丈夫哉！一怒而诸侯惧，安居而天下熄。"（《孟子·滕文公下》）可见公孙衍、张仪的合纵连横活动在诸侯中形成了广泛而深刻的影响。

在战国七雄之中，除去西方的秦国，最强大的是东方的齐国和南方的楚国，而最弱的国家是韩、赵、魏、燕，这四个国家中，韩、赵、魏原来同属三晋，夹在三个最强的国家之间，为"四战之地"，在特别注重地理位置的古代战争中，天然地处于劣势。可以说，战国时代的形势，基本上是韩、赵、魏、燕四国经常被动挨打，而秦、齐、楚三国几乎呈现出鼎足三分之势。在合纵连横的战争中，七国尤其是最强的三国之中，呈现出复杂而尖锐的战和关系。

为了争取主动，破坏合纵，秦国采取的重大战略部署是破坏齐楚联盟。

公元前313年，秦派张仪入楚，游说楚怀王"闭关而绝齐"：

> 今秦之与楚也，接境壤界，固形亲之国也。大王诚能听臣，臣请秦太子入质于楚，楚太子入质于秦，请以秦女为大王箕帚之妾，效王家之都，以为汤沐之邑，长为昆弟之国，重申无相攻击。臣以为计无便于此者。故敝邑秦王，使使臣献书大王之从车下风，须以决事。

张仪信誓旦旦，还从国力、外交、地理等方面的对比，提出楚国远比不上秦国，秦一旦攻楚，三个月内就会灭楚。经过这样一番带有威逼性质的分析之后，他又设身处地般地对楚怀王说，假如楚国与齐国绝交，他就能够请秦王给楚国六百里的国土，这样齐国就软弱了，齐国一软弱，必然会为楚国效力，这真是“一计而三利俱至矣”。贪婪昏聩的楚怀王信以为真，立即当庭宣布与齐绝交，群臣齐声道贺，唯有陈轸来得最晚，不但不道贺，反而显出不高兴的神态。怀王问其故。陈轸说：我担心不但秦国许诺的六百里地得不到，而且还会有麻烦扰身。他接着分析道；

> 夫秦所以重王者，以王有齐也。今地未可得而齐先绝，是楚孤也。秦又何重孤国，且先出地绝齐，秦计必弗为也。先绝齐，后责地，且必受欺于张仪。受欺于张仪，王必惋之。是西生秦患，北绝齐交，则两国兵必至矣。（《战国策·秦策二》）

楚王不听，派使者与齐绝交。未等使者返回，心急火燎的他又派第二个使者绝齐。天真的楚怀王满以为秦会立即实现割地诺言，便派一名将军与张仪同赴秦国。刚到秦都咸阳，张仪便称病不出。楚怀王还以为绝齐力度不够坚决，又派勇士到齐国大骂齐王。张仪无奈，草草地与使者说：从某至某，划给你们六里地，而根本不是先前所说的六百里地！怀王大怒，于公元前312年举兵攻秦，在丹阳被秦、齐、韩联军打败，斩甲士八万，大将军屈匄以下七十余名将领被俘。楚国不仅没得到那六百城地，反而失去了汉中郡。

怀王愈加恼怒，举全国兵力再一次伐秦，结果在蓝田又被秦军打败，再割两城给秦。秦并不满足，还想割要黔中。怀王咬牙切齿地说：“愿得张仪而献黔中地。”（《史记·张仪列传》）

秦王当然想要黔中，但对张仪又不好开口。张仪何等脑瓜！他对秦王说：放我去吧，我有办法。他接着分析说：

秦强楚弱，臣善靳尚，尚得事楚夫人郑袖，袖所言皆从。且臣奉王之节使楚，楚何敢加诛。假令诛臣而为秦得黔中，臣之上愿。（《史记·张仪列传》）

张仪至楚，怀王立即囚禁，并决意杀掉。靳尚一方面向楚怀王说，杀掉张仪，必然惹怒秦国，其他各国见楚没有秦的支持，愈发看轻楚国；一方面又对郑袖说，张仪是秦王的功臣，秦王想用重宝与秦国美女来换出张仪，楚王依强秦以为重，挟财宝以为资，也必定会爱秦女，这对于你可是极大的威胁。

郑袖当然不愿看到秦国美女来与之争宠，于是竭力为张仪说情，楚怀王最终将张仪放回了秦国。

公元前299年，秦昭王再伐楚，取八城，书约楚怀王一见，说要订立和平条约。昏头昏脑的怀王在儿子的鼓动下前往，结果一去不复返，被秦扣留三年，最终死于秦国。

公元前298年，齐、魏、韩再次形成合纵联盟，向秦的函谷关发起进攻。这次三国合纵攻秦，历时有三年之久。到公元前296年，三国联军终于击败秦军，攻入函谷关。此时，赵、宋两国也乘机向秦夹击，形成“五国共攻秦”的局面。在这样的情势下，秦国不得不求和，归还了以前占有的魏的河外、封陵和韩的河外、武遂等地。这是合纵活动开展以来的一次大胜利。

为了施展连横的策略，秦国于公元前288年自称“西帝”，而尊齐为“东帝”。秦国欲以这样的手法拉拢齐国，共同进攻三晋，特别是瓜分赵国。策士苏秦此时游说齐国，劝齐国辞去帝号，并由他策划，合纵齐、燕、赵、魏、韩五国攻秦。迫于五国出兵的强大声势，秦国也不得不撤销帝号，并以归还魏的温、枳、商平三邑和赵的三公、什清二邑为条件而求和。

公元前 287 年，秦与齐再度连横，双方达成协议：秦默许齐攻取宋，而齐默许秦攻取魏的安邑。于是就在这一年，秦攻取了魏的新垣、曲阳；次年又派司马错“攻魏河内，魏献安邑”（《史记·秦本纪》）。齐国也在这两年经过多次进攻，终于将宋覆灭。连横使秦、齐两国都得到了很大的实际利益。

然而齐灭宋，疆土一下子扩展许多，构成对三晋的威胁，也是秦国所不愿意看到的。秦国由于上次连横，齐先去帝号而合纵攻秦，使秦蒙受较大损失，便欲乘机“以破宋为齐罪”，主谋合纵伐齐。经过多方的外交活动，魏国名将乐羊的后裔乐毅成为燕、赵两国的“共相”，并率领赵、秦、韩、魏、燕五国军队攻齐。公元前 285 年，秦国伐齐河东，连拔九城。接着，乐毅率五国联军攻齐，取灵丘。次年，五国联军又在济西地区大败齐师。由于这次秦国主谋合纵攻齐，大大削弱了齐的力量。天下形势由齐、秦二强对峙变成秦国独强的局面。

公元前 266 年，范雎出任秦国国相，提出并制定了“远交近攻”的策略，也就是联合与秦相距较远的齐国，攻击与秦相邻的韩、魏、赵、楚等国，最后再收拾关系脆弱的盟国齐国。这种策略，实际上就是张仪连横策略的延伸。

四年之后的公元前 262 年，秦国攻韩。两年后，赵派大将廉颇援韩，秦大施反间计，用重金买通赵国权臣，对赵王吹风说秦国不怕廉颇，怕就怕赵奢的儿子赵括。赵王中计，剥夺了廉颇的兵权，由缺乏经验、骄傲自满的赵括为前线主将。在长平之战中，赵括被乱箭射死，全军四十万人被俘，秦国大将白起下令将他们全部活埋。这是战国时期最大的一次战争，也是最为惨烈的一次大屠杀。

公元前256年，秦以西周君“背秦与诸侯约从（纵）”为由，灭掉西周。

从“合纵连横”到“远交近攻”，秦国一步步走向强大，而山东六国逐渐走向衰弱。最终，从公元前230年到公元前221年，在十年时间内，秦王政先后灭掉韩、赵、燕、魏、楚、齐，统一了全国。

合纵连横最后以纵败横胜而结束，究其原因，首先在于秦国彻底地实行了封建化改革，在政治体制、经济方式、军事技能方面有了最大的保障；其次在于历代秦国君王大都能做到以建立霸业、统一天下为目标，从而历朝历代皆能为秦国国力的壮大集聚动能，形成合力，最终才有从量变到质变的飞跃；第三，从合纵连横策略本身来看，虽然东方六国土地五倍于秦，兵力十倍于秦，但他们之间的内部矛盾很深，互相牵制，不能同心同德，这给予秦国以离间关系、分头打击的机会。一个虽则庞大但内部关系支离破碎的团队，与一个虽则体小但内部构造坚硬的团队相比，本质上难说谁优谁劣，随着时间的演进，随着秦国正确策略的步步实施、推进，后者打败了前者。

关于战国时代的合纵连横，有一个人物值得注意，那就是苏秦。据《战国策》与《史记》，苏秦的活动时间长达七八十年，这显然是不可能的。根据1973年湖南长沙马王堆汉墓出土的《战国纵横家书》以及1972年在山东临沂银雀山汉墓出土的竹简《孙子兵法》，人们才发现苏秦的真实时代与活动情况，并推知此前他众多的合纵游说辞和“佩六国相印”的传奇经历，都是出于后来好事者的编造[1]。此外，孟尝君曾在齐国组织过合纵联军；公元前247年，信陵君也曾组织过五国联军合纵抗秦。

除了“合纵连横”大格局中所显示的外交角力，春秋战国之时还有诸如此类的其他一些纵横捭阖的例子，其中最有名的，恐怕就得数孔子弟子子贡了。

子贡是一位出色的外交家。公元前484年前后，齐国田常准备伐鲁，子贡出使齐国，说服田常用伐鲁之兵去伐吴国。然后，他又

孔子弟子子贡也是一位有名的外交家。图为位于曲阜孔林的子贡庐墓处。

去吴国，怂恿吴借救鲁之名去伐齐。吴王怕越报复，准备平越以后再伐齐，子贡又提出要吴“存越示诸侯以仁，救鲁伐齐，威加晋国”，就可以成就霸业。然后，子贡又到越国，要越王乘吴伐齐而困于晋的时刻出兵伐吴。接着，子贡又去了晋国，要晋提高警惕，修兵休卒，防止吴转攻晋。最后，子贡完成了纵横捭阖于各国诸侯间的穿梭外交任务，回到了鲁国。果然不出子贡的安排，吴王发兵攻打齐国，大破齐师，并乘胜转打晋国。因为晋国此时已有了准备，吴师大败。而越王听到吴败的消息后，马上兴兵袭击吴国。吴王赶忙从北方撤兵与越激战，结果三战不胜，吴王夫差被杀，越国称霸。

司马迁高度评价了子贡的辗转游说与外交才能：“子贡一出，存鲁、乱齐、破吴、强晋而霸越。子贡一使，使势相破，十年之中，五国各有变。”单凭子贡一人一嘴，就改变了五个大国的现状与未来，确实表现了这位外交家的惊人才干。

注释：

〔1〕车新亭：《‹战国纵横家书›与苏秦史料辨正》，《北京师范大学学报》，1990年3期。

淫风

春秋战国时期，贵族社会淫风之炽，在中国历史上是极为罕见的。楚庄王即位，“淫于声色，左手拥秦姬，右手抱越女”；齐景公当政时是“左为倡，右为优”；齐襄公“唯女是崇，九妃六嫔，陈妾数百”；魏王饮宴时有“楚姬舞于前，吴姝歌于后，越女鼓瑟于左，秦娥泛筝于右”；吴王夫差的后宫中，竟有“宫妓数千人”。

淫风之盛尤其表现在当时广泛存在的乱伦通奸上。单就一部《左传》来看，乱伦通奸之多、男女性关系之混乱就可见一斑：

例如，有以下淫上的：卫宣公烝（以下淫上曰“烝”）其庶母夷姜（桓公十六年）；晋献公烝其庶母齐姜（庄公二十八年）；晋惠公烝其庶母贾君（僖公十五年）；郑文公报（淫季父之妻曰“报”）其叔母陈妫（宣公三年）；楚襄老之子黑要烝其母夏姬（成公七年）。

再如，有夺娶儿媳妇的：卫宣为儿子伋娶妻于齐，结果自己霸占了她（桓公十六年）；楚平王为儿子建娶妻于秦，也将其据为己有（昭公二十八年）。有夺昆弟之妻的：鲁穆伯为襄仲聘己氏而自己霸占了她（文公七年）。

又如，有换妻而饮酒的，如庆封与卢蒲嫳（襄公二十八年）；有彼此通室的，如晋祁胜与邬臧（昭公二十八年）；有妻为淫而夫纵之的，如桓公送文姜与齐襄（桓公十八年），卫侯为夫人南子召宋朝（定公十四年）；有兄弟姊妹相乱的，如齐桓之于文姜；有要夺人妻而先灭人国，因夺人妻而自杀其身的，如楚文王灭息取息妫（庄公十四年），郑游眅将归晋而以夺妻见杀（襄公二十二年）；有君臣同淫一妇的，如陈灵。

此外，还有周襄王狄后与夫弟叔带通奸（僖公二十四年）；鲁庄公哀姜与夫弟庆父通奸（闵公二年）；齐声孟子与大夫庆克通奸（成公十七年）；鲁穆姜与大夫叔孙侨如通奸（成公十六年）；晋骊姬与优人通奸（《国语》）；鲁季公鸟之妻与饔人通奸（昭公二十五年）；晋栾桓子之妻与室老通奸（襄公二十一年）；等等[1]。

这儿需要指出的是，旧说“上淫曰烝”，但也有学者认为“烝”并非乱伦。“烝”一般限于子与庶母、后母或嫡母之间，但均非此人的生母，实是一种“以后母为妻”的远古风俗的遗留。由于“烝”的原始落后性，于当事者也常常产生心理上的障碍。旧说“淫季父之妻曰报”，但也有人对此有不同意见，认为这在当时是被社会认可的。“烝”和“报”这类异辈婚恋大致适应着传统宗法社会男子对妇女所拥有的处置权和支配制，但在周朝严肃的宗法社会里，这类行为是很难为文明社会所接受的，因而遭到舆论的非议，到了战国时期就渐渐地被淘汰了[2]。

以上情况，不仅载于史书，而且在有些文学作品中也有所反映。例如，据《左传·桓公十六年》载：卫宣公“烝于夷姜，生急子”，

“为之娶于齐，而美，公取之，生寿及朔”，致使“夷姜缢”。夷姜是卫宣公的庶母，宣公上烝庶母，下夺儿媳，气得夷姜上吊自杀。《诗经》刺之云：“鱼网之设，鸿则离之。燕婉之求，得此戚施。”意思是，张网捕鱼，却网得一只大雁；希求燕婉之好，仅得此等丑疾之人。又如，《左传·桓公十八年》载：鲁桓公的夫人文姜是齐襄公之妹，桓公“会齐侯于泺，遂及文姜如齐，齐侯通焉。公谪，以告”。兄妹通奸，受到丈夫责备，文姜就向奸夫兼兄长齐襄公告状，结果齐襄公竟派人将桓公谋杀。《诗经》中的《敝笱》、《南山》两首诗就是讥刺这事的。《南山》诗云：“南山崔崔，雄狐绥绥。鲁道有荡，妻子由归。既曰归子，曷又怀之？”意思是说，高高的齐国南山上，有只雄狐淫邪地求偶。文姜沿着去鲁的坦荡道路嫁给桓公。襄公既然将妹妹出嫁，为什么又想和她通奸呢？

还有一个流传甚广的君臣同淫一妇的例子：据《左传》记载，春秋时郑穆公之女夏姬嫁给陈国大夫夏御叔，住在株林，其美貌远近皆知。夏御叔死后，陈国国君陈灵公就让他的儿子夏征舒袭了父亲的大夫职。那时，陈灵公和大臣孔宁、仪行夫三人都与夏姬私通，每当夏征舒离家上朝时，这君臣三人就轮流乘车去株林与夏姬幽会。在幽会过程中，夏姬把自己的内衣分别送给这三个情夫，而这君臣三人竟无耻地穿着夏姬的内衣去上朝，并且在朝廷上大谈夏姬的风情、通奸的快乐和夏征舒究竟是谁的种。大臣泄冶实在看不过去，当场劝谏，于是，陈灵公对他怀恨在心，纵容孔宁、仪行夫杀了泄冶。夏征舒知道此事后，由于受辱而气愤万分，杀死了陈灵公。这样，夏征舒犯了弑君之罪，楚国就以此为借口兴兵讨伐，灭了陈国，杀死了夏征舒，还抢走了夏姬。

夏姬被抢到楚国后，楚庄王和子反都想占有她。申公巫臣别有用心地说夏姬是个不祥之人，劝他们要汲取陈国君臣的教训，才先后使楚庄王和子反罢了此念。接着，楚庄王把夏姬赐给了连尹襄老，不久，连尹襄老战死，他的儿子又占有了夏姬。可是，申公巫臣一直对夏姬馋涎欲滴，最后设下计谋，终于从襄老的儿子手中夺得夏姬，而且带着她一起叛离楚国，投奔了晋国。夏姬作为一位显贵的“公主”，衣食无忧、淫乱成性，过着“人尽可夫”的生活，陈国的那些君臣、父子都围着她淫乱不堪，结果杀身灭国；申公巫臣也为她而费尽心机，这在中国历史上实在是非常典型的一例了，大约可以与赫赫有名的埃及艳后克里奥佩特拉相提并论了。

由于世风日下，这个时代中的贵族女性对男色的追求也超乎寻常的大胆。据《左传》记载，宋国公子鲍长得英俊潇洒，宋襄夫人便要和他私通。襄夫人为宋襄公继室，是宋昭公的继祖母，而公子鲍为昭公庶弟，因此也是襄夫人之孙。襄夫人欲通奸于鲍，是为祖孙相通。这一时期最有名的当然要数秦始皇的母亲赵太后了。据说她先与相国吕不韦私通，后来又与一个有奇异生殖器的壮汉私通，并生了两个儿子，事后奸情败露，叛乱被杀（《史记·吕不韦传》）。

陈东原在其名著《中国妇女生活史》中，用整整三页的篇幅列举了春秋、战国时期上层贵族放纵的生活状态，有些甚至放到现在也是骇人听闻的。他最后总结道：“这都是史家所谓春秋淫乱的事实，儒者所极力攻击的；不知这只是礼教初形成时社会必然的现象。”[3]

其实，贵族们的这些“淫乱的事实”，从历史的角度来看，与时代的错乱关联颇深。在大转折的时代，人们的身心会受到强烈的刺激，欲望被空前地调动，出现错乱便在所难免了。如果说“百家争鸣”反映了先秦人心灵的呼喊、理性的总结，那么，贵族们的这些“淫乱的事实”可以说是反映了时人身体本能的错愕与激变。而从道德角度对这些“淫乱的事实”的攻击，其实也是一种“社会必然的现象”，反映了父权制社会儒生们对于秩序与理性的追求。

春秋战国时期，不只贵族如此淫乱，民间的生活也很开放。《诗经·郑风》中的诗篇不少都以女子的口吻，豪爽直率地表现了女子对男子的爱，也正因此，《郑风》多被后来卫道士攻击为“淫诗”。《郑风》中的女子往往在嬉笑之间，毫不掩饰地表示对男子的爱恋。《郑风·狡童》中说：“彼狡童兮，不与我言兮。维子之故，使我不能餐兮。彼狡童兮，不与我食兮。维子之故，使我不能息兮。”而《郑风·褰裳》中的女子则向追求他的男子唱起了毫不客气的情歌：“子惠思我，褰裳涉溱。子不我思，岂无他人？狂童之狂也且！子惠思我，褰裳涉洧。子不我思，岂无他士？狂童之狂也且！”诗里中的女子要求男子主动来找她，否则，还有别的小伙子在热切地等着她呢！《郑风·丰》则写的是女子后悔没能与情人结婚，而盼望他再来接她：“子之丰兮，俟我乎巷兮，悔予不送兮。子之昌兮，俟我乎堂兮，悔予不将兮。衣锦褧衣，裳锦褧裳。叔兮伯兮，驾予与行。裳锦褧裳，衣锦褧衣。叔兮伯兮，驾予与归。”这些诗中的女主人公在审美、爱情意识与行动上都有相当主动、相当大胆的表现。

这类诗尤以《郑风·溱洧》为最典型，诗中透露出远古性放纵和母系氏族的些微风尚：

溱与洧，方涣涣兮。

士与女，方秉蕑兮。

女曰观乎？士曰既且，且往观乎？

洧之外，洵訏且乐。

维士与女，伊其相谑，赠之以勺药。

溱与洧，浏其清矣。

士与女，殷其盈兮。

女曰观乎？士曰既且，且往观乎？

洧之外，洵訏且乐。

维士与女，伊其将谑，赠之以勺药。

这首诗描写在三月三日上巳节，青年男女游春时相戏于河畔，互结情缘的动人场景。据《周礼·地官》记载："仲春之月，会令男女，于是明也，奔者不禁，若无故不用令者，罚之，司男女无家者而用之，……凡男女阴讼，听之于胜国之社。"从中可以看出，上古社会的中国还不是封建礼教时代那样的"温文尔雅"和"乐而不淫"，而是在特定时间允许性的放纵与迷狂，这类似于西方的狂欢节。在这种背景下，《溱洧》中的女子热情、大胆，充满着青春的朝气，始终处于主动地位，今人很难把她们的所作所为定性为"淫"。

实际上，这个时期社会对女性的"贞节"观念要求得并不很严。《诗经》中虽已出现对女性贞节的重视，但远没有像后代那样严苛。

《礼记·郊特性》中所说的“男帅女，女从男，夫妇之义由此始也”，强调的也只是女子对丈夫的顺从而已。当时人们对女性“贞节”观念的淡薄，可以从《易经》关于“贞”的解释得以一窥。《易经》对于“贞”的解释有三种：一种说：“家人利女贞”，这个解释与肉体的贞洁毫无关系；一种说：“恒其德贞，妇人吉”，这个解释与处女的贞洁也没有关系；最后一种解释是说：“姤女壮，勿用取女”，则包含有女子杂交便是不贞的观念。但总而言之，“那时人对于处女贞的观念，大都不甚注重”。[4]从史前到先秦，女性美观念经历了从母权制社会向父权制社会的过渡。在这一过渡中，女性的自由越来越少，身体活动空间越来越小。但较之秦汉以后，这一时期的女性仍然具有相当大的自由空间。

春秋战国时期还有一种男倡，居然也流行成风。《史记·货殖列传》提到中山国淫风，有丈夫“作巧奸冶，多美物，为倡优”。《荀子·正论》中称：“今俳优侏儒狎徒，詈侮而不斗”。这些轻薄子巧冶姿态，招引狎客，虽遭人詈骂，却不气不斗，一副柔媚相。《荀子·非相》曾描述他们的行为举止说：“今世俗之乱民，乡曲之儇子（聪明而轻薄的人），莫不美丽姚冶，奇衣妇饰，血气态度拟于女子。妇人莫不愿得以为夫，处女莫不愿得以为士（未婚夫），弃其亲家而欲奔之者，比肩并起。”他们扮相女性化，扭捏作态，逗挑女客，令人作呕。《史记·佞幸列传》还提到，春秋战国时期，“非独女以色媚，而士宦亦有之”，“以色幸者多矣”，如卫国嬖臣弥子瑕，以色相受宠于灵公，他能假传灵公旨意而驾灵公车外出，又以自己吃了一半的桃递给灵公吃，灵公却以为这是爱他的表现，后来色衰爱弛，弥子瑕才为此两事受到追黜。

当时社会上还有许多靠出卖肉体色相为生的娼妓。《史记·货殖列传》谈及中山国，“女子则鼓鸣瑟，跕屣，游媚贵富，入后宫，遍诸侯”。又说：“今夫赵女郑姬，设形容，揳鸣琴，揄长袂，蹑利屣，目挑心招，出不远千里，不择老少者，奔富厚也。”她们集卖艺和卖身为一体，向富豪贵族进献，老少不拘，只要有钱财可赚就行。从她们的职业属性上看，大致有宫妓、家妓、声妓、艺妓、舞姬、侍姬、营妓等。《战国策·秦策》中说，“卖仆妾售乎闾巷者，良仆妾也”，她们一度作为商品出售，毫无人身自由可言，这种娼妓是最低等的一类了。当时居然还有丈夫送妻为娼者。《列子·说符》中说，晋国“有送其妻适私家者，道见桑妇，悦而与言，然顾视其妻，亦有招之者矣”。丈夫送妻为娼，自己又勾引桑妇，妻子却又受到轻薄子调戏，世风之败坏由此可见一斑。

春秋战国时期男女性关系的淆乱状况，主要应归因于“礼崩乐坏”的现实，由于旧的礼乐规范被打破了，新的道德秩序还没有建立起来，人们潜在的创造力和破坏力一齐涌现出来，原始的欲望得到了毫无顾忌的释放。同时我们也应该看到，春秋、战国时期，针对无限制的纵欲现象，社会上也出现了一种反抗的声音。当时，诸子百家中的各家各派都对人性的善恶、欲望的放纵等时代课题做出了自己独特的判断与反思。老子是对放纵人的自然欲望予以激烈抨击的第一人，他说：“罪莫大于可欲，祸莫大于不知足，咎莫大于欲得。”（《老子·四十五章》）他主张“见素抱朴，少私寡欲”（《老子·十九章》）。猛烈抨击纵欲现象的还有提倡非乐、节用的墨子。孔子主张“克己复礼”（《论语·颜渊》），即人要克制自己的欲望，以恢复周礼。孟子则认为：“养心莫善于寡欲”（《孟子·尽心章句下》）。这些见解，都是对淫风飘荡、纵欲盛行的现实生活的反省和批判。

注释：

〔1〕以上例子均见刘达临著《中国古代性文化》，宁夏人民出版社1993年版，先秦章节。

〔2〕宋镇豪《中国春秋战国习俗史》，人民出版社1994年1月，169-170页。

〔3〕陈东原：《中国妇女生活史》，商务印书馆1937年版，29页。

〔4〕陈东原：《中国妇女生活史》，商务印书馆1937年版，30页。

趋利

春秋战国时期特别是战国之时的人们迥异于前代之处很多，逐利思维与现实的出现，就是其中鲜明的一点。这一时期城市生活所出现的前所未有的逐利气象，与商业活动的兴旺大有关联，甚至可以说工商业的发达是此一时期城市新面貌的主要原因。

中国在商、西周时期，已有专门的商业与商人出现。春秋时期，商业进一步发展。齐国是春秋时期商业发展很早的一个国家，辅佐齐桓公称霸的管仲、鲍叔牙都经营过商业。郑国也是春秋时期商业较发达的国家，弦高就是此时郑国最著名的一个商人。春秋时期货币在商业交往中已经开始使用，但在进行大宗交易时往往采用以货易货的办法。春秋后期出现了两位私人经商的大富豪，一位是孔子的弟子子贡，《史记》记载，他活动于曹、鲁之间，“与时转货运”，“家累千金”，“国君无不分庭与之抗礼”；另一位大富豪是越国大夫范蠡，即后世奉为商人祖师的陶朱公，他曾著有《计然》一篇，专门探讨国家富强的道理。他做官做到卿相，经商则“三致千金”，为人则尽散其财周济贫人，所以被后人尊为中国商人的楷模。

战国时商业出现了大发展景象，金属货币日渐确立，黄金已作为衡量财富的标准而出现。此一时期，高利贷横行。齐相孟尝君就是一个大高利贷者，他曾在封邑薛地大放高利贷，一次就收到“息钱十万”（《史记·孟尝君列传》）。这时，在买卖中作为凭证的券也已普遍应用。券有长短之分。大体上来说，较大的买卖用较长的券，这种券叫质；较小的买卖用较短的券，这种券叫剂。质与剂一般都是用竹木制的，人们先把买卖的合同或借据写在上面，然后一剖为二，由买卖双方各执一半。战国时出现了一批经营商品生产的大富豪，据《史记·货殖列传》所载，他们是白圭、猗顿、郭纵、乌氏倮、巴寡妇清、卓氏之先、宛孔氏先、曹邴氏等，其中只有白圭一人以经商起家，其他七人均以从事商品生产起家，其中四位从

越国大夫范蠡是一位有名的大富豪，后世奉为商人祖师，称之为“陶朱公”。此为无锡蠡园，传说范蠡归隐后居于此。

事冶铁业，一位从事煮盐业，一位从事畜牧业，一位从事丹砂矿的开采。而春秋时期的私人大富豪中只有子贡、范蠡，且都是以经商起家的。两相比较，说明战国时期工矿业、畜牧业等方面的商品生产是向前大大地发展了一步。战国时各地还出现了一批工商业中心城市，各地区的经济联系日益密切，所以范文澜说："中国国内大小市场的形成，始于战国。"〔1〕这正如何兹全所指出的："春秋战国之际社会的大变化，是由自足自给的自然经济为主的农业农村经济向商业交换经济、城市经济转化。"〔2〕宁可也指出，中国的商品经济首次大发展，就开始于战国时代〔3〕。

战国时期，城市的大量出现、城市规模的发展、人口的增加、城市经济力量的增长和工商业活动的繁华，带动了城市人口构成比重的调整，平民阶层已成为城市居民的主体。特别是"市"的设置，已成为城市各阶层居民的公共交换场所，也是城区社会生活最活跃最生动的地方。《国语·齐语》云："处士也，使就闲燕；处工，就官府；处商，就市井；处农，就田野。"士工商贾这批最活跃的社会人群，几乎都会聚于城市。此一时期，大城市人口众多，城内熙来攘往，孕育着巨大的商机，颇具繁华气氛。由于战争形势的发展，战国时还出现了军市〔4〕。《盐铁论·通有》曾概举战国时的城市说："燕之涿、蓟，赵之邯郸，魏之温、轵，韩之荥阳，齐之临淄，楚之宛、陈，郑之阳翟，三川之二周，富冠海内，皆为天下名都。"比如齐都临淄，据说居民一度达七万户，若以每户三男子来计算，光男性居民就达二十一万。《战国策·齐策》中说："临淄甚富而实，其无不吹竽、鼓瑟、击筑、弹琴、斗鸡、走犬、六博、蹴鞠者。临淄之途，车毂击，人肩摩，连衽成帷，举袂成幕，挥汗成雨；家敦而富，志高而扬。”这是苏秦做了赵相，为赵合纵，联齐抗秦，出使齐国时对齐宣王所说的话。《史记·苏秦列传》也有类似的记载。苏秦长于言辞，所说难免有夸张之处，但这是他在齐国临淄对齐王所说的话，说的就是齐王眼皮子底下的事情，如夸张过度，肯定会引起齐王的反感，从这个角度来看，苏秦描述的可信度还是比较高的。除临淄之外，繁华的城市街景，还可以以楚国郢都为例。《新论》描述郢都，也是“车挂毂，民摩肩，市路相交，号为朝衣新而暮衣敝”。（《太平御览》卷七七六引汉桓谭《新论》）车水马龙，人流熙攘，早上穿新衣逛闹市，到傍晚差不多都挤破了，可见楚国郢都也是相当热闹繁华。

热闹繁华的背后也暗藏着买卖逐利、投机取巧的成分。司马迁曾经从“货殖”角度记述春秋战国时代列国城市的不同民风。他说楚国宛城，“俗杂好事，业多贾，其任侠”；秦国雍城、栎邑，“多大贾，其民盖玩巧而事末”；赵国种、代、石北诸城，“地边胡，数被寇，人民矜懻忮，好气，任侠为奸，不事农商”；燕都，“大与赵代俗相类，而民雕捍少虑”；中山国都，“民俗怀急，仰机利而食，丈夫相聚游戏，悲歌慷慨，起则相随椎剽，休则掘冢，作巧奸冶”（《史记·货殖列传》）。《史记·苏秦列传》中还提到：“周人之俗，治产业，力工商，逐什二以为务。”周人在工商行业追逐百分之二十的利润，他们的胃口还是不小的。

当时的城市居民中有相当多的工、商、贾。“工匠之子莫不继事”，如宋国司城子罕官宅附近，住着一家“恃为鞔以食三世”（《吕氏春秋·召类》），即连续三代皆以修理皮履为生的个体鞋匠家庭。《庄子·逍遥游》中也记载："宋人有善为不龟手之药者，世世以洴澼洸（漂洗）为事。客闻之，请买其方百金。"靠一种家传的霜油药方，得以使世代以漂絮为业，而手不会龟裂或生冻疮，有人还出高价买下其药方。此时还有"医不三世，不服其药"的祖传行医者（《礼记·曲礼下》）。当然了，在城市工商业经济活动中，还有靠制陶、治玉石、冶铁、织造、木作、酿酒等营生者。《列子·说符》就提到一位宋人，"为其君以玉为楮叶者，三年而成，锋杀茎柯，毫芒繁泽"，这件楮叶玉雕作品用了三年时间才雕刻完成，精美细致，几可乱真，"此人遂以巧食宋国"。当然，城中的手工业已不全是官营，亦有民营，其作坊不一定"就官府"，也有近置市肆者。

城市中的商贾，有的是自开作坊或自制自销，而为常住留居者。《晏子春秋·内篇杂上》："齐有北郭骚者，结罘罔，捆蒲草，织履，以养其母。"也有来自他方的，如齐国临淄城内有一位外来的"鲁工"，因替景公制履，用黄金做鞋带，外饰金银珠玉，然不实用，被拘送出境（《晏子春秋·内篇谏下》）。因为国家众多，民族不一，此时的买卖经营者还得十分注意因地域条件的不同而导致的市场要求、消费情况的诸多变化。如《韩非子·说林上》中说："鲁人身善织屦（一种麻鞋），妻善织缟（白色的生绢），而欲徙于越"，有人就劝他说，越国的人跣行被发（光脚不穿鞋袜，披发），你去了徒有其技，会受穷的。《庄子·逍遥游》中也述说了一个类似的故事："宋人资章甫（一种帽子）而适诸越，越人断发文身，无所用之。"在城市的商人阶层中，无疑少不了那种靠长途贩运、互通有无、赚取地域差价的商人。如《墨子·贵义》中说："商人之四方，市贾倍徙，虽有关梁之难，盗贼之危，必为之。"《管子·禁藏》中也说："商人通贾，倍道兼行，夜以续日，千里而不远者，利在前也。"春秋战国，乱世之中，商人不远千里，闯关卡，避盗贼，赚取高额利润，也是非常不容易的。

从当时各国中心城市的商业活动类别来看，有盐商，有"以铁冶成业"的豪富（《史记·货殖列传》），有"舆人成舆"的车肆，有"匠人成棺"的凶肆（《韩非子·备内》），有织卖履者（《韩非子·外储说左上》），有织卖冠者（《韩非子·说林上》），有鬻金者（《吕氏春秋·去宥》），有开酒楼的（《列子·说符》），有卖浆水的（《庄子·则阳》），有鬻牛马者（《荀子·儒效》），有屠羊者（《庄子·让王》），有杀狗者（《史记·荆轲列传》），有卖鸡者（《意林》引《尹文子》），有卖马者（《战国策·燕策》），有卖兔者（《吕氏春秋·慎势》），有卖鳖者（《韩非子·外储说左上》），有贩茅者（《内储说下》），有购玉者（《论语·子罕》），有卖卜者（《战国策·齐策》），有占梦者（《晏子春秋·内篇谏上》），有行巫者（《列子·周穆王》），还有相鸡狗者（《荀子·儒效》），表演倡优，侏儒者（《荀子·正论》），等等〔5〕。热闹归热闹，但从类别上分析，以与农副产品相关的买卖比较多，而与工业活动相关的买卖比较少，也就是说，这还是一种较低层次的繁荣。以我们现代的眼光看起来，跟时下的乡镇农贸市场有点相仿。

城市中的商家也颇能别出心裁，在招揽生意上下工夫。如有的屠铺"悬牛首于门，而卖马肉于内"（《晏子春秋·内篇杂下》），以假充真，欺骗顾客。有的酒楼设于城内干道繁华去处，设乐陈酒，又搞博戏行当，掺入了娱乐的因素。《列子·说符》中就提到这么一家酒楼，虞某人楼上喝酒赌博，酣畅淋漓，又喧哗浪笑，声播四面。不巧有飞鸢衔腐鼠而过，口中鼠肉又恰巧坠落，惹恼了正在楼下的一位侠客，他召集自己的一帮子弟兄说："虞氏富乐之日久矣，而常有轻易人之志，吾不侵犯之，而乃辱我以腐鼠，此而不报，无以立懂于天下。"果然，几天之后，"聚众积兵以攻虞氏，大灭其家"。有的时候，不一定是商家主动设定节目，客人也会情之所至，自酌自唱。《史记·刺客列传》中提到，战国末期，卫人荆轲游居于燕都城内，结识了一位以屠狗和击筑营生的高渐离，两人常酣饮于燕市，击筑和歌，哭笑失态，旁若无人。

在人心不古、"世之走利"（《吕氏春秋·审为》）风尚之下，城内市场也常是大盗小贼出没之地，有的商家每每养狗加以防范。《荀子·王制》中就提到："吠犬焉，然而中国得而畜使之。"《韩非子·外储说右上》还讲了一则商家畜狗趣事："宋人有酤酒者庄氏，升概甚平，遇客甚谨，为酒甚美，悬帜甚高"，这酒家硬件、软件都不错，买卖公平，服务态度周到，酒质也不错，门前的酒旗也高高飘扬，但人们却"怀钱挈壶瓮"不敢前往，为啥？只因他家里养了一条凶恶的狗。顾客怕狗，只好往别的酒家去打酒，以至于这酒家的酒售不出去，变酸了。从这一条趣闻的缝隙中，我们可以窥见当时商业活动流动不居、人们买酒喝酒、酒家殷勤服务、偶有小小插曲之日常生活与商业场景。

战国时期，随着社会财产分配形式更多地从家长制大家庭向个体家庭转移，人情世故趋于实际化、表面化，无仁无义、无孝无信的风气到处充斥，唯财而争、唯利是图在当时社会居然成为天经地义、理所当然的事。“众庶百姓皆以贪利争夺为俗。”（《荀子·强国》）“民之于利甚勤，子有杀父，臣有杀君，正昼为盗，日中穴阫（挖后墙）。”（《庄子·庚桑楚》）至于“亲昆弟，同父母，尚有争钱财”（《战国策·魏策》），“忍亲戚兄弟知交以求利”（《吕氏春秋·节丧》），“妻子具而孝衰于亲，嗜欲得而信衰于友”（《荀子·性恶》），种种例证，可见战国时期家庭成员之间、兄弟手足之间、亲戚朋友之间的利益冲突，均已成为突出的社会矛盾。

这种矛盾情形，乡下比城市里更趋激烈。如在秦国，“秦之野人，以小利之故，弟兄相狱，亲戚相忍”（《吕氏春秋·高义》）。云梦秦简《法律答问》有记“父子同居，杀伤父臣妾，畜产及盗之”，“假父盗假子”，“夫、妻、子五人共盗”，等等。《管子》一书屡屡提到齐国“民有鬻子”、“嫁妻卖子”。包山楚简《疋狱》记楚国里人杀兄伤弟夺妻、不分田、强夺财产继承权等事甚多。在卫地，“卫人嫁其子而教之曰：必私积聚，为人妇而出，常也，其成居，幸也”（《韩非子·说林上》）。这位家长公然教导女儿嫁到婆家后要多藏私房钱，因为被休回家是常有之事；当然，若安然无恙最好。“卫人迎新妇，妇上车，问：骖马，谁马也？御曰：借之。新妇谓仆从曰：拊骖，无笞服。车至门，扶教送母：灭灶，将失火。”（《战国策·宋卫策》）人还没有过门，就先关心未来小家庭的畜产家财安全，可以鞭击借来的骖马，不能笞击自家的夹辕服马，又不分时辰场合关照灭灶火防灾。这则小故事，把小私有者的心态刻画得活灵活现。

战国时期的逐利之风深深地影响到时人的日常生活心态。世道争逐，人相见疑成为常见之事。《吕氏春秋·去尤》讲了一位丢铁者，总是疑神疑鬼，老怀疑是邻居之子偷的，视其言语、容貌、举止均像小偷。后来，所丢之铁在自己谷堆里发现，他眼中的一切才正常，邻居之子言语、容貌、举止又皆不像小偷的样子了。这当然纯粹是一种心理作用，事实上也可算是当时社会上的一种普遍心理。《韩非子·说难下》也记载："宋有富人，天雨墙坏，其子曰：不筑，必将有盗。其邻人之父亦云。暮而果大亡其财。其家甚智其子，而大疑邻人之父。"同样都是向他提建议，这位富人对自己的儿子与对邻人之父的心理指向却显著不同。《列子·说符》中也记载说："人有枯梧树者，其邻父言枯梧之树不祥"，于是他就将此树伐倒。那位邻居向他要些薪柴，他就马上怀疑到是"邻人之父徒欲为薪，而教吾伐之"。可见当时的邻里关系相当紧张，人们以性恶相猜疑，相互忌惮，以邻居为潜在的敌人。所谓的"礼崩乐坏"不只是上层贵族层面的，更贯穿到整个社会的毛细血管。

趋利风尚之下，常见一种盲目追风的病态现象。《尸子·处道》中提到："句践好勇而民轻死，灵王好细腰而民多饿。"《韩非子·外储说左上》也提到，"齐王好衣紫，齐人皆好"，"邹君好服长缨，左右皆服长缨"。《说苑·政理》中也记载："（齐）景公好妇人，而丈夫饰首者，国人尽服之。"除去阿谀上好、趋炎附势的原因之外，人们这样做，根本原因还是在于利益的驱动。《列子·说符》讲到一个无赖，用边踩高跷边耍七剑的杂技来讨宋元君的欢心，"其技以双枝，长倍其身，属其胫，并趋并驰，弄七剑迭而跃之，五剑常在空中。元君大惊，立赐金帛”。这立马引起另一位无赖子的羡慕，也用“燕戏”前往讨好取利。《列子·说符》中还讲到一个故事，更具典型性：“昔齐人有欲金者，清旦衣冠而之市，适鬻金者之所，因攫其金而去。吏捕得之，问曰：‘人皆在焉，子攫人之金何？’对吏曰：‘取金之时，不见人，徒见金。’”此人在众目睽睽之下，居然只见黄金不见人，如此利欲熏心的逐利行径让人瞠目抻舌。不过，他也由此给中国的文化宝库增添了一个成语：“齐人攫金”。

而流传最广、人们最熟悉的例子，还要数说客苏秦成名前后的戏剧性遭遇。刚开始的时候，苏秦变卖家产，东奔西跑了好几年，也没做成官，钱用光了，衣服也穿破了，只好回家。父母狠狠地骂了他一顿；妻子坐在织机上织帛，连看也没看他一眼；他求嫂子给他做饭吃，嫂子不理他，扭身走开了。苏秦受了很大刺激。从此以后，他“头悬梁，锥刺股”，发愤读书，终于扬名诸侯之间，佩六国相印。这次，他的父母听说苏秦已被任命为相，便“清宫除道，张乐设饮，郊迎三十里”。《战国策·秦策一》中记载说：

妻侧目而视，倾耳而听。嫂蛇行匍伏，四拜自跪而谢。苏秦曰：“嫂何前倨而后卑也？”嫂曰：“以季子之位尊而多金。”苏秦曰：“嗟乎！贫穷则父母不子，富贵则亲戚畏惧。人生世上，势位富贵，盍可忽乎哉！”

妻、嫂侧目不敢仰视，俯身服侍取食，只不过是因为这次苏秦“位高而金多”，难怪苏秦会喟然叹道：“此一人之身，富贵则亲戚畏惧之，贫贱则轻易之，况众人乎！”从苏秦这带有戏剧性的插曲上，可以折射出当时人们的心态：人们以个人利益为最大旨归，这一人生追求甚至压过了亲情的力量。不过苏秦算是醒悟过来了，“于是散千金以赐宗族朋友”，而战国时没能彻悟、沉迷逐利之风的人实在是太多太多了。

注释：

〔1〕范文澜：《自秦汉起中国成为统一国家的原因》，《历史研究》1954年第3期。

〔2〕何兹全：《中国古代社会形态演变过程中的三个关键性时代》，《历史研究》，2000年第2期。

〔3〕宁可：《中国社会形态研究中应当注重的一个方面——商品经济》，《历史研究》，2000年第2期。

〔4〕杨宽：《战国史》，上海人民出版社1955年9月1版，1998年3月第3版，131页。

〔5〕宋镇豪：《中国春秋战国习俗史》，人民出版社1994年1月版，13、18-19页。

穷通

春秋战国之时，礼崩乐坏，“世之走利”与趋炎附势之风甚盛，社会上颇有一批愤世嫉俗的知识阶层士人，他们鄙视功利性的世俗价值观，不愿与浊世相沉浮，“无悒悒于贫，无勿勿于贱，无惮惮于不闻，布衣不完，疏食不饱，蓬户穴牖，曰孜孜上仁。知我，吾无欣欣；不知我，吾无悒悒。是以君子直言直行，不宛言而取富，不屈行而取位”（《大戴礼记·曾子制言中》）。他们不以贫贱为羞耻，不以闻达为追求，不通过低声下气的乞求而致富，不降尊屈己而求官。别人知道他，他不会因此而兴奋；别人没听说过他，他也不会因此而抑郁寡欢。他们躲避名利场的追逐喧嚣，散落于尘世的各个角落。

对于这类人的概括描摹，当时流行着一个颇具戏谑性的时髦用词：“穷通”。“穷通”这个词，乍听起来有褒有贬，“穷”仿佛是贬，而“通”又似乎是褒。“穷”与“通”联系在一起，词义上就有些模糊，而感觉上又颇有意味。这也许是这类人的一种自我解嘲，也许是社会上对其行为、处境与信仰观念的认可甚至赞誉。

所谓"穷通"，《吕氏春秋·高义》上有一段很到位的议论：

君子之自行也，动必缘义，行必诚义，俗虽谓之穷，通也；行不诚义，动不缘义，俗虽谓之通，穷也。然则君子之穷通，有异乎俗者也。

在历史罕见的大动乱、大变革之中，这批人以不变应万变，自我调节，洁身自好，独善其身，尽管生存与生活条件低劣，却仍然不改其志，还是以固定而不变的道德准则和行为标准为其人生的指南，信仰坚定，伏匿而隐处，无意于赚钱做官，知道自己也无力改变世风，没有能力逆转这大动乱大变革，索性驻足观听，别立世俗之外，作隔世之观。孔子说："君子固穷，小人穷斯滥矣"（《论语·卫灵公》），小人一穷便乱了方寸，便突破固有的道德准则而无所不为；然而君子却不一样，他坚守清贫，笃定其志，而且穷中求通，苦中作乐。孔子这里所说的穷困中的君子，实际上等同于本文所说的"穷通"之士。

《庄子·让王》中说：

古之得道者，穷亦乐，通亦乐，所乐非穷通也，道德于此，则穷通为寒暑风雨之序矣。

他们身处乱世之患，内省而不穷于道，临难而不失其德，调动乐观情致，犹如面对自然界气候变化，毫不怨艾失措。

《庄子·让王》中有三个例子，可用来做详尽说明。

一个例子说的是曾子。"曾子居卫，缊袍无表，颜色肿哙，手足胼胝。三日不举火，十年不制衣，正冠而缨绝，捉襟而肘见，纳屦而踵决。曳縰而歌《商颂》，声满天地，若出金石。"说的是曾子穷困潦倒至极，然犹乐守其志。另一个例子说的是孔子弟子原宪。“原宪居鲁，环堵之室，茨以生草，蓬户不完，桑以为枢；而瓮牖二室，褐以为塞；上漏下湿，匡坐而弦。”原宪的情况与曾子相比，也好不到哪里去，一样地居住于陋巷之中，茅屋蓬户，破窗贯风，却弦歌乐志。子贡乘大马去探望他，轩车居然进不了他所居住的窄小巷子，待看到他满脸菜色，问是否病了。原宪回答说：“无财谓之贫，学而不能行谓之病。今宪，贫也，非病也。”他承认自己生活上的清苦，肯定自己的清高。后来人们以“原宪贫”为文士清贫的典故。第三个例子说的是孔子。《庄子·让王》中说：

孔子穷于陈蔡之间，七日不火食，藜羹不糁，颜色甚惫，而弦歌于室。颜回择菜，子路、子贡相与言曰：“夫子再逐于鲁，削迹于卫，伐树于宋，穷于商、周，围于陈蔡，杀夫子者无罪，藉夫子者无禁。弦歌鼓琴，未尝绝音，君子之无耻也若此乎？”颜回无以应，入告孔子。孔子推琴喟然而叹曰：“由与赐，细人也。召而来，吾语之。”子路、子贡入。子路曰：“如此者可谓穷矣！”孔子曰：“是何言也！君子通于道之谓通，穷于道之谓穷。今丘抱仁义之道以遭乱世之患，其何穷之为！故内省而不穷于道，临难而不失其德，天寒既至，霜雪既降，吾是以知松柏之茂也。陈蔡之隘，于丘其幸乎！”孔子削然反琴而弦歌，子路抣然执干而舞。子贡曰：“吾不知天之高也，地之下也。”

孔子的例子大约可以说是最典型的。因为他是儒家学说的创立者，而“穷通”者所奉行不辍的道德准则与儒家学说所倡行的原则又极其相似。孔子所说的"君子通于道谓之通，穷于道谓之穷。今丘抱仁义之道以遭乱世之患，其何穷之为"，真可谓斩钉截铁，掷地有声。

"穷通"者通常采取的方式，大都是十分消极的躲避世俗或隐居埋逸。《论语·宪问》中说："贤者避世，其次避地，其次避色，其次避言。"这就是说，最理想的方式，是能够避开纷扰浊乱的社会而隐居；其次是能够择地而居；再其次是能够避免见到趋炎附势者的脸色；最后，实在不行，至少要能够避开诽谤之言、丑恶之语。可是，人都是社会中的人，总是要与大众生活在一起的，要想与世俗外界完全隔离，好比是拔着自己的头发离开地球一样，其实是不可能的。"穷通"者能够做到的只是尽可能地避开不愿意看到、听到的世界，只能做到"隘穷而不失，劳倦而不苟"罢了。他们虽然"贱为布衣，贫为匹夫，食则馇粥不足，衣则竖褐不完"，但却选择了"非礼不进，非义不受"。正是这一点，使他们异于常人。比如子夏家贫，"衣若悬鹑"，有人问他为何不做官，他回答说："争利如蚤甲而丧其掌"（《荀子·大略》）。又如《庄子·让王》记载，鲁君听说颜阖乃得道之人，使人持币来拜请。"颜阖守陋闾，苴布之衣而自饭牛"，使者来的时候，颜阖自对之。他设法骗过使者，跳墙逃逸而去。《列子·说符》中也提到，"子列子穷，容貌有饥色"，官方送粟给他，他坚辞不受。

当时的"穷通"者躲避利禄有种种方式。除了上面提到的例子，还有逃离闹市者，或"自埋于民，自藏于畔，其声销，其志无穷"（《庄子·则阳》）；或"错置在高山之上，深泽之污，聚橡栗藜藿而食之，生耕稼以老十室之邑”（《大戴礼记·曾子制言下》）；或藏之“于四海之内，山谷之中，僻远幽闲之所”（《吕氏春秋·谨听》）。如《史记·鲁仲连列传》中提到鲁仲连先后有功于赵、齐，拒受封爵，“不肯仕宦任职，好持高节”，最后逃隐于海上，说：“吾与富贵而诎于人，宁贫贱而轻世肆志焉。”《列子·说符》讲到有一位柱厉叔，曾仕事莒国敖公，“自为不知己，去居海上，夏日则食菱芰，冬日则食橡栗。莒敖公有难，柱厉叔辞其友而往死之。”活得如此有情有义，死得又如此壮怀激烈，穷得彻底，死得也决绝。

“穷通”者成批量地出现，是在大动乱时代“世之走利”背景下产生的。“穷通”者所持的道德观与行为准则与逐利的行为方式恰恰相反。社会上对他们这类人的认识也是形形色色，不相一致。魏文侯见到世之高士段干木，“立倦而不敢息”，即站得疲倦了也不敢歇息。返回途中，又见到另一位高士翟黄，坐在堂上与他说话，结果翟黄很不高兴。魏文侯感慨地说：“段干木，官之则不肯，禄之则不受；今汝欲官则相位，欲禄则上卿，既受吾实，又责吾礼，无乃难乎？”（《吕氏春秋·下贤》）魏文侯是一位贤良君主，尊重士人，选贤任能，在他的时代，魏国的综合国力发展得很快。但是并不是所有君主对待这类“穷通”者都如他一样有眼光、有耐心。《战国策·齐策》中提到一位不愿居官场，唯求归返于朴，“晚食以当肉，安步以当车，无罪以当贵，清静贞正以自虞”的颜斶，齐宣王见他时十分不恭敬，责命他上前来见，颜斶镇静自若，略带玩世不恭地回道：“请宣王前来见我。”宣王不高兴。左右的人指责颜斶说：“宣王乃一国之君，你只是臣下，你应该主动上前来拜见大王。”颜斶婉言反击：“如果我上前去见大王，那么我是慕势，但是如果大王上前来见我，那么就是大王趋士。后者是一种美誉。”宣王变了脸色，问：“王者贵乎？士贵乎？”颜斶的回答也一点不给宣王面子：“士贵耳，王者不贵。”宣王默然无以应对。齐宣王就没有魏文侯的胸襟、度量与目光，在他心目中，自己是最尊贵的人，而包括“穷通”者在内的士都是他的臣下，只可惜这类“穷通”者并不买他的账。事实上，齐宣王的历史功绩也远逊于那位知人善用、对“穷通”者给予极大尊重的魏文侯。

当时的知识界对这类人的看法也不尽一致。除了上文提到过的人物与著作中对“穷通”及“穷通”者的理解与认识，《晏子春秋·内篇问下》还有站在统治者立场上对“穷通”之士加以遴别的言论，甚至认为一些过分的“穷通”之士，是“明上之所诛也”，言辞颇为严厉。《慎子·外篇》则从世俗视角解读了“穷通”。《荀子·儒效》中说“通则一天下，穷则独立贵名”，却也未必切中肯綮。到了东汉时期，应劭在《风俗通义》中专门有《穷通篇》，追述并总结先秦的这种独特士风，内中有“先否后喜曰穷通”的观念，与荀子的观点类似。这里牵扯到两个问题：一是对“穷通”这个概念、特别是其中的“通”字如何界定；二是我们也应该看到，“穷通”者群体其实本身也不是铁板一块，内中的分化分歧也是有的。

对于“穷通”者的处境，《战国策·齐策》中说：“今夫士之高者，乃称匹夫，徒步而处农亩；下则鄙野、监门、闾里，士之贱也，亦甚矣！”说明社会的动荡和世道的剧变，使知识阶层也发生了巨大的分化，平民中的智者可以脱颖而出，跻身于士中翘楚之列；

与时代节拍相脱节的士则会下落为贱役农夫。可见，“穷通”者的处境，在很大程度上是时代所造成的，也与个人的道德选择、观念认知与生存能力有关。当然，放眼整个春秋战国时代，“穷通”者毕竟是少数，“穷”而不“通”者多如牛毛，不可尽数。寄食于孟尝君门下的冯谖，三弹长剑作歌，终于从下客拔升为上客，食有鱼，出有车。《战国策·齐策》中提到一位叫汗明的人，上仰春申君的鼻息，曲意逢迎，并为自己曾“厄于州部，堀穴穷巷，沉洿鄙俗”而叫屈不已。《庄子·列御寇》讲到一位宋人曹商，本来“处穷闾厄巷，困窘强屦”，他以之为耻，后来有机会出使秦国，“一悟万乘之主而从车百乘”，也就是说一下子使秦国这样的大国国君省悟而加赐车马，让自己的随从车马达到百辆，便自豪得不得了，终被庄子耻之为“舐痔者”〔1〕。

伟大的爱国主义诗人屈原曾与一位以渔父身份出现的隐士或说穷通者有过一次重要的论辩：

屈原既放，游于江潭，行吟泽畔，颜色憔悴，形容枯槁。

渔父见而问之曰：“子非三闾大夫欤？何故至于斯？”

屈原曰：“举世皆浊我独清，众人皆醉我独醒，是以见放。”

渔父曰：“圣人不凝滞于物，而能与世推移。世人皆浊，何不淈其泥而扬其波？众人皆醉，何不哺其糟而啜其醨？何故深思高举，自令放为？”

屈原曰：“吾闻之，新沐者必弹冠，新浴者必振衣；安能以身之察察，受物之汶汶者乎？宁赴湘流，葬于江鱼之腹中；安能以皓皓之白，而蒙世俗之尘埃乎！”

渔父莞尔而笑，鼓枻而去。乃歌曰："沧浪之水清兮，可以濯吾缨；沧浪之水浊兮，可以濯吾足。"遂去，不复与言。（《楚辞·渔父》）

在"旁观者清"的渔父眼中，屈原不妨随缘就化，物尽其用，各得其所，犯不着为了一帮子小人而去投水自杀，既然"举世皆浊"，国人沉浸在"集体无意识"的浊臭之中，任何清醒的个体无法以一己之力改变这种状况，那么也不妨先随着时代变化而变化，与世推移，做能做的事情，毕竟浊水也还可以用来濯足，而并非一无是处。但是，诗人屈原坚持自己的人生理想，不能认同渔父的所思所想，最后还是选择了舍生取义，以自己宝贵的生命实现了做人的清白。

注释：

〔1〕宋镇豪：《中国春秋战国习俗史》，人民出版社 1994 年 1 月版，38-42 页。

游闲

“游闲”就是游手好闲。春秋战国时期，随着城市数量的大量增加与社会变迁，列国城市内出现了一批“耗国便家”的所谓“闾巷少年”、“游闲公子”，从广义上来说，他们属于游手好闲、不能安分守己一类人群，与传统的“士农工商”四民皆有不小的差别。司马迁曾对他们有过精辟的总结：

> 闾巷少年，攻剽椎埋，劫人作奸，掘冢铸币，任侠并兼，借交报仇，篡逐幽隐，不避法禁，走死地如骛者，其实皆为财用耳。
>
> 游闲公子，饰冠剑，连车骑，亦为富贵容也。弋射渔猎，犯晨夜，冒霜雪，驰阬谷，不避猛兽之害，为得味也。博戏驰逐，斗鸡走狗，作色相矜，必争胜者，重失负也。（《史记·货殖列传》）

在司马迁笔下，闾巷少年作奸犯禁，比游闲公子更具攻击性，更加恶劣。后者不过是一些无所事事的公子哥儿。不过在今人看来，这两种人可算作一种来看待，实际上，他们这两种人也常常搅和在一起，成为当时城市生活中的独特一景。

先秦典籍中对他们有诸多描述。比如，在赵国都城邯郸，“杂民之所居也，其民轻而难用”（《战国策·秦简》）。孟尝君所居住的齐国薛城，“招致天下任侠奸人入薛中，盖六万余家”，以致“其俗闾里率多暴桀子弟”（《史记·孟尝君列传》）。吴国的大都市里，春申君曾广泛“招致天下喜游子弟”。齐都临淄城内“具五民”，即五方游民，“其俗宽缓阔达，而足智，好议论，地重，难动摇，怯于众斗，勇于持刺”（《史记·货殖列传》）。宋国，也都有“邻民之所处”（《战国策·燕策》）。楚国宛城，“俗杂好事，业多贾，其任侠”。秦国雍城、栎邑，“其民盖玩巧而事末”。赵国种、代、石北诸城，“地边胡，数被寇，人民矜懻忮，好气，任侠为奸”。燕都，“大与赵代俗相类，而民雕捍少虑”。中山国都，“民俗怀急，仰机利而食，丈夫相聚游戏，悲歌慷慨，起则相随椎剽，休则掘冢，作巧奸冶”（《史记·货殖列传》）。

概括起来说，这批喜游子弟、任侠奸人、暴桀之徒、四方游士，包括我们上面所说的所谓“闾巷少年”、“游闲公子”，多数属于城市平民阶层，有的属于上层贵族阶层，有的是武士出身，也有一部分是知识分子。他们占了城市总人口中颇大的比重，是当时城市之中比较活跃的分子之一。他们活动能量大，或强毅劲直，“积礼义而为君子”（《荀子·儒效》）；或亏法利私，游手好闲而为小人；或倚仗王公大人豢养做靠山，趾高气扬，专横跋扈；或凭借着个人的技巧，偷鸡摸狗，胡作非为。他们的所作所为往往左右着城市民风，对社会风气好坏有极大的影响。

在当时，他们共有一个名称："杂民"。杂民最大的患害就是盗奸。而盗贼横行、奸巧恣生，正是春秋战国特别是战国时期城市内的普遍风气。如晋都盗氓猖獗，连官方客馆也只得"高其閈闳，厚其墙垣，以无忧客使"（《左传·襄公三十一年》）。《墨子·号令》提到一些城内"卒民相盗家室婴儿"的现象。据说，"晋国苦盗，有郄雍者，能视盗之貌，察其眉睫之间，而得其情。晋侯使视盗，千百无遗一焉"。这位叫郄雍的人，具有极大的能耐，能够从盗贼的眉宇之间窥测出盗情来，晋侯让他办案，成功率极高，难怪盗贼恨之入骨，最后加害于他。《史记·刺客列传》也记载说，燕都城中有一位少年恶勇，年十三，杀人，颐指气使，众人都不敢正眼瞧他。是时，各国城中的杂民中，颇有一种自以为是、轻世肆志、横行好斗的风气。这当然与各地民风有关，但其普遍出现，应是时代所使然。

荀子洞若观火，曾按他们的所作所为，从"勇"的角度析分为四类人：

争饮食，无廉耻，不知是非，不辟死伤，不畏众强，恈恈然唯利饮食之见，是狗彘之勇也。

为事利，争货财，无辞让，果敢而振，猛贪而戾，恈恈然唯利之见，是贾盗之勇也。

轻死而暴，是小人之勇也。

义之所在，不倾于权，不顾其利，举国而与之不为改视，重死持义而不桡，是士君子之勇也。（《荀子·荣辱》）

特别是前三类人物，正可以与我们上文所说的游闲世风所对照，其实也正是司马迁所说的"闾巷少年"、"游闲公子"，或者当时人混叫的“杂民”。荀子把这三类人与第四类的“士君子”对照，也正是在这种对照之中，我们才得以看到这类游闲者在闲杂外表之下的非义、倾权、逐利的本质特征。如果说司马迁的总结更多从民俗、民风角度来说，荀子的概括则是从价值观、荣辱观、人生观上来说的，二者相得益彰。

战国时城市情况如此不堪，乡间民风更趋混乱。乡下民间更有一帮子游手好闲之徒，他们的品位更趋低下，行为更是变本加厉。诚如当时俚语所描述的：“天下大乱，无有安国；一国尽乱，无有安家；一家皆乱，无有安身。”（《吕氏春秋·谕大》）真所谓“乱国之俗，甚多流言”（《吕氏春秋·离谓》）。乡里风气业已败坏。“巧言令色，能小行而笃难于仁”者则大有人在。不少人“嗜酤酒，好讴歌，巷游而乡居”（《大戴礼记·曾子立事》）。“鄙夫鄙妇相会于墙阴”（《大戴礼记·曾子制言上》），肆无忌惮，悦好私情。至于纠纷、夺地、相奸、相刺者，屡见不鲜。此时乡里群盗小偷事件，更是到处泛起。《列子·说符》记赵国、秦国乡间途中，群盗出没，路人遭杀，“尽取其衣装车马”。秦简记乡里的偷盗行为，有“盗采人桑叶者”；有“甲往盗丙，才到，乙亦往盗丙，与甲言，即各盗”者；有“夫盗三百钱，告妻，妻与共饮食之”者，等等。此时还有“父盗子，不为盗”等俚语出现。

战国时代，列国乡间斗殴之风也十分酷烈。这可以说是“游闲”之风中最残酷、最具流氓性质的事情。秦简中所记的家庭成员殴打和邻里纠纷械斗，令人发指。如言“妻悍，夫殴治之，决其耳，若折肢指、肤体（脱臼）”。“斗以针、铖、锥”，都是铁家伙，什么厉害使什么。“或与人斗，缚而尽拔其须眉”；“拔人发”；“士伍甲斗，拔剑伐，斩人发结”；“或斗，啮断人鼻，若耳，若指，若唇”，等等。在殴打中拔光对手的头发、眉毛，撕咬对手的五官，逮那儿咬那儿。此外，还有“殴打父母”者。

游手好闲的杂民难免也拥娼抱妓，流污一时。《史记·滑稽列传》记载了齐威王时淳于髡的一段放纵生活，颇有史料价值：

> 州闾之会，男女杂坐，行酒稽留，六博投壶，相引为曹，握手无罚，目眙不禁，前有堕珥，后有遗簪，髡窃乐此，饮可八斗而醉二参。日暮酒阑，合尊促坐，男女同席，履舄交错，杯盘狼藉，堂上烛灭，主人留髡而送客，罗襦襟解，微闻芗泽，当此之时，髡心最欢，能饮一石。

乡里聚会，男女杂坐，彼此敬酒，没有时间的限制，又作六博、投壶一类的游戏，呼朋唤友，相邀成对，握手言欢不受处罚，眉目传情不遭禁止，面前有落下的耳环，背后有丢掉的发簪……天黑了，酒也快完了，把残酒并到一起，大家促膝而坐，男女同席，鞋子木屐混杂在一起，杯盘杂乱不堪，堂屋里的蜡烛已经熄灭……

这是淳于髡自述的一段艳遇，场面热闹，男女喝酒作乐，没有礼义廉耻的限制。这种男女聚合，乱而不分的酒色场面，当时的列国皆有，《墨子·明鬼下》中就提到：“燕之有祖，当齐之有社稷，宋之有桑林，楚之有云梦也，此男女之所属而观也。”列国都有男女自由交往、甚至自由交配的固定地点、固定时间与固定习俗，这是原始社会男女自由婚配现象的一种遗留，可以想见，它总会吸引大批游闲人士前往，云游一番，乱中取乐。也可以想见，像这种场合，和平时期还可以有欢庆、积极的气氛，到了战国这样的乱世之中，在游闲阶层愈来愈多的时代，只会是乱纷纷的，不出伤风败俗、伤天害理的大事已属于万幸。

尚武

《盐铁论》中说："虞夏以文，殷周以武，异时各有所施。"这是西汉文献对上古崇武的概括。实际上，上古三代都有尚武尚勇的风气。春秋、战国时期，人们较前更加尚勇重武，而多有阳刚之气，这与当时正处于诸侯争霸、战争频仍、大量需要将帅人才与军事家的时代氛围分不开的。

夏、商、周三代之王，有不少就以勇武有力而有名。《竹书纪年》称夏代"浇既多力，又善走"，称夏帝芬在位44年，"是为祖武，立三岁而东九夷来御"。《帝王世纪》谓夏桀"力能伸钩索铁，手搏熊虎"。

商代以武著称的大王，甲骨文中记有武唐、武丁、武乙、文武丁等。武唐即成汤，是商的开国君主。武丁是商的中兴之主，在位59年，出入征伐，战绩赫赫。商代末王帝辛，也是一位体格健壮、勇猛善战者，《史记·殷本纪》称他"资辨捷疾，闻见甚敏，才力过人，手格猛兽"，《帝王世纪》形容他"能倒曳九牛，抚梁易柱"。

西周诸王，很多也以勇武著称。据《史记·周本纪》，周之始祖弃"为儿时，屹如巨人之志"。周文王、武王皆有战功。除圣王尚武外，西周贵族也尚武，他们自幼注重骑射，普遍习武。

春秋战国时代，战争几乎成为时代主色调，各诸侯国无不加紧训练士卒，选拔猛将，增加军费开支，所谓"当今争于气力"（《韩非子·五蠹》），"武勇者长，此天之道，人之情也"（《管子·君臣》）。

首先，各国君臣中尚武者多。比如齐国国君中的庄公、僖公、襄公、桓公、惠公、顷公、灵公、威王、宣王、湣王皆有战绩。齐臣管仲把尚武作为国策之一；楚国国君中的武王、庄王、共王皆是戎马倥偬，征战疆场的统帅。在每次重大战役中，也几乎都能见到楚令尹和司马的勇武形象，据统计，春秋二百多年间，令尹、司马外出征战达六十三次[1]；在晋国历史上，晋文侯、武公、献公、文公、襄公、景公、悼公等都是颇有作为的君主，同时又是尚武的枭雄；晋国的三家卿大夫后来三分晋国，各立为国。这三国国君中也不乏勇武者，如魏文侯与赵越灵王。秦国的穆公、孝公、武王、昭王、秦王政等更是以战功卓著扬名史册。燕国的昭王以及吴越之君也"皆好勇"（《汉书·地理志》）。

其次，春秋战国时期，各诸侯国的社会风气皆有好武尚勇的一面。《管子·五辅》说齐国士民总是重视勇武而鄙视财利。《史记·张仪列传》说齐国"地广民众，兵强士勇"。楚国"卒民勇敢"（《淮南子·兵略训》），好武乐斗。《楚辞·国殇》就是楚国士民坚毅、刚强品格和勇于献身精神的写照。秦地"迫近戎狄，修习战备，高上气力，以射猎为先"（《汉书·地理志下》），"民勇于公战"

（《史记·商君列传》）。“秦之俗，大抵尚气概、先勇力，忘生轻死”。（《朱子·诗传》）“秦晋之兵，弯弓而带剑，驰骋上下，咄嗟叱坚。”（苏轼《蜀论》）。赵国代地“自全晋之时固已患其剽悍，而赵武灵王益厉之”（《汉书·地理志》）。燕人“好勇义”（《吴子》），“轻疾而易死”（《汉书·地理志》）。而吴越“士有陷坚之锐，俗有节概之风”（左思《吴都赋》）。

在上行下效的尚武之风吹拂下，列国君臣聚集天下最好的物材，研制各种兵器，春秋两季进行对比，锐利的列为上等。《国语·齐语》载管仲言说：“美金以铸剑戟。”其意是用优质的金属铜制造武器。《韩诗外传》卷八称：“齐景公为弓，三年乃成。”齐国之外，楚国以制造钢铁兵器技术发达著称。一些国君和政治家常常在讲话中赞扬楚国铁兵器锋利。秦昭王就曾慨叹过楚国的铁剑之利，荀子在议兵时也讲到楚国的“宛钜铁釶，惨如蜂虿”。《左传·成公十六年》记载：晋侯伐郑，楚子救郑，“蹲甲而射之，彻七札焉”，就是说射透了七重甲，可见楚国弓箭制造之精良。此外，吴、越两国以产剑闻名当时。《周礼·考工记》上说：“吴、越之剑，迁乎其地而弗能为良。”《战国策·赵策》中说：“夫吴、越之剑，肉试则断牛、马，金试则截盘、匜，薄之柱上而击之则折为三，质之石上而击之则碎为百。”虽然有些夸张，但也是有一定事实根据的。

春秋战国时代，人们佩剑成风，击剑盛行，民众的习射活动具有相当的普遍性。除了军士佩剑外，君主、显贵和文士亦佩剑。不少士人如孔子及其弟子子路、冉求、樊迟及稍后的墨子等，都是文武兼能的。《孔子家语》记载，子路认为君子应当用剑自卫，经常身着戎装，练习剑术。后来，子路在卫国做官，遇到内乱，他就是用剑战斗的。剑的普及，导致击剑之风愈演愈烈。《庄子·杂篇·说剑》中说："昔赵文王喜剑，剑士夹门而客三千余人，日夜相击于前，死伤者岁百余人，好之不厌。"剑的广泛使用，还促进了击剑术的发展。《庄子·杂篇·说剑》中同时就说："夫为剑者，示之以虚，开之以利，后之以发，先之以至"，精辟地概括了剑术中进退开合、形神相应以及避实击虚的要领。

春秋战国时期，弓箭的制造更趋精良，社会上射箭比赛成风，各种名目的射箭比赛有"大射"、"宾射"、"燕射"、"乡射"等。各诸侯国都重视善射之士，鼓励人们学习射法。此时涌现了不少的神箭手，如养由基能在百步之外射穿柳叶，而且百发百中（《史记·周本纪》）。有人也总结这一时期的弓射、弩射实践，并将之上升为理论。

齐晋鞌之战，精彩而激烈，充分展现了当时的战将们视死如归的尚武勇气与刚烈风貌：

> 六月壬申，师至于靡笄之下。齐侯使请战，曰："子以君师辱于敝邑，不腆敝赋，诘朝请见。"对曰："晋与鲁、卫，兄弟也；来告曰：'大国朝夕释憾于敝邑之地。'寡君不忍，使群臣请于大国，无令舆师淹于君地；能进不能退，君无所辱命！"齐侯曰："大夫之许，寡人之愿也。若其不许，亦将见也。"齐高固入晋师，桀石以投人；禽之，而乘其车，系桑本焉，以徇齐垒，曰："欲勇者贾余馀勇！"
>
> 癸酉，师陈于鞌。邴夏御齐侯，逢丑父为右。晋解张御郤克，

郑丘缓为右。齐侯曰："余姑翦灭此而朝食！"不介马而驰之。郤克伤于矢，流血及屦，未绝鼓音，曰："余病矣！"张侯曰："自始合，而矢贯余手肘；余折以御，左轮朱殷，岂敢言病？吾子忍之！"缓曰："自始合，苟有险，余必下推车。子岂识之？然子病矣！"张侯曰："师之耳目，在吾旗鼓，进退从之。此车，一人殿之，可以集事，若之何其以病败君之大事也？擐甲执兵，固即死也；病未及死，吾子勉之！"左并辔，右援枹而鼓，马逸不能止，师从之。齐师败绩，逐之，三周华不注。（《左传》成公二年）

残酷激烈的战争气氛通过情节的推进，使人如见刀光剑影；而"流血及屦"、"未绝鼓音"、"左并辔，右援枹而鼓"等一系列细节，又加重了战斗的紧张气氛。从这个故事中，我们看到，各国

位于山西太原赤桥村的豫让桥。据说当年豫让在此刺杀赵襄子，血流桥下，又名赤桥。

将士无不以英勇无畏为自我标榜，从他们身上看不到一丝一毫怯懦与畏缩的影子，能看到的只是他们在血战中英勇无畏地展示自己的尊严与英雄气概。“贾余馀勇”，“灭此朝食”等名言警句，也就从此留传至今。

这个时代中，关于大力士的记载，关于军事家的描写也相对地多了起来。据记载，春秋战国之时著名的大力士有秦堇父、乌存、卞庄子、庆忌等，著名的军事家有孙武、孙膑、吴起、司马穰苴等。

春秋战国时期，在尚武风尚之下，还涌现出了著名的四大刺客。他们英武壮烈的故事被司马迁收记于《史记·刺客列传》之中，流传甚广。

其一是豫让。春秋时的晋国人豫让，是权臣智伯的门客。智伯赏识豫让的才干，非常器重他。智伯比较贪暴，总想设法灭掉晋国其他三个家族，独霸晋国，结果反被以赵襄子为首的三个家族灭亡了。智伯被杀死后，豫让逃进山中。为了给智伯报仇，豫让拔掉胡须和眉毛，全身涂上漆，使皮肤上长满了癞疮，又忍痛吞下一块火炭，弄哑了嗓子，以免赵襄子认出自己。遗憾的是，豫让的多次谋杀均没有成功。最后，壮志未酬的他拔剑自刎。不过，赵襄子不久亦因忧虑惊惧而染病不起，一年后就死了。

其二是要离。春秋末期，阖闾派专诸杀死了吴王僚，自己当上了吴国国王。阖闾害怕出逃的吴王僚的儿子庆忌回来报仇，就找伍子胥商量。伍子胥向阖闾推荐要离去刺杀庆忌。为了能接近庆忌，赢得其信任，要离故意在朝廷上指责阖闾。阖闾命令卫士砍断要离的右臂，将其打入死牢，还把他的妻子儿女都杀死，并在街上焚尸。

几天后，阖闾故意放跑要离。要离逃到躲藏在卫国的庆忌处，向他哭诉了事情经过。庆忌相信了要离，将他留在身边。最终，庆忌死在要离的长矛之下。要离亦自杀身亡。

其三是聂政。战国时期，韩国的丞相韩傀与大臣严遂不和。因为韩傀是韩王的叔父，位高权重，严遂畏祸出逃，寻找刺杀韩傀的勇士。这项暗杀任务就落到了聂政头上。聂政不负重托，刺杀死韩傀和韩王，却被卫士团团围住。聂政知道自己没有生还的希望，为了不连累自己的姐姐，聂政用宝剑划烂脸皮，挖出眼珠，剖腹自杀。不过，聂政的姐姐还是辨认出他的尸体，痛哭不已，最后在弟弟的身旁自杀。

其四是荆轲。战国末年，秦国势力日渐强大。燕国太子丹广散家财，招募天下勇士，刺杀秦王。燕国名士田光向太子丹推荐了荆轲。为了激励荆轲的斗志，田光将事情的来龙去脉全都告诉荆轲后，便

荆轲刺秦王（武梁祀汉画像石）

拔出宝剑自刎而死。太子丹为荆轲修建了一座“荆馆”，供他居住。有一次，太子丹让自己宠爱的美人为荆轲献酒，荆轲称赞了一句“手真美”，太子丹就命令卫士把美人的双手砍下来，用玉盘呈送给荆轲。为了使荆轲能够接近秦王，曾经起兵造反、兵败后奔逃到燕国的秦将樊於期拔剑自刎，让荆轲带着自己的首级面呈秦王。可惜的是，付出这么多残忍的代价，荆轲的谋杀却最终失败了。燕王喜为了平息秦怒，用计将太子丹灌醉后杀死，将其首级送与秦王，秦国才罢兵。

除了军事斗争的原因之外，先秦时期社会的尚武尚勇风气，也反映了人们对于体魄强壮和健康无灾的追求，表现出一种积极的生命价值观。《尚书·洪范》记武王灭商后，询访殷商遗臣箕子，箕子讲述虞舜举夏禹，锡禹大法九章，其中有“向用五福，威用六极”之言，提出了人生有五福、六不幸的看法。“五福”：“一曰寿，二曰富，三曰康宁，四曰攸好德（行美德），五曰考终命（善终）。”“六极”：“一曰凶短折，二曰疾，三曰忧，四曰贫，五曰恶，六曰弱。”“五福六极”的观念道出了上古时代人们对生命存在价值的质朴认识。在当时人们的心目中，长寿、平安健康、富足、行美德的人有福，而对凶灾短命、大病小疾已有所顾虑。也就是说，人们的关注点在于对生的向往与对于死的恐惧上。这也构成了当时人们尚武尚勇的社会风气。

上古人们追求生命有所作为的价值观，具有积极的社会性意义，促使人们在生活实践中进行不懈的探索，努力寻求种种能增强体魄，提高寿命的办法，从而也促进了当时体育活动的发展。事实上，春秋战国时期，各国也重视并大力推行一些体育活动，特别是与军事训练有密切关系的体育活动，如角力、相搏、负重、举重物、奔走、窬高、投石、超距、骞马、田猎、游泳、钩强、竞渡等等，并创造了一系列科学锻炼身体的方法[2]。

注释：

〔1〕宋公文：《楚史新探》，河南大学出版社1988年版，137-142页。

〔2〕陈绍棣：《中国风俗通史·两周卷》，上海文艺出版社2003年6月第1版，2006年3月第2次印刷，610-623、662-665页。

士风

西周人敬贤礼士。这方面的表率人物首先要推周文王。《史记·周本纪》说他“礼下贤者，日中不暇食以待士，士以此多归之”。文王在渭水遇到姜尚，“与语大悦……载与俱归，立为师”。（《史记·齐太公世家》）西周人敬贤礼士的另一典型是周公。《韩诗外传》卷三载周公之语说：“吾文王之子，武王之弟，成王之叔父也。又相天下。吾于天下亦不轻矣！然一沐三握发，一饭三吐哺，犹恐失天下之士。”

汉墓画像石中的《周公辅佐成王图》。周公敬贤礼士，“一沐三握发，一饭三吐哺，犹恐失天下之士。”

到了东周时期，列国国君与巨卿大臣纷纷以养士纳贤为风尚。春秋初期，养士之风已开始出现。如齐桓公养游士八十人，“季孙养孔子之徒，所朝服与坐者以十数”。春秋晚期，齐国的田常施惠于士，每杀一头牛，仅取四升，其余的都用来供士食用；每到年底分布匹，田常仅取两匹，其余的分给士做衣服穿（《韩非子·外储说左下》）。特别值得一提的是，春秋时期的大国都是因善于发现贤士、任用人才而成其霸业的：齐桓公起用鲁囚管仲，成为首霸；晋文公依靠赵衰、狐偃，大器晚成；秦穆公用五张羊皮从楚国那里赎回“虞之乞人”百里奚，并用为相，遂霸西戎；楚庄王任用孙叔敖，国力大增；吴王阖闾任用齐人孙武、楚罪臣伍子胥，显名于诸侯；越国勾践，用楚人文种和范蠡，报仇雪恨……

及至战国时期，随着列国间战争的频繁和争夺天下的日渐激烈，人才问题越来越成为群雄间争胜的关键，所谓“夫争天下者，必先争人”（《管子·霸言》），“尚贤者，政之本也”（《墨子·尚贤》）的观念，就反映了那个时代诸侯对人才的渴求。为了进行政治改革，富国强兵，有作为的国君纷纷招贤纳客，一些有见识的大臣也常常向国君推荐人才，“因而在战国初期，就出现了布衣卿相之局和‘礼贤下士’之风”[1]。其中，魏文侯是战国时期尚贤之风的首创者。当他进行改革时，翟璜荐举了乐羊、吴起、李克、西门豹等人，魏文侯善待他们。燕昭王励精图治，求贤若渴，为郭隗筑宫而师之，于是“乐毅自魏往，邹衍自齐往，剧辛自赵往，士争凑燕”（《战国策·燕策一》）。赵文王喜剑，门下剑士达三千余人（《庄子·说剑》）。齐宣王喜文学游说之士，身边就有邹衍、淳于髡、田骈等七十六位上大夫。秦孝公用卫国人商鞅变法，秦惠王用魏人张仪，秦昭王用魏人范雎，秦国的势力一步步扩大。

不但公室如此，各个私门为了培植自己的势力，也都竞相用士、养士。如战国后期秦国的吕不韦，有“食客三千”（《史记·吕不韦列传》），这些食客都是有一技之长的士。最著名的是所谓“战国四公子”，即孟尝君、平原君、信陵君、春申君。齐国的孟尝君，“倾天下之士，食客数千人。”据说他还将客舍分为代舍、幸舍、传舍三等；居于代舍者出入有车，故有“车客”之谓；居于幸舍者食有鱼，故其客又称“鱼客”。赵国的平原君养士，客籍也有等级待遇之别，他为解邯郸之围，一次竟“得敢死之士三千人”。典故“毛遂自荐”中的主人公毛遂，就是平原君的座上客。楚国的春申君，“客三千余人，其上客皆蹑珠履”。也就是说，他手下的士人们所享受的待遇极其优厚，甚至奢侈惊人。魏国的信陵君，“士无贤不肖，皆谦而礼交之，不敢以其富贵骄士，士以此方数千里争往归之，致食客三千人”。由于信陵君多客，人又贤明，所以有十多年之久，别国诸侯不敢轻易进犯魏国。有一次，信陵君听说有位叫侯嬴的隐士，已70多岁了，虽家贫，但有才华，曾做过夷门的守门小官吏——

公子闻之，往请，欲厚遗之。不肯受，曰：“臣修身洁行数十年，终不以监门困故而受公子财。”公子于是乃置酒大会宾客。坐定，公子从车骑，虚左，自迎夷门侯生。侯生摄敝衣冠，直上载公子上坐，不让，欲以观公子。公子执辔愈恭。侯生又谓公子曰：“臣有客在市屠中，愿枉车骑过之。”公子引车入市，侯生下见其客朱亥，俾倪，故久立与其客语，微察公子。

公子颜色愈和。当是时，魏将相宗室宾客满堂，待公子举酒。市人皆观公子执辔。从骑皆窃骂侯生。侯生视公子色终不变，乃谢客就车。至家，公子引侯生坐上坐，遍赞宾客，宾客皆惊。酒酣，公子起，为寿侯生前。侯生因谓公子曰："今日嬴之为公子亦足矣。嬴乃夷门抱关者也，而公子亲枉车骑，自迎嬴于众人广坐之中，不宜有所过，今公子故过之。然嬴欲就公子之名，故久立公子车骑市中，过客以观公子，公子愈恭。市人皆以嬴为小人，而以公子为长者能下士也。"于是罢酒，侯生遂为上客。（《史记·魏公子列传》）

信陵君为侯生执辔，用现在的眼光来看，颇有些作秀的味道。然而即使是作秀，也是非常出色、成功的一次。侯生后来也证明并非虚夸无用之人，公元前 257 年，历史上著名的信陵君窃符救赵之举，就是侯生出的主意。

在当时人才竞争极为激烈的情况下，统治者已懂得：尚贤礼士不仅能表现自己的礼让风度，而且在尊贤礼士的同时也使自己提高了声望，得到了社会舆论的尊重。而那些不知尚贤，甚至对士人流露鄙视的君主公卿，不但留不住士人，反而被社会舆论瞧不起。至于士阶层是如何崛起的，则不能不说到教育制度在春秋战国时代的历史性变迁。

西周之时，学校属于官府，《周礼》明确认定，"古者学在官府"。那时的史官是官府的官吏，也是学校的老师。夏、商、周三代，官府完全控制着学校，学生必须以官吏为老师，各种各样的学问都要向官府主管的官吏学习。比如，要学习法律，《周礼·地官》记载：

“受法于司徒”，即向司徒之官学习法律。但是，并非任何人都可以进学校学习，只有王公贵族的子弟才有资格。《周礼》明确规定，那时的学校只允许“国之贵游子弟学焉”，一般人是没有学习文化知识的机会的。平王东迁，天子地位衰微，“礼崩乐坏”，一些“王官”便散入诸侯国，有的则流落民间。恰如孔子向郯子学官之后所说：“‘天子失官，学在四夷’，犹信。”（《左传》昭公十七年）随着“学在官府”局面的打破，私人办学兴起了。此时的入学条件宽松多了，像孔子所办的私学提倡“有教无类”，即教育对象不分贵贱等级，只要学生给他“束脩”作为学费就行了。这样一来，便扩大了受教育者的范围，因而有文化知识的人多了起来，这些人就是士。

士在西周，虽然也属于贵族之列，但排在下层，地位比较低。所谓“天有十日，人有十等”，除天子之外，人间的等级是：王、公、大夫、士、皂、舆、僚、仆、台。士是贵族中等级最低的一级，在士的下边，就是庶人了。在西周，士作为一个固定的等级是无法变更的。可是，这个等级成员的来源却很复杂，有些是从上层贵族子弟“分离”出来下降为士。按照宗法制度的规定，只有嫡长子才能继承父辈的爵位，其他的子嗣都没有资格继承父辈爵位，除非因为某种原因获得封赏晋升，否则，只能降到士这一等级。士的嫡长子可以继承为士，其庶子别支则下降为庶人。而庶人中的优秀分子，又能通过选士和贡士，晋升为士，这是由庶人上升的士。士的经济来源是依靠禄田的微薄收入，多数人以充当武士为业。有些士还在官府干点差使，如宫正、膳夫、庖人、医师、兽医、酒正、司书、司裘等。春秋开始被齐桓王重用为相的管仲，原系姬姓贵族后裔。《史记》中说他少时贫困，由于周室衰落，没落为士。孔子年轻时也是一个士，曾在季氏家做过委吏（管理仓库的会计）、乘田（管理牧场的小吏）。春秋时期，在剧烈动荡的社会变化中，士所得的一小块禄田越来越靠不住，他们所充当的职事官，也因局势变幻，常遭丧职，唯有依靠自己的知识技能另谋生路。士本身因此不断分化，又因为社会的需要、私学的盛行而逐渐壮大崛起为一个耀眼的阶层，成为当时最活跃的一股社会力量。

春秋战国时期，社会舆论对于选贤任能、礼贤下士也有着较强、普遍的呼吁。孔子、墨子、孟子、荀子、韩非子都有相关言论。礼贤厚士风气渐渐累积为多层面全方位的社会量识录才机制。在上者有国家选贤取士，在下者有社会基层闾里乡间的举贤荐士。

春秋战国时期，各诸侯国对士往往都采取宽容的政策。他们允许学术自由竞争，这就为士著书立说、发表个人意见创造了良好的条件，从而大大促进了此一时期的思想解放。各国对士也都给予十分优厚的待遇，而其中以齐国威王、宣王时期的稷下学宫尤为突出。田齐政权虽然倡导黄老之学，但对各家各派的学者并不排挤打击，而是兼容并包，都受到礼遇。学士们可以自由讲学、著书立说、随意议论政事。比如儒家大师孟子与齐威王、宣王的政见是不同的，但在稷下学宫都受到重视，爵禄都是相当高的。齐宣王多次向孟子问政，甚至像伐燕这样的重大决策也向孟子征求意见。后来终因彼此政见不合，孟子离开了齐国，但齐宣王还是尽量挽留他，“欲中国而授孟子室，养弟子以万钟”（《孟子·公孙丑下》），即打算给孟子建造一座房子，供奉他万钟的俸禄。

春秋战国时期，各国诸侯对于士的流动也采取宽容的态度，允许其“合者留，不合则去”。士仿佛自由的鸟儿，可以“择木而栖”，这就促进了各国的人才流动。比如商鞅在魏没有得到重用，听说秦孝公求贤，于是西去入秦，求见秦孝公，终于委以重任。又比如邹衍本是齐国人，在稷下学宫位在上大夫之列，他不满齐湣王的暴政，而到了燕国，成为燕昭王之师。在齐襄王时，邹衍又回到稷下学宫，并在齐王建时作为齐国使者出使赵国，而从未受到非议。又如吴起一生曾在鲁、魏、楚等国为官，每当遭到诬陷，便另投明主。如此等等，类似的例子还有很多。

春秋战国时期诸侯、大夫、贵族养士的盛行也刺激了私学的发展。不少庶民把读书作士，视为跻身仕途的捷径，踊跃投师向学。私学与养士形成了相互依托、相辅而行之势，有时甚至两者合二为一。战国时期荀子就曾带徒依附于春申君门下，公孙龙率弟子充当平原君的宾客。二者都是依托养士之门而立教的例证。这不仅使士的生活有了保障，而且也给他们的学术活动提供了方便的条件。

西周青铜器中，几乎没有见到记载“士”的活动，更不见有“庶人”参与宴会的记载。到了春秋时期，铜器《邾公牼钟》铭文中出现了“士”与“庶人”，并且很得公卿的看重，足证这一阶层的地位确实有了提高〔2〕。士的社会地位得以提高，甚至士人敢与国君分庭抗礼。《战国策·齐策》记载，齐宣王仰慕颜斶之名，有次亲自召见他。宣王问他：“君主高贵，还是士人高贵？”颜斶回答说：“自然是士人高贵。”宣王问是何道理。颜斶说：“我有事实证明。从前秦国攻打齐国，曾下了两道命令。一道是‘军队过鲁国时，如果有人敢到柳下惠墓地50步周围砍柴的，死不赦’。另一道是：‘有人得到齐王脑袋的，封万户侯，赐金千镒。’柳下惠不过是一位名士而已，他职位低，而贤能著，受到世人尊敬。齐王虽显赫，但他的脑袋为什么居然不如柳下惠坟边的树木那样尊贵呢？”宣王及左右侍从都不能说服颜斶，反而被后者说动。宣王以优厚待遇聘请颜斶，并且愿意以之为师，颜斶也淡然婉拒。颜斶能在大庭广众之下，纵谈“士贵而王不贵”，宣王不加严斥，反而愿执弟子礼。由此，我们可以看出，由于士的作用越来越重要，士所受到的尊重与礼遇也大大超过了以前的时代。

士阶层的崛起，必然牵扯到对于这个阶层的定位问题。“士认识到他们是一个新的精选群体、新的精英，从而培养出了自我尊重意识。……他们瞧不起那些由于贵族出身而获得高位的人，并坚称仁德与能力才是值得骄傲的。另一方面，士有他们自己的道德规范，强调个人品德中的责任感与正直感。”〔3〕事实上，春秋、战国时期的人们格外重视自己的内在修养，表现之一是对自己的人格形象的追求，从而兴起了所谓的“士风”。“士风”指的就是当时士人们的各种人格形象追求。春秋战国时“士风”之盛，可以从孟子的阐释以及孔子对“君子”的内在规定上窥见一斑。

孔子说：“士不可以不弘毅，任重而道远”（《论语·泰伯》），对士的性质和作用给予高度的评价。继孔子之后，孟子对“士”的社会角色阐释得最为全面和准确。孟子所论之“士”奠定了中国知识分子的理想原型。在审视“士”的问题时，孟子非常强调独立人格的塑造。在孟子眼里，最理想的“士”是具有独立人格和浩然之气的大丈夫。“居天下之广居，立天下之正位，行天下之大道。得志，与民由之；不得志，独行其道。富贵不能淫，贫贱不能移，威武不能屈，此之谓大丈夫。”“穷则独善其身，达则兼善天下。”在这里，“独行其道”、“独善其身”所张扬的正是一种独立人格。因此，孟子倡导的重义轻利，呈现出一种透明的单纯、傲然的气质。因为没有患得患失的顾虑，所以才能大胆地蔑视、忽略个人的种种私欲私利；因为倾心于内在修炼，所以不惜抛弃生命，“舍生而取义”，“我善养吾浩然之气”，真正的士总是百折不挠，不断磨炼自己，勇敢接受困难的挑战：“天将降大任于斯人也，必先苦其心志，劳其筋骨，饿其体肤，空乏其身……”（《孟子·告子章句下》）〔4〕

可以说，春秋战国时的“士”略同于现代的知识分子。但是，春秋战国之时，“士”是一个复合的阶层。它有众多的来源，它的人生理想、奋斗方向、价值取向都难于统一。它有时会被分为文士与武士，有时会被分为“游说之士”、“有方之士”、“法术之士”、“智能之士”等等。归结起来，大体可分为两类：一类士是以做大官、取富贵为目的，如苏秦、张仪；另一类是有志于传道的文士，他们多数人也不免谋求仕途，但总的说来，这类文士是属于学者型或教育家型的，如孔子、墨子。

但是，士阶层的崛起，也相应地引起了一些社会问题。士自投自荐于权贵之门，每每能锦衣玉食，无耕耘之劳，免赋税之征。韩非子在《五蠹》中就大发感慨地说：“修文学，习言谈，则无耕之劳而有富之实，无战之危而有贵之尊，则人孰不为也。”这使得士阶层中难免掺杂进大量滥竽充数之徒及社会渣滓，当时许多有识之士亦已发出种种警告。如《晏子春秋·内篇问下》指出，“士者持禄，游者养交”，是国君之危。《荀子·臣道》直斥这些人为“国贼”。韩非子还把这批无益无利于国家的不事耕战的游说之士、侍臣、学士、游侠及工商之民，称为社会上的“五蠹”，认为“人主不除此五蠹之民，不养耿介之士，则海内虽有破亡之国，削灭之朝，亦勿怪矣”。言辞尽管过激偏执，倒也指摘出流风时弊。

“春秋战国时期，统治集团最低阶层的社会功能可能保持基本一样，但士本身由于新的自我意识，在态度上有了变化。正是这群人，使中国文明基本成型，为中国走上统一铺平了道路，并为战国政府，也为即将到来的帝国政府提供了管理者、职员和朝臣；正是这群人，成了此后几个世纪中国社会‘绅士’阶层的先驱。”〔5〕春秋、战国时期崛起的士阶层有如此重要的历史定位，也难怪当时的诸侯、卿大夫与贵族们纷纷以养士为荣了。

注释：

〔1〕杨宽：《战国史》（增订本），上海人民出版社1998年，464页。

〔2〕朱启新：《中国春秋战国教育史》，人民出版社1994年1月版，41-45页。

〔3〕许倬云：《中国古代社会史论——春秋、战国时期的社会流动》，广西师范大学出版社2006年1月第1版，179-180页。

〔4〕任放：《孟子眼中的“士”》，《光明日报》2004年1月13日。

〔5〕许倬云：《中国古代社会史论——春秋、战国时期的社会流动》，广西师范大学出版社2006年1月第1版，181页。

私学

私学兴起于春秋战国时期，它是中国教育史、中国文化史乃至中国思想史上最辉煌灿烂的篇章之一。

私学的兴起是以春秋战国时期“天子失官，学在四夷”为历史背景的。在描述这个宏大的历史背景之前，有必要回顾一下远古以来特别是西周时期我国的教育状况。

从远古时代开始，对于青少年的教育就很为社会所重视，口耳相传的讲述是进行教育的主要方式。最初的学校很可能是与氏族公共集会的场所合而为一的。新石器时代的居住遗址考古屡有所谓的“大房子”出现。“大房子”一般建在众多小房子的中央，便于人们集会，是后世所谓“明堂”的雏形。氏族长老或酋长以及有威望的人物在此讲述历史，传授知识。这应就是学校的萌芽。从古代礼书的记载看，夏、商时代的学校，也与明堂合而为一[1]。

西周时期教育的基本格局是“学在官府”。就是说只有官府有学术，民间私家无学术，要学习专门知识只有到官府之中才有可能。“古代惟官有学，而民无学。其原：一则惟官有书，而民无书也。典、谟、训、诰、礼制、乐章，皆朝廷之制作，本非专为教民之用。”〔2〕西周时代仍用刀作笔，用竹简、木简作纸，进行书写。教学所用之“书”称之为“典”、“籍”、“策”、“简”、“牍”等，都是十分笨重且昂贵的，民间也无力复制。西周时期，只有贵族子弟享受教育的权利，他们在官学中接受教育，学成后被任命为朝廷官吏，庶民则很难获得受教育的机会。西周的学校教育，可分为国学和乡学。国学就是设在王都的学校，乡学就是设在地方行政区的学校。国学又分为大学和小学，乡学又分为“庠”、“序”、“校”、“塾”等。国学的教育内容包括德、行、艺、仪四大方面。所谓“德”，据《周礼》载：“师氏以三德教国子：一曰至德以为道本，二曰敏德以为行本，三曰孝德以知逆恶。”所谓“行”，即“教三行，一曰孝行以亲父母；二曰友行以尊贤良；三曰顺行以事师长”。所谓“艺”，即礼、乐、射、御、书、数等“六艺”。所谓“仪”，即祭祀之容、宾客之容、朝廷之容、丧纪之容、军旅之容、车马之容等“六仪”。西周乡学教育的主要内容为德、行、艺三事，较之国学则缺“六仪”一大类。总起来说，西周学校教育以德育为主，而又以礼、乐、射、御、书、数等“六艺”为重点。其中，“礼”包括从大的社会制度到日常生活的一切法律和规范，是“六艺”之首。“乐”的内容与“礼”紧密结合，所涵盖的方面极为庞杂，包括音乐、舞蹈、诗歌、绘画、雕镂、建筑、美术等，甚至还涉及仪仗、田猎等。“射”是习武之课，与礼乐相结合。“御”指驾车，通过驾车而学习礼仪。“书”是书写和掌握文字。“数”是计算、计数。

春秋战国时期，官学衰落。最直接的原因，当然是周王室政治权威的下降和经济能力的丧失。周平王迁都洛邑后，所辖土地越来越少。周王往往要拿土地赐给立功诸侯，或封给王族、公卿、大夫作为采邑。有时，一些诸侯借着某种理由威胁王室，侵夺、强索王室土地，就连外方民族犬戎族也乘机占领王室土地，这使得周王室的财源与辖区人口一再减少。其次，各诸侯国不再严格遵守朝聘进贡的义务，这也是王室收入的另一重大损失。周天子国库匮乏，无力支撑庞大的政府机构，养不活大大小小的官员，不少人因此丧失官职，只得离开周王室，分散到各诸侯国去谋生，于是便出现了“天子失官，学在四夷”的局面。

所谓“学在四夷”，实际上就是学术资源和教育资源的下移。这可分为两个大的阶段。第一阶段是由周王室下移至诸侯公室。西周时，周王室是全国的文化与教育中心。此时文化昌达的地方还有宋国，因为这是微子的封邑，是殷文化的保存者。再就是鲁国，这是周公的封邑。周公制礼作乐，加之辅佐成王建国有功，成王赐鲁君以天子礼乐，并特许郊祭文王。成王还给鲁君一切车服礼器都有仿效王者的特权。按周礼规定，只有王城能设四代大学，诸侯都邑仅能建立当代一个大学，成王特别优崇鲁国，给予设办四代大学的特权，是以鲁不同于其他分封国而成为西周在东方的文化教育中心。东周之时，王权下移于诸侯，学术也有两次大的下移事件，它们都是由王室内部的钩心斗角引起的。第一次在周惠王与周襄王之间，因先后发生王子颓及叔带争夺王位的内讧，世代掌管周史的太史司马氏离周去晋，这次学术的下移在历史上影响不大。第二次，周景王死，周敬王立，王子朝与周敬王争夺王位失败后，除了拉走一批旧宗族，还带走不少有专门知识技能的王官百工。据《左传·昭公二十六年》记载，王子朝失败后，一批人“奉周之典籍以奔楚”，也就是说，他们把周王室大量的文献典籍搬到了楚国。大概老子这时正做周之守藏室史，而他又是楚人，很可能跟着他看守的典籍逃回了楚国。这是东周文化的一次最大迁移。仅此一举，便使原来的全国文化教育中心从东周王城转移到了楚国，推动了楚国文化学术的发展。从此，楚国基本代替了东周王室的文化，与宋、鲁并列为三大文化和教育中心。在这三国中，鲁国是保留周礼最多的国家。此后，孔子在鲁国创立了儒家学派，墨子在宋国创立了墨家学派，在楚国也形成了老子的道家学派〔3〕。“学在四夷”或说学术下移的第二阶段，是由诸侯公室继续下移于士阶层。春秋战国时期，士阶层的崛起，也是私学兴起的必要条件之一，士成为从官学到私学这场教育大改革的主力阶层。同时，私学的兴起，也造就了更多的士。

春秋战国时期私学的兴起，也有一定的物质技术基础。随着冶金技术的发展，铜、铁之类的金属容易获得，使得一些小手工业发达起来，他们制作的日常用品中也包括一些文具用品，如刀削等。考古发现证明，春秋战国人们使用的简牍制作工具，形制小巧，便于携带。1954年，长沙战国墓出土的笔墨和竹简，说明当时简便的书写用品基本上齐备了。文具用品的易于取得和文具本身的不断改进，使人们的书写传抄比过去方便得多，为文化下移提供了有力的物质条件，大大地推进了文化的进步与私学的发展。

虽然很难说孔子是兴办私学的首创者，但他的确是兴办私学的第一位大师级人物。春秋末年，孔子在鲁国聚徒讲习“六艺”，邓析在郑国聚徒讲习法律和诉讼，鲁国还有一个少正卯，也是私人式讲学，据说他的讲演很能吸引人，曾使孔子之门“三盈三虚”。战国初期，墨子继孔子之后，成为第二个开办私学的大师级人物。之后私学盛行，学派林立。此时，随着学术派别的多样化，各家所传授的学术知识也是不一样的：儒家传授礼乐，法家传授刑法，名家讲授逻辑思维形式，阴阳家讲授阴阳五行的辩证关系，兵家讲授军事的策略和战争的方法，医家讲授人体科学知识及其诊疗法，农家讲授务农的技巧和手段，纵横家讲授捭阖的方略和游说的技巧，墨家的教学内容则包括农业、手工业生产知识，军事器械制造、使用知识与技能，自然科学知识，如数学、力学、光学等。它们都对战国文化、教育的发展做出了重要的贡献。

战国时期各国所设立的学校中最有名的是齐威王、齐宣王时代的稷下学宫。稷下学宫的性质比较特殊，它属于“学在四夷”范围内的学校，但又是地方政府所办，因而可以说是具有私学性质的地方官学。史载，齐宣王对于稷下学士，“皆赐列第，为上大夫，不治而议论，是以齐稷下学士复盛，且数百千人”。（《史记·田敬仲完世家》）稷下学宫在其兴盛时期，曾容纳了当时“诸子百家”中的几乎各个学派，其中主要有道、儒、法、名、兵、农、阴阳诸家，汇集天下贤士多达千人左右，其中著名的学者有孟子、淳于髡、邹衍、田骈、慎到、鲁仲连、荀子等。尤其是荀子，曾三次担任过学宫的“祭酒”（学宫之长）。当时，凡到稷下学宫的文人学者，无论其学术派别、思想观点、政治倾向，以及国别、年龄、资历等如何，都可以自由发表自己的学术见解，从而使稷下学宫成为当时三是废除“世卿世禄”的制度，把军功而不是贵族的身世作为选拔官吏的标准和确定俸禄的依据，“有功必赏，有过必罚”。在魏文侯的信任与支持下，李悝在魏相之位上主持全国大政达10年之久，“治四境之内，成训教，变习俗，使君臣有义，父子有序”。（《吕氏春秋·执一》）变法之后的魏国成为战国前期国力最强的一个国家，曾越过赵国灭了中山，还曾与韩、赵联合，打败了齐、楚，并占领了秦的河西之地。

继魏国李悝变法之后的是楚悼王时的吴起变法。楚国是个“蛮夷”（《史记·楚世家》）国家，地广而有“川泽山林之饶”，商业不发达，所以“亦亡千金之家”（《汉书·地理志下》），由此可知楚国所受宗法影响较少，且无商人势力。到了战国中叶，楚国的“大臣太重，封君太众”，他们“上逼主”、“下虐民”，以致“贫国弱兵”（《韩非子·和氏》）。公元前404年和前391年，楚国曾两次受到三晋的进攻，吃了败仗。第二次由于向秦国送了厚礼，才在秦国的帮助下讲和。楚悼王在这种内外交困的情况下，任用吴起作令尹，主持变法。

吴起变法的主要内容有五点：第一，“明法审令”，即制定一系列法律并公开宣布，对各级官府实行层层监督，以保证新法的贯彻执行。第二，“实广虚之地”，即面对楚国地广人稀的现状，为了打击旧贵族势力，变相收回他们的土地，将旧贵族迁徙至边远的地方。第三，夺“收爵禄”，规定被分封的旧贵族经过三代，将其子孙的爵禄收回，取消分封。第四，“绝灭百吏之禄秩，损不急之枝官，以奉选练之士”。（《韩非子·和氏》）即裁减官吏，减少各学派荟萃的中心。这些学者们互相争辩、诘难、吸收，成为真正体现战国百家争鸣的典型。

春秋战国时期私学中生员大多是成年人，他们根据自己的社会经验去理解老师的讲解，这样教育效果非常明显，而且这种私学并不注重生员的社会地位。比如孔子学生的来源与社会特征就五花八门，其中，“子张，鲁之鄙家；颜涿聚，梁父之大盗也”（《吕氏春秋·尊师》）；而公冶长，曾是一位身“在缧绁之中”的罪徒；澹台灭明，“状貌甚恶”；“伯牛，有恶疾”，乃是一名残疾人；颜回，是一位御车夫（《史记·仲尼弟子列传》）。面对这些不同的学生，孔子主张“有教无类”，因人施教，人尽其才。墨子创办的私学也很有成就，他向学生传授有关生产、生活等实用知识，而且还重点培育学生的义勇精神。相传他的 300 名弟子个个能赴汤蹈火，勇于献身。春秋战国时期，承办私学几乎没有什么限制，授课的内容也是老师自己确定，各个有成就有能力的人都可以自立门户各传衣钵，聚徒讲学也比较自由，私学的一切活动都由教师决定。

私学执教者有时会把讲学与游说结合起来，使私学呈现出一定的流动性。比如孔子创办私学，就有两次流动讲学。一次是公元前 517 年，因鲁国内乱，孔子离开鲁国到了齐国，一去两年多；第二次是公元前 497 年，孔子在鲁国做官碰壁之后，匆匆忙忙带着数十个随从弟子，离开鲁国到卫国去，一去就是 14 年，在卫、陈、曹、宋、郑、蔡、楚等国的奔波途中，只要有机会，孔子仍坚持讲学。这种游说兼流动讲学的方式，其他学者们也经常采用，墨家、道家、法家、农家等一些学者，都去过不少国家。私学的这种流动性也有其好的一面：一是有利于执教者在各地传播自己的学说，吸收更多门徒；二是有利于执教者游说各国诸侯，使自己的学说能被统治者采纳。孔子弟子中，有的就是在外地流动讲学时招收的。如果说春秋时的流动讲学常常是一种为解决困难而采取的权宜之计，那么，到了战国时期，游说与流动讲学就成了时髦之举。

私学的产生、发展、衰退与终结也是有一个过程的。春秋中期到战国初期，私学应运而生，逐渐在培养人才方面发挥作用，受到诸侯国的支持。私学教师的社会地位被确认，“夫子”受到尊重。从战国初期至中期是私学发展的高潮阶段，列国间的兼并战争日益剧烈，军事斗争和政治斗争更为复杂，对于治国、治军、立法、理财等各类人才的需求尤显迫切。私学成为培养各类人才的学校，不同的学派培养出了多样的人才，形成了思想文化界“百家争鸣”的局面。战国中晚期，私学发展走上了衰退的道路，这是因为私学的人才培养模式已不能适应战国后期政局变化的形势，不能满足在完成中央集权大业过程中统治者的要求。商鞅曾提出“欲学法令，以吏为师”的官学思路。韩非把私学称为“二心私学”，所谓“二心”，就是同国家政府不是一条心，不遵从法令而自作主张。“二心私学”有碍于法令的推行，必须禁绝。李斯成为秦始皇的主政者之后，正式主张“以法为教，以吏为师”，禁止一切儒家经典流行，甚至到了“焚书坑儒”的地步。于是，新的官学终于取代了春秋战国时期蓬蓬勃勃的私学。

春秋战国时期私学的发展，在中国古代教育发展史上占有很重要的地位。它使学校从宫廷移到民间，教育对象由贵族扩大到平民，教学内容与社会现实生活有了较广泛的联系。私学在中国古代教育史上的重大贡献，还在于教育理论上的成就，尤其是儒家在教育理论上的贡献。儒家后学总结了这一时代的教育思想和教育经验，撰写了《学记》、《大学》、《中庸》，阐述了教育的作用、学制的体系、道德教育体系、教学原则和方法、教师的地位等方面的理论，成为世界上最早、自成体系的教育著作，奠定了中国古代教育的理论基础。私学促进了学术思想的多样化繁荣，培养了大批独具见解的人才，从而促进了先秦学术思想的大发展。

注释：

〔1〕晁福林：《先秦民俗史》，上海人民出版社 2001 年 1 月版，136 页。

〔2〕黄绍箕：《中国教育史》卷四，1902 年版，2-4 页。

〔3〕毛礼锐、沈灌群：《中国教育通史》第一卷，山东教育出版社 1985 年 4 月第 1 版，146-147 页。

从师

春秋战国时期，随着对人才的时代性需求以及私学的兴盛，社会上也兴起了一股从师热。从师现象起于春秋，而高潮的掀起则是在战国中期。当时的士人只要有一技之长，都会找到用武之地。于是，不少人为了自己的功名利禄，奔赴贤者能者门下，从师学艺。而各家各派的学者为扩大自己的影响，大都兴办私学，或带领一批学生游说讲学，造成很大的声势。

孟子到各国讲学，车辆从者很多，队伍浩浩荡荡。有一次，孟子的弟子彭更禁不住对老师说："老师后面跟随着几十辆车子，随从的人也有几百。这一大帮子人从这个诸侯国游食到另一个诸侯国，是不是太过分了呢？"孟子坦然相答："如果不符合正道，就连一小竹篮的饭也不能接受人家的；但要是符合正道，就如同舜接受尧的天下一样，不算过分。"在当时，跟随老师游食诸国的情况是相当普遍的。各诸侯国的国君为了落个礼贤下士的好名声，也往往自动给这些人提供一定的资助。比如孟子离开齐国时，齐王送他"兼金"（质量好、价值高的金子）一百镒；离开宋国时，宋公赠送他金子七十镒；离开薛国时，薛侯送给他金子五十镒。可见各国对流动讲学是很欢迎的。尽管有的学者派头不大，师徒不多，但所到之国照样有人热情招待。比如农家代表人物许行带着门徒数十人，穿着粗麻衣服，以编草鞋织席子为生。当他们来到滕国后，滕文公以礼相待，还给他们安排了住处。

从师风尚中不只孟子风光，其他不少学者也拥有众多学徒弟子，在社会上拥有相当高的声望。比如学无所主的淳于髡，“髡死，诸弟子三千人为缞绖”（《太平寰宇记》卷19）；道家“田骈在齐，资养千钟，徒百人”（《战国策·齐策四》）；宋钘、尹文也“聚人徒，立师学”（《荀子·正论》）；还有道家的杨朱和墨子之徒虽不知确数，从《孟子·滕文公下》的“杨朱、墨翟之言盈天下”记载中，可知他们的门徒为数不少，也很活跃。

从师之热中的众多追随者，主要来源于庶人工商阶层。他们的社会地位低，而特殊的时代又给予他们一次改变自己命运的机会，所以他们热衷于求学从师。孔子门生中的子贡，就是一位经商能手，他算是从师较早而又有较大出息的一位。另据《左传·哀公二年》记载，公元前493年，晋国赵鞅与郑国交战，赵鞅前线誓师，誓词中说道：“克敌者，上大夫受县，下大夫受郡，士田十万，庶人工商遂，人臣隶圉免。”其中的“庶人工商遂”，是说庶人和工商阶层的人如果立了军功，可以升迁一步（“遂”为“进”之意），而庶人和工商阶层之上的是士阶层，士虽然是贵族中最低的一个阶层，但毕竟属于贵族阶层，因而这对于庶人和工商阶层的人来说，有很大的吸引力。而且，一旦取得士的身份，也就得到了学习的机会，便有希望进入仕途。工商者既跻身于士的行列，自然更要积极获取官职，以进一步改善其较为卑贱的身份。因此，这些人对投师游学有极大的兴趣。他们自下而上推动了从师之热的发展。

从师之热还有自上而下的动因，这就是各国、各地统治者尚贤求士、对各类人才的巨大渴求。赵襄子时，任登为中牟令。任登有一次告诉襄子说：中牟有两位叫中章和胥己的名士，他们颇有修养，学识广博，您完全可以器用他们。襄子说："你既然已经了解了，我就打算任命他们为中大夫。"旁边的高级官员提出意见，认为中大夫是晋国的重要官职，如今中章和胥己两人没有一点功劳却被任命为较高职位，恐怕不太合适，何况国君还没有见到他们本人呢，仅仅是听说而已。襄子说："我器用任登是自己亲耳所听、亲眼所见的，任登推荐贤能者也是他亲耳所听、亲眼所见的，难道耳听眼见还有什么截然不同的吗？"襄子话中虽然有诡辩的成分，却也包含了他对任登的高度信任。任登一日之内荐举了两位中大夫，并且给了他们田宅，这一事实在当时太过震撼，具有极大的新闻效应。于是，一时之间，"中牟之人弃其田耘、卖宅圃，而随文学者邑之半"（《韩非子·外储说左上》）。大家都不愿再种地了，纷纷卖掉宅圃而从师学习，渴望有一天也如这两位幸运儿一样，朝为种田郎，暮登天子堂。

由于门派众多，人们从师有很大的选择性。农家学派的许行，晚年到滕国游说，曾向滕文公提出"贤者与民并耕而食"的主张。宋国的学者陈相听说了，便同他的弟弟陈辛一道，背着农具，步行到滕国，拜许行为师。陈相原来是楚国儒者陈良的弟子，他弃儒学农，曾受到孟子的非议。孟子对他说：陈良在楚国生长，爱好周公和孔子之道，并曾到中原地区学习过，当时北方的学者没有超过他的，他真算得上是一个杰出人物了，而你们兄弟俩，跟他学习了几十年，老师一死就背叛了他，这是往不好的方面发展啊！孟子的话间接反映出当时各门派之间竞争的激烈。学者以自己的学说吸引弟子门徒，而从师者则根据自己的兴趣、对世事变化的判断，以及对人生的理解，可转变观念而改换门庭，更换老师[1]。

与战国之时这股私学热、从师热相映成趣的，是春秋初期官学的衰败景象以及人们废官学、毁官校、厌恶学习陈旧知识的风气。《诗经·郑风·子衿》是一首讥讽郑国官学废弛的诗篇。《子衿序》分析了“乱世则学校不修焉”的原因所在。《左传·襄公三十一年》还记载，郑国人游于乡校，大家议论起国家当前的政局，有位叫然明的人主张不如毁掉乡校，并认为无须再建立这样的教育场所。不只地方如此，京畿的官学教育也非常不景气。《左传·昭公十八年》记载，鲁国人见到了周人大原伯鲁，在谈话中，发现周大夫对学习很不重视。鲁大夫闵子马听说后，判断说这将是周王室衰落的预兆。因为原伯鲁提出的“不悦学”，实际上反映了人们心中的“读书无用论”的思想，官员尚且如此，周王室能不衰败吗？

实际上，西周以来的官学所传授的，除了射、御等一些军事知识和技能外，其他所谓的“学问”，都已经与剧烈变动的实际生活相脱节。这样的学问，既不能与社会需要接轨，又不受各诸侯国统治者的重视，学得再好又有什么用处呢？相反，私学兴起之后，所设课目都是应社会之需要而设立的，具有很强的实用性与时代感，而这也正是社会上从师之热兴起的根本原因。两相对比，就更能看出战国之时的从师之热热从何来了。

有意思的是，春秋战国时期的这股从师热，居然也慢慢改变了“子”与“夫子”的原始含义，使之渐渐成为对学者与老师的尊称。在春秋以前，“子”原为对天子所属的卿的尊称，如微子、箕子之类。春秋初期只有少数诸侯所属的卿死后连“谥”称“子”，如卫的宁庄子、石祁子之类；到春秋中期以后，诸侯的卿就普遍连“谥”称“子”；大夫虽然没有连“谥”称“子”，也已相称为“子”，如子服子、子家子之类。到春秋、战国之际，由于士的社会地位的提高，著书立说和聚徒讲学之风兴起，“子”便成为对著名学者和老师的尊称，如孔子、子墨子之类。到战国时代，“子”便成为一般学者的尊称了。古代“夫子”原是对各级军官的称呼，例如周武王在牧野誓师，就称呼各级军官（包括千夫长、百夫长）为“夫子”。到春秋时代，卿大夫当面相称为“子”，背后谈论时，把“夫子”作为对卿大夫的尊称。到春秋、战国之际，由于学者从师的学风兴起，“夫子”开始作为对老师的尊称。后来，“夫子”的称呼就比“子”更有尊重、敬仰的意味了〔2〕。

随着私学的发展，在从师风尚之中，“师”的概念也历史性地获得了新的内涵，即荀子所说的“师者，所以正礼也”（《荀子·修身》）。而且，教师不再必须是官吏，而成为专业化的教育工作者，是单纯的脑力劳动者。同时，学校教育也质变为以书面和口头语言传授间接经验的过程。其中的变革伴随着中国教育史上两次巨大的社会分工——第一次社会分工是社会分化为“劳心者”与“劳力者”，学校为上层贵族所有，教育从物质生产的过程中分离出来，造成教育与生产劳动的脱离；第二次社会大分工则出现在春秋、战国时期，随着士阶层的崛起、文化与教育的下移以及私学的兴盛，教育完成了它的独立化过程。这是中国“教育制度上的一次最大改革”[3]，教师成为真正的教师，教育也成为真正的教育。

注释：

〔1〕朱启新：《中国春秋战国教育史》，人民出版社1994年1月，95-96页。

〔2〕杨宽：《战国史》，上海人民出版社1955年9月1版，1998年3月第3版，465-466页。

〔3〕毛礼锐、沈灌群：《中国教育通史》第一卷，山东教育出版社1985年4月第1版，162-163页。

立言

夏、商与西周之时，“学在官府”，没有私人的著述。奴隶主贵族垄断了知识和学问，而知识与学问又与宗教神权政治紧密结合在一起。官府里的太史、太祝、太卜等官吏，控制了社会的精神生产。这些人就是“王官”，其中既有巫官，又有史官。春秋战国时期，诸子百家蜂起，立言之风盛行，从而创造了中国文化史上最辉煌灿烂的一页。《论语》、《孟子》、《老子》、《庄子》、《墨子》、《荀子》、《管子》、《晏子春秋》、《公孙龙子》、《韩非子》、《商君书》……皇皇巨著，册册光耀，共同擎起了中国传统文化星空中的最亮丽最耀眼部分。这其中，孔子的作用是显而易见的，他虽然自称“述而不作，信而好古”（《论语. 述而》），但以编删“六经”的方式来表达自己的思想，对传统文化的保存与传播起到了不可估量的作用。所以，有人称孔子理应为中国编辑之祖，认为他所编定的“六经”，是我国历史上第一次出现的真正的书籍。

诸子百家的这种立言之风，又是以百家争鸣的格局展现的。春秋战国时期，“礼崩乐坏”，社会的整体结构处于大破坏、大崩溃之中。这种大破坏、大崩溃显示着原有的典章制度、伦理道德、价值观念、思维方法、行为方式、生活风尚已经不适应当时现实的需要，并影响、阻碍着社会的发展和进步。在这种社会大变革、大动荡的情况下，诸子各家各派出于强烈的社会责任感和对个体、群体的关怀意识，纷纷提出了各种各样救治社会的思想和方案，于是中国历史上出现了生机勃勃的“百花齐放”、“百家争鸣”的立言之风。这种百家争鸣、诸子立言的实质，就是对当时生活中人们所遭遇的现实问题的某种理性回答。其中，对人们的生活与社会风尚影响最大的有儒、道、墨、法四家。

作为对中国社会影响最广最深的思想体系，儒家学说由春秋时鲁国的孔子奠定初期基础，经孟子和荀子而确定基本内容，其主要思想内核是“仁”和“礼”。孔子以“爱人”作为“仁”的根本规定，“仁者爱人”包涵着浓厚的人道原则，表现在关心人重于关心牛马这类自然物，讲求“事人先于事鬼神”。在人与人的关系上，孔子讲求相互尊重和友爱，将“恭、宽、信、敏、惠”列为仁爱之德，将“忠恕之道”规定为人与人之间实行“仁爱”的路径，将“孝悌”看做是“仁爱”的根基。孔子的“礼”即指周礼，也就是“亲亲、尊尊”的宗法等级原则和行为规范；孔子倡导要“克己复礼”，“礼”是社会的最高秩序，在社会生活中的人要依“礼”而行。

孟子着重拓展了孔子“仁”的学说，他以“性善说”为出发点，认为仁是每个人先天具有的内在自然情感即“恻隐之心”，把仁这一端放大，便形成“仁德”。孟子认为，内在的“仁德”不仅是个人“仁德”行为的基础，也是社会政治秩序即“仁政”的基础。“仁政”以百姓的安居乐业为目标，因而他主张“民为贵，社稷次之，君为轻”（《孟子·尽心下》），由内而外地拓宽和深化孔子的人道思想原则，使其从人伦之爱上升为心性本体。

荀子着重发展了孔子“礼”的学说，他以“礼”为社会最高准则，“礼者，人道之极”。荀子以“性恶说”为其理论出发点，认为人性是恶的，与动物的自然本性相差不多，而人之所以“最为天下贵”，能够服牛驾马，成为社会精英群体，是因为用外在之礼控制和制约了内在的恶之本性，从而消弭了人际间的利益争夺。荀子摄法入礼，使礼成为法律和伦理的总纲，为后来的法家奠定了思想理论基础。

孔子创立儒学之初，旨在建立以“仁爱”为基础的社会秩序，但这一理想却迟迟得不到实现，于是他到各国游说，企图扩大自己的影响。尽管孔子的学说在当时不被世人所采纳，但其学说的影响却是十分深远的。孔子在当时的思想界就享有很高的声誉，而跟随的学徒门生有 3000 余人，比较著名的就有 72 人。孔子所创立的儒学思想，经汉代董仲舒“独尊儒术”的提升，最终成为中国历代统治阶级倡导的维护社会制度的官学。

儒家创始者孔子死后，墨子创立的墨学继起，成为当时又一影响比较大的显学。墨子所创的“墨学”主要流行于庶民群体之中，这与他的思想内容有关。墨子从儒家学派中分离出来，并以儒学的对立立场出现，他反对儒学的“亲亲有术，尊贤有等”，主张“兼相爱”、“交相利”。墨子主张选择贤良为正长，复太禹之古，各级贵人要与万民同样勤劳生活，放弃剥削的权力。墨家的弟子都非常节俭，生活艰苦，着短衣草鞋，昼夜工作不休息，以自愿吃苦为高尚。墨子主张舍命行道，所以墨子门下多出勇士，墨子认为要对大众有利益而牺牲自己，实现社会的共同富裕。墨子的学说对当时人们影响很大，墨子弟子盛时达300余人。墨子创立学说的最初目的，旨在使墨学取代儒学地位，被统治阶级所接受，然而墨学所提倡的节俭等思想，以及让统治阶级生活艰苦、放弃剥削等说教，都是统治者无法接受的。秦汉统一后，统治者把墨学看做是危险的学说，实行彻底禁绝政策，从此就基本上没有人再讲墨学了。

创立道家学派的老子与孔子同时代，但道家思想的传播和流行却是在战国时期的孟子之后。老子的道家学说对人们生活的主要影响是对人们精神境界的提升。老子认真观察了天地万物变化的情状，仔细审视了人类历史发展的经验，并把这些具体层面的体验提升到了抽象的精神境界，最终用极其高明的辩证法来概括自然界与人类社会的普遍规律。他认为，一切事物的自然法则和规律是“道”，“道”是不可言说的，说出来的就不是“道”了，人们对“道”只能体悟、体验，而不能表达。老子主张在政治、人事上应“抱一”，就是用一方面的“无为”、“好静”、“无事”、“无欲”缓和另一方面的反对力，使事物常常保持原来的情状。他认为“祸兮福之所倚，福兮祸之所伏”，人们要保持安乐，必须“知止，知足”，必须“去甚、去奢、去泰”，必须“知其雄，守其雌；知其白，守其黑；知其荣，守其辱”。老子把“无”作为个体生命与群体社会最高的理想，他指出，学道应当天天进益，行道应当天天减损，损之又损，一直到无为，无为才能无不为，无为、清虚、静止应当是人们最高的精神追求。总之，老子认为人应该遵从自然界的固有法则，顺应自然而不是改造自然。老子主张的理想社会是使老百姓“虚其心，实其腹，弱其智，强其骨，常使民无知无欲”，让百姓“甘其食，美其服，安其居，乐其俗”，过着“邻国相望，鸡犬之声相闻，民至老死不相往来”的美满生活。

庄子承袭并发扬了老子“天道无为”的思想，阐述了他“知其不可奈何而安之若命”的人生观。庄子认为，人之所以有痛苦，不自由，是因为受到现实世界诸如是非毁誉、荣辱升迁、贫富差距、贵贱等级等困扰，是由于人们都有所依赖、有所期待、有所希求而造成的，他把这种现象叫做“有待”。在庄子看来，只要人们有所期待，人就不能绝对自由；人要达到自由境界，就要做到“无己”、“无名”、“无功”，这就是无所期待的境界。为了实现无所期待的逍遥境界，就要“齐是非”、“齐贵贱”、“齐生死”，即达到“天地与我并生，万物与我为一”的“齐物”境界。以忘形去知的态度面对世界上的重重矛盾，不以物喜，不以己悲，无牵无挂，逍遥而行，获得精神上的绝对自由，保持自我的天机完整。

法家由春秋时管仲开其源，中经商鞅、慎到、申不害的发展，最后由韩非集大成。韩非吸收荀子的儒家学说、老子的道家学说，以及东周以来郑国传统的法家、名家思想，构成了自己的刑名法术之学。韩非扩充并丰富了荀子的“性恶论”，主张废弃礼乐，认为人君统治臣民主要依靠峻法严刑，认为君主应乘势执术，臣下当守法奉令，君主治理国家，应当采取强制性的命令和权术，让臣民绝对服从。韩非的法家思想，为封建的中央集权制提供了理论基础。战国后期，秦国按照法家的思想原则统一了全国，建立了秦王朝，并继续以严厉的法制思想治理国家，很快使秦朝“积民怨日深”，仅传到秦二世，就被汉朝取代，法家思想也同时被儒家思想从官学的地位赶得无踪无影，法家思想在中国传统社会中也就再也没有得势。

不仅儒、墨、道、法的思想和言论被各家的弟子或传人记录下来，形成著作，而且其他各家各派也大都如此，这便形成了先秦的所谓“子书”。《左传》中有所谓“三不朽”的追求：“太上有立德，其次有立功，其次有立言。虽久不废，此之谓不朽。”事实上，先秦诸子的思想也正是通过这种“立言”的行为而达到不朽之境界的。讲“立言”，就不能够光看其思想内容，还要顾及其语言形式。孔子说：“言之无文，行而不远。”（《左传·襄公二十五年》）正是为了使思想得到更广泛的传播，人们开始注重语言的形式。如果说特立独行的思想造就了诸子哲学的精神内涵，那么，不同风格的语言则促成了先秦散文的崛起。《汉书·艺文志》里将“诸子”分为儒、道、阴阳、法、名、墨、纵横、农、杂、小说诸家，诸子散文指的就是这些学者的语录、文章。诸子的著述，不少已经失传，保存到现在的，主要有儒家的《论语》、《孟子》、《荀子》，墨家的《墨子》，道家的《老子》、《庄子》，法家的《韩非子》，杂家的《吕氏春秋》等。诸子散文在文风上各具特色。《论语》言简意深，如“三人行，必有我师焉”、“岁寒，然后知松柏之后凋也”等语句，都是带有哲理性的格言警句。《墨子》文辞朴实而具有严密的逻辑性，如《公输》篇，从浅显的事例入手，运用类比、推理等手法论证自己的结论。《孟子》明白流畅而善辩，如《齐桓晋文之事》章，读来波澜起伏，跌宕生姿。《庄子》汪洋恣肆，善于大量地运用寓言故事阐述事理，富有浪漫主义色彩。

诸子散文与《尚书》、《春秋》三传、《国语》、《战国策》等历史散文是先秦人们立言风尚的结晶。它们共同构成了不朽的先秦散文，在我国文学史上具有重要的地位，成就了我国散文史上的黄金时代。

论辩

“百花齐放”的思想解放运动，必然带来“百家争鸣”的学术论辩风气。初始于春秋而大盛于战国的论辩风气，对于中国文学、中国哲学乃至对于中国历史进程都起了非常积极的作用。当时的辩士大致有四种人：一是以墨子、孟子、荀子为代表的贤者、儒生，他们勇为王者师，论说治国平天下的大道理，往往有完美主义倾向，有超越于现实之上的人文理想，有远大的社会和政治目标；二是以惠施、公孙龙子为代表的纯粹辩士，析辞辩理，好为抽象之论，解剖事物，推演道理，正是他们促进了中国思辨哲学、逻辑推理的发展；三是以苏秦、张仪为代表的外交谋士，以出谋划策、纵横捭阖为务，现实政治性最强；四是以杨朱、庄子为代表的遗世高蹈、独善其身的思想家，他们偶尔也参加辩论，不为打动别人，只为标新立异。

孟子的好辨在当时就很有名了，公都子曾就此问他，他为自己辩解道：“予岂好辩哉？予不得已也。”并讲了一大通道理。（《孟子·滕文公下》）实际上，《孟子》一书从头至尾，几乎就是孟子本人和当时各色人物论说、论辩的精彩记录。其中，以孟子与许行的论辩较有代表性。许行是战国时期农家的代表人物，其事迹与主张仅见于《孟子·滕文公上》，由《孟子》记载得知他“自楚之滕”，孟子称他“南蛮鴃舌之人”，可见许行是楚国人。他有门徒几十个，都穿着粗麻织成的衣服，靠打草鞋、织席子为生。许行带领门徒来到滕国，不求高官厚禄，仅希望得到一片土地、一间房屋，定居下来，从事耕种。许行的主张，由《孟子》引陈相转述许行的话语，知其主要有两点：一是“贤者与民并耕而食，饔飧而治”；二是“市贾不二，国中无伪”。孟子反对农家许行的学说，尤其驳斥许行“君臣并耕”的说法，并进而歌颂尧、舜、周公、孔子之道。为了宣扬儒家学说，孟子还提出了“劳心者治人，劳力者治于人；治于人者食人，治人者食于人”的所谓“天下之通义”（《孟子·滕文公上》），认为劳心者对劳力者的统治是合理的现象，是必要的社会分工。此外，孟子还选用“吾闻出于幽谷迁于乔木者，未闻下乔木而入于幽谷者”的譬喻，说明学术思想应该进步，而不应后退，以斥责农家学说。他最后指出：“从许子之道，相率而为伪者，恶能治国家？”（《孟子·滕文公上》）

孟子之后的另一位辩论大师是荀子。荀子时代，也是齐国稷下学宫最为兴盛的时期，学宫汇集了当时各种学派的学者、学生，最兴盛时有数万人。儒、法、道、名、兵、农、阴阳等家的著名学者无不在此设坛讲学，相互辩难，形成了“百家争鸣”的大好局面。在这种情况下，辩论自然成为学士们的家常便饭。荀子曾三为稷下学宫的祭酒，其渊博的学识和良好的辩才可想而知。荀子不仅具有丰富的论辩实践，还有关于论辩的理论性作品《非相》：

凡言不合先王，不顺礼义，谓之奸言；虽辩，君子不听。法先王，顺礼义，党学者，然而不好言，不乐言，则必非诚士也。故君子之于言也，志好之，行安之，乐言之，故君子必辩。……是以小人辩言险，而君子辩言仁也。言而非仁之中也，则其言不若其默也，其辩不若其呐（讷）也。言而仁之中也，则好言者上矣，不好言者下也。故仁言大矣：起于上所以道于下，政令是也；起于下所以忠于上，谋救是也。故君子之行仁也无厌，志好之，行安之，乐言之，故言君子必辩。小辩不如见端，见端不如见本分。小辩而察，见端而明，本分而理；圣人士君子之分具矣。有小人之辩者，有士君子之辩者，有圣人之辩者：不先虑，不早谋，发之而当，成文而类，居错迁徙，应变不穷，是圣人之辩者也。先虑之，早谋之，斯须之言而足听，文而致实，博而党正，是士君子之辩者也。听其言则辞辩而无统，用其身则多诈而无功，上不足以顺明王，下不足以和齐百姓，然而口舌之均，噡唯则节，足以为奇伟、偃却之属，夫是之谓奸人之雄。圣王起，所以先诛也。

荀子把论辩视为关乎国计民生的大事，是“王业之始”，并把辩者分为三类：小人之辩、士君子之辩和圣人之辩，这可谓关于此时辩论理论的最高总结。

春秋战国时期的论辩之风甚至波及少年儿童。据记载，孔子也曾被两小儿的辩论难倒。据《列子·汤问》记载，孔子东游，见两小儿正在就太阳究竟是早晨离人近还是中午离人近的问题进行辩论。一儿曰：“日初出大如车盖，及日中则如盘盂，此不为远者小而近者大乎？”一儿曰：“日初出沧沧凉凉，及其日中如探汤，此不为近者热而远者凉乎？”孔子不能决也。两小儿笑曰：“孰为汝多知乎？”连那时的小孩子也能进行如此高层次的辩论，以至于让孔老夫子也哑口无言了。

关于庄子的一则有名的辩论，也在历史上留下了深远的影响：

庄子与惠子游于濠梁之上。庄子曰：“儵鱼出游从容，是鱼之乐也？”惠子曰：“子非鱼，安知鱼之乐？”庄子曰：“子非我，安知我不知鱼之乐？”惠子曰：“我非子，固不知子矣；子固非鱼也，子之不知鱼之乐，全矣。”庄子曰：“请循其本。子曰‘汝安知鱼乐’云者，既已知吾知之而问我。我知之濠上也。”（《庄子·秋水》）

战国时还有一个著名的辩题是“白马非马论”，《墨子》中提到过这个命题，而《公孙龙子》、《吕氏春秋》和《韩非子》中对它的记载就更详细了。这个故事有多种版本，其中有一个流传比较广的，是说公孙龙子有一次骑了匹白马过关，守关的人不让他过，说：“马禁止过关。”他就论辩了一番，说：“我骑的是白马，不是马。”守关者辩不过他，只好放他过去了。

在当时，最能显示出旷世辩才的，当属“合纵”、“连横”的主角苏秦、张仪两位了。他们起于草莽之中，唇枪舌剑，游说天下，凭三寸不烂之舌，捞取巨额政治资本，并以此左右天下形势。他们都是鬼谷子的学生，都以口舌之辩游说六国，推行自己的主张，苏秦主张六国“合纵”共同对付秦国，张仪则大施“连横”之术，力劝六国西向事秦。

苏秦最先说服魏国“合纵”。他用的是激将法。魏国虽然是一弹丸之地，在六国中力量最弱，苏秦却以他的口舌激发起魏王的斗志，使之痛下决心，合纵抗秦。苏秦首先进言：“大王之地，地方千里，人民之众，车马之多，魏，天下之强国也。”此话让魏王树立了自信心，克服了恐秦心理。接着，他指出事秦的危害：“事秦必先割地以效实，故兵未用而国已亏矣。”魏王听后，没有了自己的主张，于是，苏秦认为到了推出合纵主张的时候了：“大王诚能听臣，六国从亲，专心并力，则必无强秦之患。”魏王的心被说动了。最后，苏秦以“事秦为天下笑”使魏王下定决心，投入合纵的行列。既然像魏国这样的弱国都被苏秦说服“决不事秦”，那些比魏更有实力的国家又哪肯轻易向强秦低头呢？就这样，合纵政策得以成功实施。（《史记·苏秦列传》）

在张仪破坏合纵、实施连横策略的过程中，说服齐国是重要的一环。张仪对齐王侃侃而谈，他认为，“天下强国无过齐者”。但齐国与秦国的力量就像齐国与鲁国的力量悬殊一样，是不可比的，因此，对抗秦国是没有出路的。接着，他设法打消齐王试图合纵抗秦的幻想。齐国这样有实力的国家尚且不堪张仪的威逼利诱，其他小国就更不在话下了，于是，纷纷割地献城，惟恐后人一步。（《史记·张仪列传》）

孔子的弟子中，最为“利口巧辩”的弟子是子贡。《史记·仲尼弟子列传》中说，齐国权臣田常率大军伐鲁，孔子派子贡出游，子贡使齐后面见田常，指陈利害，道理奇特而切中要害。然后往返吴越之间，出谋划策，之晋，返鲁。所谓“子贡出，存鲁，乱齐，破吴，强晋而霸越。子贡一使，使势相破，十年之中，五国各有变”，充分展现了子贡口齿伶俐、巧于辞令的游说才能。孔子去世后，鲁国人都说子贡贤于孔子，这与他非凡的辩说能力是分不开的。

爱乐

国人爱乐，自古有之。传说神农氏“捋土鼓，以致敬于鬼神，耕桑得利而究年受福，乃命刑天作‘扶犁’之乐”；葛天氏有“三人操牛尾”而舞的“旄舞”，又有“广乐”；少暤作“大渊之乐”（《路史·后纪》）。此外，周代有所谓“六代之乐”，即黄帝乐“云门大卷”、尧乐“大咸”、舜乐“大韶”、夏禹乐“大夏”、商汤乐“大濩”、周武乐“大武”（《周礼·春官·大司乐》）等。自周公“制礼作乐”以后，乐在国人生活中便有了更为重要的地位。《礼记·乐记》称“乐由中出，礼自外作”，再三申述“乐”的精神作用和社会意义：

> 圣人作为鼗、鼓、椌、楬、埙、篪，此六者，德音之音也，然后钟、磬、竽、瑟以和之，干、戚、旄、狄以舞之，此所以祭先王之庙也，所以献酬酳酢也，所以官序贵贱各得其宜也，所以示后世有尊卑长幼之序也。

由于乐在祭祀鬼神、供奉祖先、酬飨宾客的活动中有着不可或缺的作用，便成为与“经国家、定社稷、序民人”的“礼”相提并论的两大精神支柱。统治者推崇乐，不仅是由于它有着祭神祀祖、赏心悦目的作用，更在于它有着沟通情感、凝聚人心的社会功能。

以乐佐食，早在夏代上层贵族阶层间已甚流行，也是商代贵族日常生活之所尚。

商代乐舞盛逾夏代，凡祭祀或贵族飨宴，几乎无不用乐，故文献有“殷人尚声”之说。《礼记·郊特牲》对此有记载：

殷人尚声，臭味未成。涤荡其声，乐三阕，然后出迎牲。声音之号，所以诏告于天地之间也。

说的是商代祭祀中以“声”贯穿始终。商族后裔祭成汤的乐歌《商颂·那》具体描绘了在鼓、管、钟、磬的齐鸣声中，和着歌声，向成汤致敬的场面。商代乐器品类众多，甲骨文中记载了18种乐器名，有管乐器、弦乐器、打击乐器和吹奏乐器等。商代的乐师，主要是由称作“万”的人组成，甲骨文中有“万其奏”、“万其作庸”等的记载，可见“万”熟悉有关乐器的性能，称得上是商代出色的演奏家。

礼乐制度的建立，是使周王朝得以有效地治理天下的历史性大事，因此也可说是周朝立国的根本性措施之一。其中，周人对音乐在政治统治方面所具有的作用的重视程度，远远超过中国历史上的任何朝代。在武王伐纣的檄文中，就以纣王废置先祖的音乐而沉迷于靡靡之音为一大罪状。据说，武王在八百诸侯来会并要求他率军伐纣的情况下，依然坚持回兵，不求谋反；一直到商王朝的宫廷乐师太师疵和少师强携乐器来归，他才下决心进军。因此，音乐在周王朝代商而立的历史变革中所起的作用成了一个象征，充分显示了周人对音乐的高度重视和音乐在周人观念中的神圣意识。

由于当时大多数人都是文盲，其他文教活动也不普及，所以周统治者主要是通过音乐活动来对治下民众进行道德教育和观念灌输的。这有点像宗教仪式，但它并没有也不需要以神的名义。人们通过音乐活动学会各种以“先圣先王”的名义传下来的行为规范和社交礼仪，缺乏这种音乐教育的地方被认为是未开化的蒙昧野蛮地区。于是，学习礼乐在当时便成为一种普遍的社会风气。一些想进入统治阶层的士人必须首先懂得礼乐，将自己培养成一个符合贵族标准的“君子”，才能够步入上层社会。与此同时，贵族子弟即使世袭为官，也必须掌握有关的礼乐知识，才能够成为一个合格的行政人员。如此说来，“礼”、“乐”不仅是当时人们必备的行为规范和艺术修养，同时也是治理国家的手段与途径。这便是所谓“忠孝安邦，礼乐治国”的奥秘。在这种情况下，学习礼乐便成了一种时髦，一种风尚。

应该指出的是，“中国旧时的所谓乐，它的内容包含得很广。音乐、诗歌、舞蹈，本是三位一体可不用说，绘画、雕镂、建筑等造型美术也被包含着，甚至于连仪仗、田猎、肴馔等都可以涵盖。所谓‘乐者，乐也’，凡是使人快乐，使人的感官可以得到享受的东西，都可以广泛地称之为‘乐’。”[1]郑玄注《诗经·郑风子矜》时说：“古者教以诗乐，诵之，歌之，弦之，舞之”，表明其形式的多样性。

唱诗、乐舞，在周贵族们的礼仪活动乃至政务活动中，是人们表明自己的政治态度和显示意图的最常用的手法。所以，当时经常可见到这样的现象：君臣们、各级贵族们欢聚一堂，歌诗应答，觥筹交错，相率起舞，其乐融融，给人的印象是在举行一场歌舞晚会，可实际上也许是一场重大的政治较量或外交谈判正在进行，因为每一句诗，每一个乐舞，实际上都是在言说着某种有关国事的观点和想法[2]。

《史记·田敬仲完世家》记载一段驺忌子偷听齐威王弹琴并加以评论的故事。齐威王最初对驺忌子偷听他弹琴很不高兴，但由于驺忌子评论得头头是道，遂转怒为喜，最后竟委任驺忌子为齐国丞相。因为论琴而成为丞相，这在古今中外政治史上实为罕见。

《论语·宪问》中说：

> 子击磬于卫。有荷蒉而过孔氏之门者，曰："有心哉，击磬乎！"既而曰："鄙哉，硁硁乎！莫己知也，斯己而已矣！'深则厉，浅则揭。'"子曰："果哉！末之难矣。"

这一段讲的是击磬的孔子和一个担着草筐的汉子的对话。后者听懂了孔子在音乐声中所要表达的意思，劝孔子不要抱怨别人不知道自己，应该根据不同的社会情况而采取不同的行动，最后引用了《诗经·邶风·匏有苦叶》中的一句诗来总结自己的想法。从这一个小小的例子，我们就可见用音乐交流在当时是一种多么流行的做法了。

孔子不仅会击磬，还会鼓琴。《史记·孔子世家》中说："孔子学鼓琴师襄子，十日不进。师襄子曰：'可以益矣。'孔子曰：'丘已习其曲矣，未得其数也。'有间，曰：'已习其数，可以益矣。'

孔子曰：‘丘未得其志也。’有间，曰：‘已习其志，可以益矣。’孔子曰：‘丘未得其为人也。’有间，（曰）有所穆然深思焉，有所怡然高望而远志焉。曰：‘丘得其为人，黯然而黑，几然而长，眼如望羊，如王四国，非文王其谁能为此也！’师襄子辟席再拜，曰：‘师盖云文王操也。’”经过不懈的努力，孔子的鼓琴水平终于到了登峰造极的地步，他的音乐造诣与感受力也的确非同一般，难怪后来在齐国听到《韶》乐，竟然能“三月不知肉味”。音乐的力量在当时是如此巨大，我们在后世的社会生活实践中几乎再也无法找到了。

湖北随州曾侯乙墓出土的编钟

孔子所编辑过的《诗经》，其实也是一个音乐的文本。有专家认为，孔子对《诗经》的整理工作，主要是从乐理方面下手的。《诗经》所包含的歌曲，在周朝极为流行。“风”、“雅”、“颂”就是根据音乐的不同来划分的。“风”是各地的民歌，是地方土调；“雅”是当时宫廷的所谓正声；“颂”则是宗庙祭祀祖先的古典乐章。

雅乐到春秋晚期趋于衰落，代之而起的是新乐（“新声”）。所谓新乐，是在民间蓬勃而起的新型歌舞艺术，代表了一种更加感性化、世俗化的审美趣味。它热情奔放，风格活泼，色彩绚丽，旋律动人，使呆滞森严的雅乐相形见绌，望尘莫及。新乐由于适应了发展中的生活实践，有旺盛的生命力，而受到广泛的欢迎，爱好新乐成了一时的风尚。到战国中后期，新乐已成燎原之势。孟子说：“今之乐，犹古之乐也”，也就是肯定了新乐与古乐的同等重要性，并鼓励梁惠王“与民同乐”（《孟子·梁惠王下》）。但新乐中的一部分也包含有低俗的“靡靡之音”。《乐记·魏文侯》记载，魏文侯衣冠整肃地听古乐就会打瞌睡，而听民间流行的“郑卫之音”就不知疲倦。“郑卫之音”以放荡不羁著称，魏文侯喜欢这种民间音乐，说明这种民间的通俗乐舞已经成为王侯将相日常生活中的一部分，发展势头是惊人的。

与北方风靡一时的“郑卫之音”相媲美的，还有南方民间的“楚声”、“楚调”。战国时期，这些属于楚国地方的民间乐曲也极富地方特色，如《涉江》、《采菱》、《九辩》、《九歌》、《薤露》、《阳春》、《白雪》、《下里》、《巴人》等。学者认为，“南音”与中原的“风”、“雅”、“颂”在方言、音调、曲体结构和表达方式上均存在着明显的区别。楚歌的特点主要体现在以下四个方面：浓郁的楚地方音；音韵清切、悲凉；引商刻羽，杂以流徵的歌唱特点与调式；穿插唱和、多层次地宣泄情感的歌唱形式与曲体结构，“兮”字多在句中。楚歌比《诗经》在形式上更为成熟，因此在情感的宣泄和思想的表达上更为充分与自由[3]。

“客有歌于郢中者，其始曰《下里》、《巴人》，国中属而和者数千人；其为《阳阿》、《薤露》，国中属而和者数百人；其为《阳春》、《白雪》，国中属而和者不过数十人；引商刻羽，杂以流徵，国中属而和者不过数人而已。是其曲弥高，其和弥寡。”（《文选·对楚王问》）宋玉的这一篇《对楚王问》，虽然有寓言之意，大致上还是符合当时社会生活的实际情况的。

春秋战国时期乐舞兴盛，也带动了这个时期乐器的发展。1978年湖北省随县曾侯乙墓出土的战国早期乐器中，计有编钟、编磬、鼓、瑟、琴、笙、箫、笛8种共124件，是迄今为止出土乐器文物中最为完整的，颇具代表性。由于对音乐的痴迷，统治阶层不惜耗费大量的人力财力进行音乐人才的培养和乐器的研制，以至于引发了墨子的“非乐”主张：

> 是故子墨子之所以非乐者，非以大钟、鸣鼓、琴瑟、竽笙之声，以为不乐也；非以刻镂、华文章之色，以为不美也；非以犓豢煎炙之味，以为不甘也；非以高台、厚榭、邃野之居，以为不安也。虽身知其安也，口知其甘也，目知其美也，耳知其乐也，然上考之，不中圣王之事；下度之，不中万民之利。是故子墨子曰：‘为乐，非也！’”（《墨子·非乐》）

除了墨子这番“矫枉过正”的“非乐”言论之外，这个时期也出现了正面肯定音乐的理论著作。其中荀子的《乐论》，便是一篇颇具总结意义的音乐理论文章。除此之外，还有据说是公孙尼子所做的《乐记》，更加系统地讨论了与音乐有关的各方面的内容，包括音乐的本质、音乐与政治的关系、音乐的社会功能以及音乐的美感认识等。它那丰富的美学思想，对两千多年来古典音乐的发展有着深刻的影响，并在世界音乐思想史上占有重要的地位。

注释：

〔1〕郭沫若：《青铜时代》，人民出版社1954年版，187页。

〔2〕彭亚非：《郁郁乎文》，河南人民出版社2000年11月1版，61、72-74页。

〔3〕宋公文、张君：《楚国风俗志》，湖北教育出版社1995年版，328-334页。

赏玉

国人重玉、赏玉，在世界各民族中是一种特殊的审美习尚，而玉文化带给中华民族的影响也是极其深远的。在某种意义上，玉文化甚至可以说为中国所独有。英国科学家李约瑟博士在他的名著《中国科学技术史》就认定："对玉的爱好，可以说是中国文化的特色之一，三千多年以来，它的质地、形状和颜色一直启发着雕刻家、画家和诗人的灵魂。"

人类的发展史，按工具的进步来划分，可分为石器时代、铜器时代、铁器时代。在中国，横亘在石器、铜器之间还有一个玉器时代，即使铁器出现之后，玉石文化仍具有强大的生命力。随着中国考古发掘出土的玉器越来越多，又鉴于中国古代重玉、赏玉的历史事实，不少学者认为在中国历史上应该有一个玉器时代。类似的思想，东汉袁康在《越绝书·宝剑篇》中已经提出来了。刘大同在《古玉辩》中也认为："伏思吾国文化之开化，以玉为最早，其他皆在其后。"而据统计，在《汉语大辞典》中，以"玉"为词根的词和词组多达1268个。从考古实践与历史事实来看，中国的玉器时代滥觞于新石器时代末期，夏、商、周时达到全面繁荣，两汉之后才开始衰落。

中国古代对于玉的理解，并不限于标准的矿物学概念，而是有着更多的文化内涵。东汉许慎《说文解字》中说："玉，石之美具五德者。"这代表了整个中国封建时代对玉的认识。中国古人对于玉，并不仅仅看它的硬度，还看其质地、色泽、纹路等外观是否美，能否给人带来视觉的快感；更要看它能否体现相应的伦理观念。自然美与社会美融合，成为中国玉的主要品格。在相当长的时期内，中国人把玉看得比黄金还要贵重。因为每一两黄金是一样的，而每块玉都是不同的，是有个性的，故有"黄金有价玉无价"的说法。

根据考古发掘的材料，中国最早的玉器发现于浙江余姚河姆渡原始文化遗址中，距今约七千年。黄河下游、长江流域和西辽河流域是三个主要产玉区。目前在中国发现原始玉的地点有七十多处。原始玉按用途分为装饰、生产工具、武器、礼仪等四类。从已经发掘的实物观察，年代最早的是装饰玉，可见玉最初就是以它的审美价值被古人看中的。河姆渡出土的玉器有玦、珠、璜、管；半坡仰韶文化遗址出土的玉器有耳坠；它们都是装饰品，这一发现一定会让那些过度重视实用理性、言必称生产实践的人们感到惊讶。不过，对此问题，学界还有争议，有的学者认为最初的玉器应该是实用的，并不是装饰品或祭祀用品，它也同石器一样用于生产〔1〕。

随着社会的不断进步，玉被赋予越来越复杂的文化内涵，其内在精神特性被突出地"挖掘"、放大、表现出来。1971 年在内蒙古三星塔拉村出土了一件以猪首为基本特征的玉龙，1982 年在辽宁喀左县东山嘴红山文化遗址出土了双龙首璜形玉饰，都是引人注目的重大发现。前者的龙体呈C字形，高26厘米。吻部前伸，向上弯曲，嘴紧闭。鼻端截平，上端边有锐利的棱线，端面近椭圆形，有对称的双圆洞为鼻孔，具有猪首的特征。这件大型玉龙，是一整块玉料的圆雕，细部运用浮雕、浅浮雕手法表现，通体琢磨，光洁圆润。龙体伸曲刚劲有力，长鬣高扬，显得极有生气。此种形态的龙对后世影响很大，与商、周玉龙，特别是殷墟妇好墓出土的玉龙有些相似，堪称殷商玉龙之鼻祖。它是红山文化玉器的代表作，表明龙早在新石器时代就已经被我们的祖先所崇拜。后者是双龙首璜形玉饰，淡绿色，长4厘米。璜形饰中部对穿一孔，两端各作一龙首，吻向前伸，上唇翘，口微张，目作菱形框，身饰瓦沟纹样。因它出现在祭坛中心，当与祭祀活动有关，所以引起考古学家格外的注意，被认为有宗教祭祀内涵。

许多古代文献反映，夏朝是一个崇尚玉文明的朝代。例如，在夏禹为统一疆土而进行的征伐三苗之战中，就留下了玉崇拜的痕迹。据《墨子·非攻》记载，夏禹征战三苗，“有神人面鸟身”“奉圭以待”前来助阵斯杀。“奉圭以待”正是玉崇拜的一种表现。在禹所发动的这场大规模征战之中，圭代表的是天意，这与大禹“亲把天之瑞令”是一个道理。这还说明玉在当时既是号召的旗帜，又是统驭各部的法度。古代传说中关于大禹和玉关系的记叙还有多种，如《拾遗记》说神授大禹玉简，“禹即执持此简以平定水土”，还有“禹会诸侯于涂山，执玉帛者万国”等等。总之，夏之立国和玉文化有着紧密的关联。从考古资料来看，近些年由于河南二里头文化遗物的大量出土，使我们对夏代用玉情况有了更为具体的认识。

在二里头文化遗址中出土的玉器有玉钺、玉铲、玉戈、玉圭、七孔玉刀、玉柄形器、玉琮、玉板等，有的属于装饰品，有的则是礼器。夏代有一件著名的玉器“夏后氏之璜”，被后世视为稀世珍宝，与著名的“和氏璧”相提并论。《淮南子·精神训》中说：“夫有夏后氏之璜者，匣匮而藏之，宝之至也。”

商代玉器种类很多，有璜、玦、环、璧、戈、刀、铲、斧、豆、簋、盘等，还有玉象、玉虎、玉兔、玉龟、玉鱼、玉蝉等玉雕的各种动物形象，造型生动，琢制精巧。其中最值得提及的是1976年发掘的殷墟妇好墓出土的大批玉器，共755件，约占随葬品总数的39.2%，色泽以绿色为主。周武王灭商时，商纣玉“取天智玉琰缝身自焚”（《汲冢周书·世俘解》），《史记·殷本纪》中也提到：“纣衣其宝玉，赴火自死。”这一例子充分说明了玉在商代人们心中的重要性。《逸周书·世俘解》：“凡武王俘商旧宝玉四千，佩玉亿有百万。”《史记·周本纪》也提到：“（武王）命南括史佚展九鼎宝玉，乃罢兵西归。”武玉灭商，收获了大量的商国玉器，也从一个侧面看出了玉在殷商的普遍应用。

周承殷制而更有所发展，周礼制严格，玉器为礼制服务，被赋予更加丰富的内涵。玉被神化和人格化，特别是被道德化和审美化，君子比德于玉。玉甚至被视为长生不老之药和防止尸体腐烂的防腐剂。周代玉器是中国玉器史上的高峰，数量之多，质量之高，都是空前的。西周上层统治者重玉、赏玉之习，比起商代统治者有过之而无不及。春秋、战国时期的玉器种类，主要有：璧、琮、璜、管、珠、佩、琀、串饰、勒、瑗、环、圭、璋、柄形器、戈、带钩、镜

商代跪坐玉人

架、匕等，多数为礼器，少部分为生活用具。考古发掘实践也表明，春秋战国时期，用于礼制和装饰的玉器在上层社会是很普遍的。

玉在两周上层统治者心目中具有崇高的地位，被赋予丰富的伦理观念，渗透到人们生活的各个领域。天下财物“九谷八材”，珠、玉是两材。天下贵重之物以玉帛代称。诸侯向天子献宝，称为“玉献”。天子、诸侯王冕服上重要处以玉为饰。天子、诸侯王死，入圹，以玉加币，死者口中含玉，身旁葬玉。皇宫最贵重的礼器“六瑞六器”，均以玉为之（“六瑞”指：圭、璋、璧、琮、琥、璜。“六器”指：苍璧、黄琮、青圭、赤璋、白琥、玄璜）。朝中设专门掌管“金玉玩好兵器”的机构，以“玉府”命名（《周礼·天官冢宰下》）。

诸侯会盟时，为显示郑重，以珠盘盛牛耳，以玉敦盛牲血（《周礼·天官冢宰下》）。天子所用邦节以玉为之（《周礼·地官司徒下》）。宫中设有专门掌管玉器的机构——“典瑞”（《周礼·春官宗伯下》）。天子乘有五辂（五种车子），以“玉辂”为最贵重（《周礼·春官宗伯下》）。国君亦名“当璧”（《左传·昭公元年》）。天子、诸侯祭祀“必用牺牲玉帛”（《左传·昭公十八年》）。“君子无故，玉不去身。”（《礼记·玉藻》）

关于玉在古代的作用，杨伯达概括为五个方面：玉器作为珍宝，玉器用于殡葬，玉器用于祭祀，玉器作为信物，玉器象征道德。有关以玉象征道德，荀子有“七德”说（《荀子·法行》），管子有“九德”说（《管子·水地》），而《礼记·聘义》则提出“十一德”之说。有一次，子贡问孔子：君子贵玉而贱珉是什么原因，是不是因为珉多而玉少的缘故？孔子很不高兴地回答说，君子岂能用数量来区别贵贱，君子所以重玉是因为它可用以象征道德。

为了说明玉在先秦之时的重要性，我们可以拿玉璧来做一例证。玉璧在秦代以前被视为镇国之宝，其地位大概仅次于鼎。有一个著名的成语“唇亡齿寒”，讲的就是一块玉璧的故事。说的是晋献公送给虞国国君一块“垂棘之璧”，希望他同意晋国军队借道虞国去伐灭虢国。虞国大夫宫之奇极力反对，说：“虢国与虞国相依相亡，唇亡而齿寒，如果晋国灭掉了虢国，虞国也就会随之灭亡了。”虞国国君贪爱玉璧，同意了晋国的要求，结果晋国在灭掉虢国之后，回军路上顺便也将虢国灭掉了（《左传·僖公五年》）。另一个故事是说秦国为得到“和氏璧”，诈以数城相换；而赵国蔺相如不惜以生命为代价，在渑池会上与秦王斗智斗勇，最后“完璧归赵”，传为千古佳话。据史书记载，周武王灭商后，微子启反缚双手，口含玉璧，让仆人抬着棺材去投降周武王，准备一死。武王亲自为微子启松绑，接受了他的玉璧，烧掉棺材，给以礼遇，特准许他回到原封地去（《左传·僖公六年》）。齐恒公称霸，诸侯都去朝贺，卫国未去，齐君大怒，欲兴师问罪，卫姬摘下簪珥，解下璧佩向齐请罪，恳求宽恕，桓公于是接受了她的道歉。

再以玉玦为例。形似环而有缺口的玉器称为玦。《白虎通义》解释说，君子能决断则佩玦。据《左传·闵公二年》记载，公元前660年，晋献公派太子申攻打东山的皋落氏。太子帅大军出征，晋献公命他穿左右两色的衣服，佩戴金玦。公子觉得这是一种不祥的征兆，恐父王有废他之意。在当时，衣服是身份的标志，佩饰是心意的外化，父王赐他穿杂色衣服，是暗示疏远，让他佩戴金玦，表示要废弃他。杂色意味冷薄，金象征寒冷，玦谐音决绝。《荀子·大略》中说：“绝人与玦，反玦以环。”《大戴礼记·王度记》中说：“人臣赐玦则去。”公子申后来果然被废了，玉与人的命运的联系居然会如此有趣而紧密，这对后人来说可能是不可思议的。

我们还可以玉佩为例。玉佩在春秋战国墓中出土很多，制作大多很精美。玉佩有何作用？第一，军队统帅佩玉，在外祷请可用之。《左传·哀公三年》中提到，在一次战争中，卫太子祷曰：“大命不敢请，佩玉不敢爱。”意思是说关系死生的命运不敢祈请，佩玉不敢私爱，用以敬献上神。第二，玉佩可以协调人的动作。《诗经·卫风·竹竿》中说：“巧笑之瑳，佩玉之傩”，意思是说：巧笑露齿少年游，行动佩玉有节奏。《诗经·郑风·有女同车》中说：“将翱将翔，佩玉琼琚。将翱将翔，佩玉将将。”意思是说：我们在外同遨游，美玉佩环身上挂；我们在外同游玩，身上佩玉响丁当。第三，以玉佩表示等级。《礼记·玉藻》中说：“佩玉有衡牙，君子无故，玉不去身。君子于玉比德焉。天子佩白玉而玄组绶，公侯佩山玄玉而朱组绶，大夫佩水苍玉而纯组绶，世子佩瑜玉而綦组绶，士佩瓀玟而缊组绶。”绶指穿系玉佩的带子，由于身份不同，所佩之玉不同，系玉带子的颜色也不一样。第四，佩玉可以用作表达爱情的信物。《诗经·郑风·女曰鸡鸣》中说：“知子之顺之，杂佩以问之。知子之好者，杂佩以报之。”《诗经·王风·丘中有麻》中说：“彼留之子，贻我佩玖。”

先秦文学作品乃至整个中国古代文学创作中，还有一个“以玉喻女”的传统，即用美玉来形容女性的容貌和气质。早在《诗经》中，国人就创造了诸如“彼其之子，美如玉”，“有女如玉”的诗句，类似的例子在先秦文学作品乃至整个中国古代文学中举不胜举，俯拾即是。我们不仅有“玉女”、“玉人”、“玉姝”、“玉儿”之说，中国古代女性身体几乎各部位都有以玉相喻的例子，如“玉荀”、“玉钩”、“玉弓”喻女性的足，“玉指”、“玉葱”、“玉纤”喻女性的手指，此外还有“玉肌”、“玉臂”、“玉质”、“玉齿”、“玉骨”、“玉体”……女性“内在之美，冰清玉润；外在之美，仙姿玉色；具体之美，粉妆玉啄；抽象之美，瑶环瑜珥；身材之美，亭亭玉立；肌肤之美，冰肌玉骨。美女流泪，是抛珠滚玉；美女娇嫩柔弱，是玉软花柔、软玉娇香、温香软玉、温香艳玉；美女的声音，是珠圆玉润；女子的贞洁之美，是冰滑玉洁、守身如玉；出生于名门的女子是金枝玉叶、琼枝玉叶；女子不幸身亡，是香消玉减、玉殒香消、玉碎珠沉。”[2]玉与女子被千丝万缕的联系紧紧地连在一起，正如君子与玉的紧密联系一样，都是中国古代文化的特殊处之一。而这种特殊之处的文化根源，还要上溯至先秦社会的民俗、人文思想中去寻找。

注释：

〔1〕李学勤主编，丁季华等编著：《中国古代文明起源》，上海科学技术文献出版社2007年4月版，134页。

〔2〕王海秀：《从玉词语看中国的女性文化》，《前沿》2004年第五期，189页。

硕美

漫长史前时期的女性美的基本特征，一言以蔽之，就是“丰乳、隆腹与肥臀”。除此之外，史前女性美还具有其他一些更丰富、复杂、深刻的特征。比如，1983 年，在内蒙古自治区准格尔旗的一个新石器时代墓葬中，出土了一件高 72 厘米的陶罐，陶罐腹部浮雕有女性人像，人像面目清晰，高鼻大嘴，双乳突出，腰肢较为纤细。1987 年在新疆呼图壁县康家石门子发现的原始生殖崇拜大型岩画也说明了这一点，岩画上有丰乳肥臀的女性，也有细腰、两腿修长的女性，一个个细腰宽胯的葫芦状身形和举过头顶的手臂凸显着女性的窈窕。从这些例子可以发现，后代常见的女性“细腰”之美，其渊源可一直追溯到史前时期。而正如有学者曾经指出的，这种“细腰宽胯的葫芦状身形”，是比较易于怀孕的标准体形[1]。

春秋战国时期，随着文字材料的增多以及眼界的展开，人们会发现，在女性形体审美上，北方更强调那种以“硕人其颀”为代表的健壮美，南方则更欣赏以“小腰秀颈”为特征的灵秀美。《诗经·卫风》中有一篇《硕人》，体现了北方美女的典型特征：“硕人其颀……手如柔荑，肤如凝脂，领如蝤蛴，齿如瓠犀，螓首蛾眉，巧笑倩兮，美目盼兮。”诗中的女子，身材颀长高大，容貌端庄美丽，肌肤洁白细嫩，总而言之，从形体到五官、肤色，到她的神态，都符合当时的审美规范，因而受到人们发自内心的赞叹，可谓春秋战国时代美的“模特儿”。不只是针对这位“齐侯之子，卫侯之妻”一个人，当时以长硕、丰盈为美的审美观也表现在对一般女子的描绘上。《诗经·陈风·泽陂》中有“有美一人，硕大且卷”、“有美一人，硕大且俨”的诗句；《诗经·小雅·车舝》中有“辰彼硕女，令德来教”的诗句；《唐风·椒聊》中赞美女子“硕大无朋”、“硕大且笃”。而且，不仅当时的女子普遍以硕大为美，春秋战国时代北方的男子同样以长硕、勇健的阳刚之气为美，《诗经》中有多处记载，如《齐风·猗嗟》、《小雅·白华》、《郑风·丰》、《卫风·考槃》中，均有女子对男性“硕人”的歌颂之句。对男性“硕人”的歌颂并不让人感觉新鲜，历代都能找到类似的词句，但是对女性“硕人”的赞美，与史前时期女性崇拜风气相联相系，在后世的文学作品中儿乎找不到类似的描摹，可以说是春秋战国时女性美的突出特色。

钱钟书也提出，《诗经》时代女性以额广而方为美，“螓首”设譬为妙喻，如《鄘风·君子偕老》歌颂卫宣姜“扬且之皙也……子之清扬，扬且之颜也”，《毛传》解释说：“扬，眉上广……扬且之颜，广扬而颜角丰满。”《郑风·野有蔓草》中，“有美一人，清扬婉兮……有美一人，婉如清扬”，不独女子，男子也以此为美，说明了当时广大下层之审美情趣同于上层，重视“眉上”之美为当时时尚[2]。钱钟书还指出，当时女性的另一个审美标准，是"'硕大'得'重颐'而更亲切着实"[3]，即女性肥大丰满，甚至要胖得有双下巴才为美。

从当时的生产方式和生活水平来看，上古人欣赏高大、丰硕的人体是不难理解的。在生产力低下的上古时代，人们主要依靠自身的体力去对抗自然，因而无论男子还是女子，高大健壮者自然比低矮羸弱者更受青睐。在生活条件恶劣的上古时代，人们的营养常常处于匮乏状态，因而无论男人还是女人，体态丰硕者自然是营养充沛、生活富足的表现。此外，在人口稀少，出生婴儿死亡率很高的上古时代，能否生育是判定一个女性优势的首要标准，因而丰乳肥臀、宽胯细腰的女子显然具有更大的生理优势。如此说来，在审美的标准背后，确实隐藏着一个时代生产方式和生活水平的秘密。

尽管在先秦时代，硕大丰满是一种主导型的审美观念，但与此同时，在南方也存在另一种以清秀细腰为美的女性美观念。这一点以战国时的楚国最为典型。《战国策·楚策》与《荀子》中均记有"楚王好细腰"的史实，屈原与宋玉笔下的女性形象也大致如此。屈原《大招》中描写女性的体态美是"小腰秀颈，若鲜卑只"。《招魂》中有"弱颜固植，謇其有意些。姱容修态，絚洞房些"的描述，宋玉《登徒子好色赋》中的"东家之子"长得也是"腰如束素"。从外在要素来看，当时已开始强调了犹如现代女性的"三围"的身材方面的内容[4]。

之所以有这种特殊的审美观念存在，既可能与地域环境相关，又可能与阶级差别相关。一般来说，北方的女子较之南方的女子高大、壮硕得多，而南方女子则比北方女子灵秀、妩媚得多。这种地域、环境的差别，也会导致审美趣味的多样化。另外，对既无须进行体力劳动，又无须担心营养不足的上层贵族而言，他们与广大民众的审美趣味自然会存在着一定的差距。当然，上层贵族可以不受下层民众审美趣味的影响，下层民众却不能不受上层贵族审美趣味的影响，“楚王好细腰，宫中多饿死”（《资治通鉴》卷四六）便是最好的注脚。

南北趣味的差别不仅在外形上，而且在气质上。在当时北方人的眼里，评价一位女子美丽与否的最核心标准是“以德为美”，这一准则更强调女子的内在精神气质、道德倾向。女性的“德美”，涵盖了贤淑娴雅、温柔和顺、庄重矜持等内容特征。即使是女性的服饰，也得符合《周礼》的规范。《诗经·君子偕老》中说：“君子偕老，副笄六珈。委委佗佗，如山如河。象服是宜……”从最高等级的祭服，到夏天穿的吉装，从服装到头饰，诗中女性的穿戴大多符合《周礼》中的服饰制度。《诗经》中的“窈窕淑女”、“伊人”、“静女”、“佼人”、“硕人”等对女性的美好称呼，也体现了人们对女性美的追求与呼唤。如果说君子是中国男性美的典范形象，淑女就可以作为中国女性美的典范形象，“淑”在古文字中，即“善”之义，隐含了儒家的理想。而在南方的诗篇《楚辞》中，对于女性美的审视似乎更注重妖冶的姿态和性感的表情，把一个个美女描摹得美轮美奂，如神秘缥缈的精灵。这些美丽的女子，一是有娇好的容貌、婀娜的体态；二是有华丽的服饰，明艳的色彩；三是有让人惊艳的奇妆异饰的野性美。如《山鬼》：“若有人兮山之阿，被薜荔兮带女罗。既含睇兮又宜笑，子慕予兮善窈窕。乘赤豹兮从文狸，辛夷车兮结桂旗。被石兰兮带杜衡，折芳馨兮遗所思。……”这种野性的形象是难以在温柔敦厚的北方出现的。这些与中原女性美观念不同的特征来自于楚文化的独特性。楚文化是游离于中原文化之外的异质文化形态，它更多是由江汉地区的土著文化发展而来。“江汉流域的土著民族从社会性质上来说，长期处于原始部落阶段。这种状况一直持续到春秋晚期，甚至到了战国时代，在楚国很大一部分区域包括西南和江南的人们大都还过着原始氏族的生活。”[5]在生活习俗和审美趣味上，楚国明显地表现出不同于中原文化的特点。后人概括楚国的文化为“信巫鬼，重淫祀”（《汉书·地理志下》），是有一定道理的。这片土地上浓厚的巫风培养了楚人对于神灵虔诚的情感和非理性的精神以及浪漫的情调，从而影响着人们对女性美的追求。钱钟书也从创作风格的角度指出，《楚辞》中的美人色彩更显斑斓，眼睛也更有撩人之光芒。如果说《诗经》中的美女是水墨白描，那么，《楚辞》中的美女则是丹黄渲染——这里恐怕不只有创作风格的因素，不只是作者一厢情愿创作的结果，也有地域文化的原因，南方茂密的原始森林中的山鬼，较之北方开阔平原上的硕人，当然更具自然、野性、自由的魅力。

先秦时期中原与楚国女性皮肤与化妆方式也有所不同。中原地区的人们更欣赏那种“明眸皓齿”、“肌如白雪”的女性，体现出一种“尚白”的审美倾向。《诗经·硕人》中的硕人就是典型的代表。由于女子肤色已成为评判美丑的要素，所以中原地区女子的化妆风气要早于、浓于南方。相比之下，以楚国为代表的南方女子更注重于天然本色美，强调天生丽质，从屈原《大招》、《招魂》及宋玉《登徒子好色赋》、《神女赋》所描写的楚国美女中便可看出端倪。南方女子不尚妆饰而又美丽动人，与南方山青水秀的自然环境滋润有关，也与南方天气炎热、人体易出汗而不利于化妆有一定关系[6]。当然这也不是绝对的，春秋战国时的楚国女性对化妆也是很在行的，也有“尚白”的倾向，她们的化妆主要指脸部化妆，用白粉搽脸增白，用青黑色画眉鬓，用朱色脂膏涂唇。《楚辞·大招》中就有“粉白黛黑，施芳泽只，长袂拂面，善留客只”的例证。不过总起来讲，《楚辞》中的美女比《诗经》中的美女显得更加靡曼妩媚。而且，楚国巫风之下美女衣饰也是彩丽竞繁，五颜六色的，楚国的美女富有与大自然一样的神秘色彩，无论化妆还是服饰都体现出一种与自然和谐统一的关系。

从分析中，我们也可以发现，中原地区女性美突出地体现出生殖繁衍、宗法的要求，这或许与儒家文化的影响有关，楚国的女性美则更多展现的是感官的需要。如果说中原地区的女性美更偏向社会美、依存美，那么，以楚国为代表的南方女性美观念则更倾向于自然美、纯粹美。从《诗经》到《楚辞》，也隐约地体现出时代风气从春秋向战国的转移，这主要在于，春秋时期儒家认为礼比色重，提倡“绘事后素”，所谓“西施衣褐而天下称美”，社会上保有素朴淳厚的女性美观念；而到了战国时代，随着“礼崩乐坏”的加剧，重视感官享受的社会风气愈演愈烈，“德”的因素减轻，而“色”的因素加重了。

不过，我们也应该看到，以上所有的比较与不同只能是相对的，而不是绝对的。现实的情况肯定是丰富、复杂得多。文学作品反映的生活是有限的，实际的生活则往往是丰富多彩的。不仅如此，即使是在文学作品之中，所透露出来的信息也常常是复杂多样的。具体到《诗经》与《楚辞》中的女性美描写，虽然说《诗经》中的女性以硕大、健壮为美，《楚辞》中的女性以纤细、妖冶为美，但这只是就一般情形、主要状态而言，而全部的情形则是复杂而多彩的。比如说，《诗经》中也有状写女性身段苗条、体态灵活优美的例子，《陈风·月出》中有这样的描写：“月出皎兮，佼人僚兮。舒窈纠兮，劳心悄兮。”其中的“窈纠”，余冠英解释为：“形容女子行动时的曲线美，也就是形容女子行步安闲，体态苗条。”再如《魏风·葛屦》中的“好人提提，宛然左辟”，余冠英解释“提提”为“细腰貌”[7]，还有《郑风·有女同车》中“有女同车，颜如舜华。将翱将翔，佩玉琼琚”，其中的“将翱将翔”指女子体态轻盈飘逸。同样，《楚辞》中的美女，也不尽是小小巧巧的，也有丰满多肉的例子，屈原《大招》中描写女性的体态美的句子不仅有“小腰秀颈，若鲜卑只”，还有“丰肉微骨，调以娱只”、“丰肉微骨，体便娟只”，宋玉《神女赋》中也有“貌丰盈以庄姝兮”之句。有研究者甚至认为，《左传》、《诗经》中未曾见、而《楚辞》中出现凡 11 次、其中多次为描写女性的“姱”字，包含有“长大”之意，意思是说，不仅《诗经》

中的女性以硕大为美，《楚辞》中的女性也是以壮大为美的[8]。不过，这种结论只是一种说法而已，尚未得到学界的公认。总之，无论是“硕人其颀”，还是“小腰秀颈”，都充分说明春秋战国时期，人们已经逐渐脱离了那种囿于自身生存状态的审美观，审美的视野有了明显的扩大。同时，地域的广阔、阶层的差别、伦理价值观念的不同，也为人们提供了多样化的审美标准。这种现象，似乎是时代文明进步的必然结果。

注释：

〔1〕廖群：《中国审美文化史·先秦卷》，陈炎主编，山东画报出版社2000年版，45页。

〔2〕《管锥编》，中华书局1979年版，92页。

〔3〕《管锥编》，中华书局1979年版，127页。

〔4〕束有春：《先秦人体之美的发展历程》，《艺术百家》2004年第5期，95-96页。

〔5〕于渭清、张弘：《“以德为美”与“美在艳情”——中国古代女性审美品质探源》，《辽宁师范大学学报》（社科版）2005年5月，98-99页。吴晓红：《中国古代女性意识——从原始走向封建礼教》，苏州大学博士学位论文，国家图书馆，2004年5月，53-67页。

〔6〕束有春：《先秦人体之美的发展历程》，《艺术百家》2004年第5期，96—97页。

〔7〕余冠英：《诗经选》，人民文学出版社1990版，144、104页。

〔8〕张宇：《夸父·硕人·姱女——先秦人体美摭谈》，《兰州教育学院学报》2001年第1期，23-26页。

观社

在中国源远流长的节日风俗史上，周代是一个重要的时期。周代以前，在民间已经出现了一些节日风俗，即伴随原始农业而出现的禁忌、占候、祭祀、庆祝等活动。西周以“礼”的形式进一步规范了这些民间风俗，将这些祭祀、庆祝活动逐渐按季节相对集中到春、夏、秋、冬四时或年终岁末举行。在此时期内，有的节日萌芽了，如清明、端午、七夕、重九等。有的节日已经形成了，如上巳节、社日节、蜡日节等。

农历三月上旬的第一个巳日称为“上巳”。《周礼·春官·女巫》云：“女巫掌岁时祓除衅浴。”郑玄注云：“岁时祓除，如今三月上巳如水上之类，衅浴谓以得薰草药沐浴。”即每年农历三月的第一个巳日，人们都到水边祭祀，并用浸泡了香草的水沐浴，以为如此能祓除疾病和不祥。该节俗当时由女巫掌管，且载入官方制定的“礼制”，是一种人们普遍参与的祭祀活动。除了水中洗浴、祓除不祥的寓意之外，上巳节还有为死去的祖先、亲人或友人招魂续魄以及游春踏青的内容。《风俗通义》引《韩诗外传》说：“三月桃花水下之时，郑国之俗，三月上巳，于溱洧两水之上，执兰招魂，祓除不祥。”又说：郑国三月上巳，“士民游春，祓禊水上，娱乐可知”。《诗经·郑风·溱洧》就是一幅富有情趣的士女游春图。这首诗描写三月上巳，郑国的男女青年来到溱水、洧水之滨，采摘兰花，相互戏谑，互赠芍药，春情满怀。

社日节是中国古代祭祀社神的节日。社神即土地神，土地是人们的衣食父母，社日节的隆重举办反映了先民对土地的崇高敬意和深深的爱恋之情。在周代，从天子到庶人都要祭祀社神。《礼记·月令》中说：“仲春之月……择元日，命民社。”既云“择”，可见周代社日并没有固定的日期，要通过龟卜来选择，以吉利为准。社有春社、秋社之分。春社一直就有，秋社兴于何时、在周代是否存在，学界还有争论。祭祀社神得有社主，也就是祭祀所依托的实物，它是社神的标志与象征。周代的社主有高大、枝繁叶茂的大树，有木头，有土堆，有石块，也有尸（古代祭祀时作为神的附体或代表死者受祭的活人）等。社神在周代是一个非常尊贵、重要的神祇，当时人以社稷指代国家。《左传·僖公三十三年》云：“服于有礼，社稷之固也。”其意是说，对有礼之邦顺服，这是国家的保障。又《礼记·郊特牲》中说：“日用甲，用日之始也。”郑玄注云：“国中之神莫贵于社。”由此可见社神在周人精神文化生活中具有不同寻常的作用。归纳起来，周人祭社的目的有以下内容：一是祈求庄稼有个好收成；二是旱时祈雨，涝时求晴；三是祈求消灾；四是娱神娱人；五是婚恋求子；六是祈求赢得战争胜利。上述大部分内容都很直接，一目了然，但第四条与第五条内容似乎有些费解，还得再深入解释一下：

社祭对于乡里居民来说是一件大事，也是他们都要参加的盛大节日。据《诗经·小雅·甫田》，祭社时人们要弹琴擂鼓，食牛羊肉，好不热闹。正如《老子》所说："众人熙熙，如享太牢，如登春台。"意思是说，众人熙熙攘攘，欢天喜地，好像是去参加盛大的宴会，又像春日里登台眺望。由此可见社日里欢快热烈的氛围和火爆的场面。春秋时的社，已成为民众欢聚的一个场所。据《左传·庄公二十三年》记载，鲁庄公不听曹刿的规劝，"如齐观社"。齐国的祭祀活动何以有如此大的吸引力？《谷梁传》回答说："'观'，无事之辞也，以是为尸女也。无事不出境。"意思是说，庄公无非是想借观社之名，去看一看尸女的表演。所谓"尸女"，即女人呈裸体，献身生殖神，可与任何人进行性交祭祀。齐国之外，楚国春社的云梦之会在当时也很有名，不仅参加的人数众多，而且气氛热烈，场面盛大。楚国春社还有"牵钩之戏"，相当于现代的拔河比赛。除此之外，在一些远离政治中心的村寨，春社活动亦带有狂欢节的色彩，正如《淮南子·精神训》所说："今夫穷鄙之社也，叩盆拊瓴，相和而歌，自以为乐矣。"

据学者研究，社日又是上古青年相恋、婚配的节期，社神主管婚姻，繁衍子嗣，又职司爱情。《周礼·地官·媒氏》记载："以仲春之月，令会男女。于是时也，奔者不禁。……若无故不用令者，罚之。司男女之无夫家者而会之。"意思是说，在仲春之月的社祭或社会上，男女自由性爱是合乎"周礼"的，凡是未婚的男女都必须参加这种活动。《诗经·鄘风·桑中》即是男女青年在社祭时幽会的恋歌：

爰采唐矣？
沫之乡矣。
云谁之思？
美孟姜矣。
期我乎桑中，
要我乎上宫，
送我乎淇水之上矣！

“桑中”，指桑林神社，“上宫”即社宫。《汉书·地理志下》中也说：“卫地有桑间濮上之阻，男女亦亟聚会，声色生焉，故俗称郑卫之音。”后代的礼学家多指责郑卫之音为亡国之音，这是由于不了解春秋时期社祭的变化及习俗造成的。《墨子·明鬼下》提到燕、齐、宋、楚四国的神社：“燕之有祖，当齐之社稷，宋之有桑林，楚之有云梦，此男女之所属而观也。”所谓“属而观”，就是男女青年聚集在一起观看灌尸（性交）表演，然后分散择偶野合。[1]周代一些圣贤相传是其母在社祭野合时怀孕而生的，如孔子即是。

蜡日节是周代年终时举行的一种祭祀性节日，是一种庆祝丰收的节日。它始于上古，《礼记·郊特牲》说：“伊耆氏始为蜡。”一般认为，伊耆氏就是神农氏，他是战国时人传说的农业之神，教人播种五谷，发明农业生产工具，传授打井技术，对农业生产作出了卓越贡献。夏、商时代均有这种节日，到周代时，这一节日称为大蜡，在夏历十月举行。蜡日节祭祀百神，特别是祀对于农事有功的诸神。《国语·楚语下》“观射父论祀牲”详细记叙了祭祀的规格、供品、形式等。大意是说，秋冬之时，人们奉献牺牲，敬供黍稷谷米，祭祀万物群神。成书较晚的《礼记》也有有关蜡祭的记载，其《郊特牲》一节中说："土反其宅，水归其壑，昆虫勿作，草木归其泽。"这正是蜡祭时的一段祝辞，大意是让土、水、草木等各归其本位，不要为害庄稼。祭祀结束，献给诸神的酒肉就落入人们的肠胃，人们载歌载舞，尽情狂欢。蜡祭节是百姓在一年紧张劳动之后，得到轻松愉快休息的一种节日，《礼记·杂记下》中说，子贡去观看蜡祭，回来对孔子描述节日盛况："一国之人皆若狂。"孔子就总结说：蜡祭节日的作用在于"一张一弛，文武之道也"，对于调剂百姓辛劳的生活是大有补益的。

其他一些节日如年节、清明、端午、七夕、重九等，多形成于汉代，但在周代时，它们也处在酝酿之中。〔2〕

注释：

〔1〕宋公文、张君：《楚国风俗志》，湖北教育出版社1995年版，262-263页。

〔2〕陈绍棣：《中国风俗通史·两周卷》，上海文艺出版社2003年6月第1版，2006年3月第2次印刷，533-556页。

冠服

服饰不只反映出社会物质生活本身的发展，而且作为一种无声的语言，揭示着相应时代的精神文明程度，体现了不同时期人们不同的心态、意识、思想与情感。服饰的发明与穿戴作为人类特有的生活现象，构成了人类区别于动物的一个显著标志。

原始人选用服饰，经过了一个相当漫长的演变。在旧石器和中石器时代，人类过着集体采集及狩猎生活，夏日将植物的枝叶披在身上、戴在头上，用以抵挡阳光曝晒或蚊虫叮咬，冬季以鸟羽或兽皮披挂在身，用以保暖。这些枝叶、鸟羽、兽皮可算是人类最早的服装雏形。它们主要是从实用的角度去考量的，但也不能排除有审美的因素存在。《礼记·礼运篇》中说："昔者……未有麻丝，衣其羽皮"；《列子·汤问》中说："不织不衣。"《韩非子·五蠹》中说："古者……妇人不织，禽兽之皮足衣也。"《列子·盗跖》中说："古者民不知衣服，夏多积薪，冬则炀之。"《白虎通义》卷 中说："茹毛饮血，而衣皮苇。"这些记载反映了中国旧石器时代至中石器时代的衣着习俗。值得注意的是，辽宁海城小孤山洞穴所发现的距今约2万–4万年前的骨针，是中国迄今最早的骨针遗物，说明用骨针缝纫衣着的习俗在中国旧石器时代晚期便已发生。

新石器时代，人们开始衣麻服葛，且有了丝织品。这在实际考古和古籍记述中得到了双重印证。《礼记·礼运篇》中说："后世有作……治其麻丝，以为布帛。"《庄子·盗跖》中说："神农之世……耕而食，织而衣。"《周易·系辞》中说："黄帝、尧、舜垂衣裳而天下治。"另据《韩非子》中的《十过》、《五蠹》篇中记载，尧居住在茅草屋，吃的是糙米饭，野菜不加调味，饮食器是土缶，平日穿着仅能遮掩身体的粗布，冬天则披上鹿皮。

《左传·哀公七年》中说："禹合诸侯于涂山，执玉帛者万国。""帛"即丝织品，万国持有丝织品，其语未免有些夸大，却反映了禹时及夏朝的丝织品的流行程度。《帝王世纪》中也记载："末喜（妹喜）好闻裂缯之声而笑，桀为发缯裂之，以顺其意。"夏桀王为讨好妹喜而撕裂的缯，便是丝织品之一种。考古资料也证实，起码在夏代的上层社会中，丝织品还是比较流行的，而一般的平民百姓，以穿着麻、葛布缝制的衣裳即麻衣、绨衣等为时尚。

夏、商时期，中国的冠服制度也开始了其萌芽期，而到周朝时便枝繁叶茂了。从河南安阳侯家庄的出土文物中可以看到，在夏、商时期，冠服制度已经成为体现统治阶级意志、分别等级尊卑的工具。从考古发掘的成果来看，中国人在夏、商、周三代的服装及饰品已具有明显的差别性，从着装上已经能够轻易地区分出人的社会地位的贵贱高低。夏、商二代的服饰样式虽然能区别出各人的社会地位，但着装等级并没有作为制度确定下来，当时的穿着主要根据人们的经济状况和社会习俗而定，所以差别并不是很大。如商朝高级贵族一般穿交领右衽短衣，高级贵妇穿交领长袖的华饰大衣，中上层贵族穿圆领长袖花短衣，中小贵族或亲信近侍穿交领右衽素长衣，区别只是衣料质地与做工的考究差异而已。殷商时期的甲骨文、金文里的“衣”字，就是交领右衽的上衣形象。商代贵族的服饰颇为考究。从河南安阳妇好墓出土的玉人中，有一个头戴卷筒式巾帽、身穿华丽服装的男子。他身穿布满方形花纹的交领衣服，腰里系着一条宽带子，带子上端压着衣领的下部，衣长过膝，下身着裳，脚上穿一双翘尖鞋，这很可能是当时贵族的形象。从出土的玉人、石人造型中可以断定：上衣下裳是商代主要的服饰形制。到了周代，服饰设计变得异常复杂，并以冕服为中心建立了章服制度，把冕服定为朝服。所谓冕服，即帝王、诸侯、卿大夫的礼服。周王在举行各种祭祀时，要根据典礼的轻重，分别穿各种不同规格的冕服，总称六冕，包括祭祀昊天上帝的礼服大裘冕，祭祀先公与飨射的礼服鷩冕，祭祀四望山川的礼服毳冕，祭祀社稷先王的礼服希冕，以及衮冕和玄冕。除干服以外，还有一般服装，如玄端，自天子至士全都可以穿，是国家的法服和天子平时燕居之服，诸侯祭宗庙，大夫、士早上入见父母时也穿这种玄端。

周朝人们的穿着已经相当绚丽多彩。在《诗经》中，有许多关于服装的精彩描述。如“七月鸣鸡，八月载绩。载玄载黄，我朱孔阳，为公子裳”，“锦衣狐裘，颜如渥丹”，“黻衣绣裳，佩玉将将”，“缟衣綦巾，聊乐我员”（《诗经·郑风·出其东门》）等等，可以看出当时不仅有了多彩的丝麻织品，而且有了名贵的裘皮衣裳。

这个时期的服装主要还是上衣下裳制。上衣大多为小袖，长到膝盖，腰间用绛带束起来。礼服也罢，平日里的便服也罢，商、周男子的服装都是分为上、下两截，即上文所说的上衣下裳。而女子的服装正相反，没有上下衣裳的区别，只是一件完整的长袍，即使是王后，也仅有规定的六种礼服，远远少于国王的衣服种类。今日世界，女性是时装天地的主宰，在商、周时期，男子的服饰却比女性丰富多彩。商、周时期男女穿的鞋子是一样的。他们有各种质料的鞋履，如用葛、麻纺织的葛屦、麻鞋。《诗经·魏风·葛屦》中道："纠纠葛屦，可以履霜。"也有丝锦织做的鞋履，如《诗经·大雅·韩奕》中的"玄衮赤舄"。周朝专设屦人管理王和后的鞋子。这个时期，人们所穿鞋子包括赤舄、黑舄、赤繶、黄繶、青句、素履、葛履等种种。从《周礼》中可以看出，周朝不仅有专门负责王室成员穿什么鞋的官员，王宫中还专门安排有大量的机构与官员负责王室成员的发型、佩玉等与服饰、装扮有关的事宜，可见其考究程度。

佩饰也是古代人们衣着服饰制度的一个重要组成部分。据考古资料，制作和使用佩饰的习俗，至迟在旧石器时代晚期便已发生，河北阳原虎头梁遗址曾出土 13 件原始佩饰，种类有穿孔蛤壳、钻孔石珠、穿孔鸵鸟蛋皮扁珠、穿孔鸟骨扁珠等等，北京周口店山顶洞人遗址也曾出土一批石珠、石坠、穿孔鱼骨饰、穿孔介壳等原始佩饰，这些都是迄今所知中国制作和使用佩饰的最早实例。从目前资料上来看，项饰是中国出现最早的装饰品。阳原虎头梁、山顶洞发现的穿孔佩饰，大致属于项饰。中国远古以及夏、商、周时代人们身上的佩饰还有头饰、耳饰、腰饰、手饰、足饰等等。周朝的冕服上各个部位的饰品都非常讲究，一般冕服上都设有衮、冕、珽、带、裳、幅、衡等饰品，夏代帝王冕服上绣有日、月、星、龙、山、华公、宗、彝、藻、火、粉米、黼、黻等花纹图案。在周朝，大夫以上的人要戴玉佩，周天子为了表现身份高，就用玉佩节步。也就是说在身上戴上玉佩，走快了玉佩就叮咚作响，用以节制步伐。商、周人头上戴的，除了各种皮毛制作的帽子外，贵族男子们还有专用的冕、冠、弁等种种“头衣”。古代的冠不是指帽子，而是发髻上的一种装饰品，是礼的象征。冠的两边是透空的，用麻布制作，多少升的麻做的冠也体现着身份的高低。由此可知，商、周时期中上层贵族服装设计，其主要作用已由御寒遮羞发展成为显示着装人地

楚国贵妇的直裾单衣——绣罗单衣及刺绣纹样（湖北江陵马砖一号楚墓出土实物）。

位的功能，同时具有“礼”的功能。

到了春秋战国时代，由于社会经济的进一步发展，加之文史资料的丰富，有关服饰风尚的事例也丰富了不少。在讲春秋战国衣饰风尚之前，让我们先来重温一下那则至今仍然广为流传的“鸡鸣狗盗”的故事。

孟尝君使人抵昭王幸姬求解。幸姬曰：“妾愿得君狐白裘。”此时孟尝君有一狐白裘，直千金，天下无双，入秦献之昭王，更无他裘。孟尝君患之，遍问客，莫能对。最下坐有能为狗盗者，曰：“臣能得狐白裘。”乃夜为狗，以入秦宫臧中，取所献狐白裘至，以献秦王幸姬。幸姬为言昭王，昭王释孟尝君。孟尝君得出，即驰去，更封传，变名姓以出关。夜半至函谷关。秦昭王后悔出孟尝君，求之已去，即使人驰传逐之。孟尝君至关，关法鸡鸣而出客，孟尝君恐追至，客之居下坐者有能为鸡鸣，而鸡齐鸣，遂发传出。出如食顷，秦追果至关，已后孟尝君出，乃还。（《史记·孟尝君列传》）

故事中的善鸡鸣与善狗盗的两个人，是以前人们津津乐道的。但故事中那件价值千金的狐白裘，却少有人道。它不枉为天下无双，跟着著名的孟尝君出使秦国，经历了一段惊心动魄的故事，留下了一段千古传奇，也让我们得以窥见春秋、战国时期上层社会人们衣饰风尚之一角。但美丽的狐白裘毕竟只是特殊的个例，当时的普通人们是穿不起这样贵重的衣服的。

春秋战国时的衣服式样主要有袍、禅衣、夹衣、缁衣、单裾、锦绔、帽、麻鞋等。袍的设计形式一般为交领、右衽、直裾式，上衣与下裳连为一体，后领下凹，两袖平直，宽袖口，短袖筒。禅衣造型为交领、右衽，上衣与下裳相连。夹衣长及膝，交领，右衽，直裾，上衣与下裳相连。绡衣是一种半长袖式对襟衣，用整块衣料上部左右剪开，叠成双袖，下部左右内折成两襟，再用绣绢镶领，两襟、下摆、袖口等齐缘而成，两襟对中，腰与下摆等宽，凹后领。单裾下摆稍大于裙腰，裙面用八片缝拼。帽展开呈不规则圆台形，折叠时呈前高后低，顶部外凸，上有圆孔，帽后里侧装有组带两束，为帽系。麻鞋前端尖头半圆形，侧视呈缓坡状，里层用草编，表层用麻布髹黑漆，再外包锦面[1]。

这种宽松舒适的袍服和裙裳与当时的生活习惯十分协调。但由于穿着繁杂，用时麻烦，虽具审美功能，但穿着费时，活动受限。特别是春秋战国之交，诸侯间的兼并战争日益剧烈，大规模的步骑兵野战使得原有衣着不利于奔跑和近身格斗的缺点日益明显，面临着不可避免的改革。人们在战争的逼迫下，开始学习制作和穿裤子。

地处北方的赵国首先开始了服装改革。赵武灵王经过不懈的努力，终于使中国历史上第一次服装大变革取得了成功。这次改革的主要变化是废除下裳，改为有裆的长裤，废除履舄，改穿长筒的皮靴。上衣相应地改变为紧身左衽的短袍。与之相应的中原传统惯用的丝绸、葛布、麻布等面料逐渐被毛毡制品、皮革等所代替。这样不但赵国的服装与社会风俗被彻底改变，而且影响中原其他国家，连秦汉时期的服装中都可以看到这种影响的存在。武灵王在胡服措施成功之后，接着训练骑兵队伍，改变了原来的军事装备，赵国的国力也逐渐强大起来，不但打败了过去经常侵扰赵国的中山国，而且还向北方开辟了上千里的疆域，成为当时的“七雄”之一，这段史实见诸于《史记·赵世家》，如今，“胡服骑射”已经成为了改革的同义词。郭沫若1961年秋游邯郸“武灵丛台”古遗址时曾赋诗一首，诗中“骑射胡服思雄才”，说的便是赵武灵王实行胡服骑射改革的史绩。

春秋战国的人们重视首饰、佩饰。当时人们的发饰有笄和梳篦；耳饰有玉玦，外形设计呈柱形或椭圆形，一般素面无纹；颈饰中玉饰较多，材料由玛瑙珠、骨珠、玉珠、玉环、玉兽等组成，玉饰中的珠有枣状的、管状的、珠状的、六棱形的、长方形的；指环又称赤玉，一般为血红色玛瑙做成。当时人们身上的玉佩可分为全佩、组佩和装饰性玉佩，全佩由珩、璜、琚、瑀、冲牙等组合成，玉佩上悬左右两个珩，左右珩下各挂一个璜，中央从瑗上直接悬挂一个冲牙，垂于珩和璜之间；组佩设计是将数件佩玉用彩组串联悬挂于革带之上；装饰性玉佩包括肖生形玉佩，如人纹佩、龙纹佩、鸟纹佩、兽纹佩等，还有精巧绝伦的透空活环套扣的玉佩。从这些艺术性极强的首饰与佩饰中，我们尤其能发现春秋战国时期人们美妙的审美世界与丰富的精神空间。

假发也是春秋战国时期人们的一种重要装饰。当时社会上流行长发，尤其是女子，有一头浓浓黑发会被视为秀色。如果谁的头发稀秃，就要戴假发，《诗经》云：“鬒发如云，不屑髢也”，说的是如果有乌发如云，就没有必要再用假发。《左传》也记载，卫庄公见戎人之妻头发甚美，蛮横地派人将其头发强行剃下，用做自己夫人的“髢”，也即假发。与浓发为美的观念相联系，当时社会上还普遍地视男子满脸胡须为美，所以男子都留胡须。《孔丛子·居卫》记载，子思到齐国时，齐君就曾耻笑子思胡须不茂，说如果相貌可以改变，愿意割下嬖臣的长须移补给子思。春秋战国时人还比较流行化妆。此时人们的化妆主要指脸部化妆，人们用温热米汁沐发洗面，用白粉搽脸增白，用青黑色画眉鬓，用朱色脂膏涂唇。《楚辞·大招》说："粉白黛黑，施芳泽只，长袂拂面，善留客只。"当时的贵族男子也"善毛嫱、西施之美，无益吾面，用脂泽粉黛，则倍其初"（《韩非子·显学》）。男子尚且如此，也就可以想见女子的情形了。从三星堆青铜人头像面部五官的彩绘，可以推测大约在四千多年前的古蜀先民已经开始通过描眉画眼、涂丹抹朱来美化自己的容貌了[2]。《诗经·伯兮》中说："自伯之东，首如飞蓬，岂无膏沐？谁适为容！"说明最晚在西周之时，中国女性已在使用膏沐等美发用品，而且以自己喜爱的人为对象进行容饰的观念也业已存在了。《战国策·赵策》中，又出现了鲜明的"女为悦己者容"的观念。

至少从春秋战国时代开始，人们的穿衣戴帽已经出现了时尚化的普遍追求。如齐桓公喜欢穿紫色衣服，结果紫色遂风行全国，以至于紫布脱销。桓公为此很担心，后来他听从管仲之言，公开表示厌恶紫衣，结果是："于是日，郎中莫衣紫；其明日，国中莫衣紫；三日，境内莫衣紫。"同样的例子出现在邹国，邹国国君着装喜欢用长缨，他的随从臣属也都跟着用长缨，结果缨价上涨，邹君为了改变这种情况，只好"先自断其缨而出，国中皆不服长缨"。（《韩非子·外储说左上》）楚文王喜戴獬冠，楚人以之为美，纷纷效法（《淮南子·主术训》）。

由于春秋战国时期诸侯纷争，“礼崩乐坏”，加之中原地域辽阔，地理环境、气候等的不同，各国各地的服饰风尚也有很大的差异。《礼制·王制》对中国的五方之民进行归纳时指出：东夷人喜欢披发纹身；南蛮喜欢用颜色涂画头额，睡觉时两足相交；西戎喜欢披发，用禽兽的皮做衣服；北狄喜欢用禽鸟羽毛做人体饰品。《庄子》载，宋人为商代人民后裔，他们戴着高冠章甫去越地推广他们认为更加文明的衣饰风尚，而越地“断发文身，无所适用”。《韩非子》中有这样一个故事，说一对鲁人夫妇，丈夫善于织鞋，妻子善于织缟为冠，他们想迁徙越地，以摆脱贫穷，但没想到越人喜欢跣行而不穿履，好披发而不戴冠。这些都说明在当时，服饰的地方特色非常明显。专家们也指出，春秋、战国时期中原一带“衣有襘，带有结”（《左传·昭公十一年》），即左右襟相交当胸，有向身侧交掩的曲裾，再用宽带束腰的“深衣”；齐鲁地处黄河中下游，此地女性喜欢绾偏左高髻，穿收腰曳地的长裙，窄长袖，“其俗宽缓阔达”（《史记·货殖列传》）；北方地区如燕国等地，服饰设计融合晋与齐鲁之风，头发后梳，拢于脑后为大髻，有蝶结，穿宽大袖口交领、右衽“深衣”，曲裾缠身多层，呈燕尾曳地，腰带用带钩和环配系，衣上花纹间填朱、黑色漆；西北秦地服饰设计厚实而便用，从秦始皇陵兵马俑服饰，大致可溯观秦人服饰的特点：其发型冠式据身份地位而定为不同的发髻偏后、偏左、偏右几种形式，衣服有汗衣、袍茧、长襦等，右衽交领，衣领上雍颈，其长襦仅及膝，束腰带；吴越地处长江下游，其人发短，不穿鞋，上衫下裙，衫半袖，裙长至膝，束有腰带；江汉平原的楚国，素有服饰轻丽之誉，其衣轻盈细巧，冠帽奇丽，服饰款式纷繁华艳，男女衣着多趋于瘦长，领缘较宽，绕襟旋转而下[3]。各地服饰不同，其中自然就会有比较。当时最受各国贵族喜爱的地方服饰是楚国的冠服，楚服中最为流行的是所谓的“南冠”。鲁成公九年，楚人钟仪被晋军俘虏，即因头戴南冠而引起了晋侯的注意。陈灵公与大夫孔宁、仪行父就是戴着南冠去夏姬处寻欢作乐。“西陆蝉声唱，南冠客思深。不堪玄鬓影，来对白头吟。露重飞难进，风多响易沉。无人信高洁，谁为表予心。”唐代大诗人骆宾王在他的名作《在狱咏蝉》中，也为“南冠”作了一次跨时代的“广告”。

春秋战国时期，人与人之间的等级差别非常明显，表现在服饰上也是如此。其具体表现在两个方面，一是服色：这个时期一般以青、赤、黄、白、黑为正色，绿、红、碧、紫、骝黄为非正色，衣服正色的为贵，非正色的为卑，而玄黑和赤这两种正色尤其是被崇尚为吉色，通常贵族的礼服或朝服都用这两种颜色。二是制度：春秋战国时期因人的地位不同，服装穿着上有严格的等级之别，天子及诸侯以华衮博袍大裘鲜冠为服，卿大夫一般以“端委”礼衣礼帽为朝服，士阶层以下，以低等裘皮或短衣紧身袴为服，各阶层之间严禁僭越，非其人不得服其服。春秋战国时代的服饰等级制后来被载入《礼记》，成为中国传统社会的一项生活制度，“服以旌礼，礼以行事，事有其物，物有其客”。（《左传·昭公九年》）春秋战国以后的服饰设计在款式、质料、引进异域服装上，以及繁复简约程度上都在不断地进行改革和创新，唯有服饰的等级制度很少能够僭越。尤其是在统治者内部，历朝历代的服饰都有严格的等级制度，官员不敢有所突破，虽然在开明朝代的下层、民间对服饰等级制度偶有僭越，但等级制本身却始终成为中国传统生活风尚的一个重要特色。

据说齐桓公有一次喝醉了酒，遗失了自己的帽子，为此感到羞愧不已，以至于不肯上朝理政，可见当时一个贵族若失冠，则是多么大的一个侮辱（《韩非子·难二》）。另一则记载是说孔子的弟子子路在战斗中掉了帽子，他居然以现在的人看来不可思议的想法停止了激烈的战斗，去整理自己的帽子，并说出了一句名言："君子死，冠不免。"（《史记·仲尼弟子列传》）结果，他被人乱刀砍死。帽子是否还好好戴着，我们不得而知，我们只知道这句话是他在世上所说的最后一句话。

注释：

〔1〕徐庆文：《中国传统生活方式概论》，山东教育出版社 2002 年 9 月，24-25 页。

〔2〕陈德安：《三星堆：长江上游文明中心探索》，四川人民出版社 1998 年。

〔3〕宋镇豪：《中国春秋战国习俗史》，人民出版社 1994 年，200 页。

食政

远古时代，人们在食仪上无所讲究，对猎来的野兽生吞活剥、茹毛饮血。后来，由于火的发现与利用，人们逐渐从生食过渡到了熟食，迎来了人类饮食方式的革命性时刻。

夏、商以来，王权主导下的“食政”意识逐渐显露出来。饮食器物具有“明贵贱，辨等列”（《虞书·益稷》）的礼的内容。如《礼记·礼运》所说：“夫礼之初，始诸饮食。”《周礼·大宗伯》也说：“以饮食之礼，亲宗族兄弟。”由此可见，“食以体政”、“寓礼于食”共同构成了早期文明社会饮食风尚的两大时代特征。周代的饮食礼仪，后来经儒家的精心整理，比较完整地保存在《周礼》、《仪礼》、《礼记》中，更显丰富完备。

夏、商、周三代进食方式以手抓为主，并辅之以各种各样的餐具。此时的烹饪技法已相当成熟，仅先秦文献记载的烹饪就有燔、炙、炮、烙、蒸、煮、爆、脍、烧、炖、熬、溜、煨、渍、脯、腊、羹等等[1]。在进食的同时，三代人还非常重视情调，常常以音乐歌舞助兴，用来增进食欲，强调饮食的良好氛围。“天子食，日举以乐”（《礼记·王制》），“天子饮酎，用礼乐”。（《月令》）上层贵族统治者的日常饮食，也都要用妙乐助食。在饮食的内容上，三代已相当丰富。《周礼·膳夫》记载：“凡王之馈，食用六谷……珍用八物”，“珍用八物”也就是指著名的“周八珍”，即“淳熬、淳母、炮豚、炮牂（音脏）、捣珍、渍、熬、肝膋（音辽）”。“周八珍”是西周仅存于今的一种较系统完整的菜肴名品，其中，“淳熬”的“淳”是指在煮好的米饭中掺上动物油，“熬”即煎，是指煎肉酱，将煎肉酱加动物油掺拌至烹煮熟的旱稻大米干饭中，便完成了“淳熬”，吃用时无需再添他菜。这种饭食的加工与吃法类似于现代北方的炸酱面。“周八珍”中的“炮豚”也很有特色，其中的“炮”是包泥而烧烤之意，“豚”即乳猪，“炮豚”便是炮烤加炖煮乳猪，先炮后炖。具体来说，就是先宰杀小猪，掏去内脏，以枣充填猪腹，然后用芦苇将小猪缠裹起来，涂抹上一层草拌泥，放进火堆中烧烤，烧毕，清除小猪表皮上的泥皮，再用稻米粉调糊涂于小猪身上，放进油锅中用文火炖煮或油炸至金黄色，再放置锅中用文火炖透，并加香料，经炖熬三天三夜后，将小猪取出，用肉酱醋等调和而吃[2]。单从“周八珍”中这两项的简单介绍，我们就可以看出周代上层贵族饮食之精、费用之贵、生活风尚之奢侈夸张了。

周代贵族进食前，还有一套相关的礼节：“选其馨香、洁其酒醴、品其百笾，修其簠簋，奉其牺象，出其樽彝，陈其鼎俎，净其巾幂，敬其祓除，体解节折而共饮食之。”（《国语·周语中》）饮食性质大体可分两大类，一类是每日的常食，一般为两餐制，称为大食和小食。另一类是讲究排场和气氛的筵席宴飨。《礼记·王制》的

春秋镶嵌狩猎画像豆，盛食器。

孔颖达疏说，古代筵席宴飨有四类人：诸侯、王之亲戚及诸侯之来臣、戎狄之君使、宿卫及耆老孤子，“饮食可飨，和同可观”。（《国语·周语中》）可见，筵席宴飨成了融洽贵族统治集团的人际关系，加强诸侯、群邑间亲密合作与友好交流的重要形式。

从商代到西周，宫廷都设有专职的庖厨之官，直到春秋，一些国家还设有“司味”之官。这个官越往古代追溯，其官位就越大。《周礼》将食官列为仅次于主政的宰官的二等大官，正体现、吻合了古代人民“以食为天”的朴素观念。“司味”即对饮食五味的掌管之意。五味的观念，在目前所能看到的最古老的文献《尚书·洪范》中就已经提到。周人所谓五味，为酸、辛、咸、苦、甘。最早酸味由梅子调制，后来发明了醋；辛辣味有姜、葱、蒜、蓼、芥等；咸有五盐之说；苦味来自于酒；甜味来自于饴糖与蜂蜜。

民间的饮食当然不如宫廷的丰富和讲究，《孟子·梁惠王上》中说：“鸡豚狗彘之畜，无失其时，七十者可以食肉矣。”这说明当时受人尊敬的七十岁以上的老者也难于吃到肉，更不用说其他的人了。从这一实际情况出发，两周时代建立了如下的膳食结构：“五谷为养，五果为助，五畜为益，五菜为充。”（《黄帝内经·素问·脏气法时论篇》）这里的“五谷”指各种谷物和大豆等，是最主要的养分；“五果”、“五菜”和“五畜”是泛指各种蔬菜瓜果肉类鱼虾等，能在营养中起辅助补益作用。这种结构就是以素食为主，以肉食为辅的一种膳食结构。

春秋战国时期，国人的食物组成已经相当丰富。由于地理环境与气候的差异，南方和北方的粮食及菜肴也有很大的不同，呈现出五彩杂呈的局面。粮食作物中，这个时期已经有了五谷，禾、黍、稻、菽、麦五种谷物已普遍耕种。北方地区主要种植禾、黍、菽、麦等，菜类有芹菜、甜菜、蔓菁、白菜、葱、姜、韭菜等，家畜类有牛、羊、猪、鸡，此外人们还猎捕麋、鹿、麇、兔、雁、鱼等等。南方主要种植水稻和麦类，而且食用大量果类，如栗、柿、枣、梅、梨、菱、莲、荸荠等，肉食类主要是鱼类，此外还有家鸡、家猪、牛、山羊，并大量猎食野鸡、鹄、鸧、雁、鸽、鹑、鸹、雀、凫、甘鸡、鳖、豺等等。

春秋战国时期，人们进食用的餐具主要有匕、柶、勺、斗、瓒、刀、削、叉、箸、箸、筷等。匕、柶是匙一类进食器具，前端有浅凹槽和薄刃，分为条形和曲体形，质料有骨、角、木、铜、玉、金等，用以把肉类食物从容器中取出而食，小匕也可用来舀饭，柶通常指把手弯曲的匕，主要用来舀酒。勺、斗、瓒是用柄连接前端的小杯，勺为直柄，杯为弧球杯，可挹、可饮，类似今天的饭匙；斗为曲柄长尾，杯为半球形，一般为木制品，用之舀水；瓒是专指以玉为柄的铜勺，价值昂贵，在非常重大的场合中，用它来舀取酒以酬宾客。刀、削等都是刀具，用来进餐时使用。叉是中原地区比较普遍的进食工具，分大小等式，有铜制和骨制，一般为双齿，齿长不超过 18 厘米，用来叉起食物送入口中。箸、签即今天的筷子，主要用于夹菜，其质料有竹、木、骨、铜、玉等。考古所知，中国最早的小筷（相较于厨师烹调用的大筷）出自安徽，属于春秋晚期，但它的起源应该比这个时间更早一些。

春秋战国时期，人们的饮食器皿分工较细，器具作用都很专一，主要生活用具是鼎、罐、瓮、鍴、盉、钫、罍、壶、尊、杯、盏、鍪、敦、簋、碗、钵、铺、豆、盆、盂、鬲、缶、盘、鉴、桶、盒、笥、案、俎、几、舟、漏斗、滤器、炉盘、钩、漏铲、箕、扫帚等，这些器具的用途如烹饪器、食器、盛食器、盛酒器、酌饮器、储容器、盥洗器、盛冰器、置物案几、厨具、炉灶、撤席清扫等，分工相当具体而专业〔3〕。

在粮食的保存方面，春秋战国时期有仓贮、窖贮、陶器贮等贮存方式。战国时期，洛阳东周城有许多地窖用以贮粮，这些地窖挖筑在地势高处，口大底小，口径 10 米，深 10 米，窖壁光滑坚实，内铺多层木板防潮。韩国新郑的陶窖窖口内敛，下面由直径达 87 厘米的陶圈叠垒，窖口的陶圈设有两个对流通风小孔，陶窖便于移动，可加高或降低，还能防鼠防潮。秦地贮粮则用陶制的“囷”，囷体一孔一门，便于通风对流。春秋战国时期，仓贮非常普遍，各地仓形圆方不一，大小高低也不同〔4〕。在食物的保藏方面，此时主要有封干和冰藏。封干是取牛、羊、猪、鹿的肉类，拧去血水，加调料，用木棒轻敲坚实，制成各种形状的肉干，可以长期保存。冰藏是把食物放在冰窖里冷藏，供暑天或需要时享用。

这个时期人们对食肉在不同季节中的调配也总结出一套经验。《周礼·天官·庖人》上说，春天吃羔羊乳猪，可配牛油烹饪；夏天吃腊鸡干鱼，可用狗油烹饪；秋天吃牛犊幼鹿，用猪油比较好；冬天吃鲜鱼肥雁，用羊油较香。脍鱼，春天应该用葱，秋天应该用芥；炒猪肉，春天配韭菜，秋天配蓼肴。此外，当时的名厨们根据长期烹饪经验，认为夜里好嗥叫的牛的肉臭，毛稀而打结的羊的肉有膻气，爱躁动而股毛脱落的狗的肉臊，毛色枯而鸣叫嘶哑的鸟的肉老，好仰首望而睫毛相交的猪有息肉，脊黑而前胫毛斑的马的肉有蝼蛄般的臭味。鸡太小不能吃，吃肉应脱骨去筋，吃鱼应去鳞和内脏再洗净，枣要去核，栗不能虫蛀，桃要去毛等。这些结论虽然不一定全是正确的，但其所包含的朴素的道理是显而易见的。

春秋战国时期，普通民间的人们仍基本维持着一日两餐的常俗，上午7时至9时为大餐，下午13时至17时为小食，以适应“日出而作，日入而息”的劳作时间规律与强度。但此时的中上层社会渐渐实行了一日三餐制，两餐之外，又增加了夜餐。大概在战国末，一日三餐制与一日两餐制虽然并行，但前者已得到社会的广泛认可而得以推广开来。

此时的人们进食时非常讲究礼制。进食前一般要整理好衣服，解去佩剑等物，然后洗手漱口，铺筵席，再席地而跪坐，座位分尊卑大小。进食前，一般先象征性地荐祭先人，进食一般先食后饮，先菜后肉，先饭后果品。食者必须取近身之处的食品吃，不能去吃别人面前的食物。喝酒时，主人敬客，客人不能饮尽，仅品尝而已。吃完饭后，用酒或浆汤漱口。大的宴会，饮食中还要奏乐助兴。据学者研究，《诗经·大雅》是用于周王室大典宴会的歌辞，《小雅》是用于诸侯国宫廷宴会的歌辞。《左传·桓公九年》记载：“（鲁）享曹太子，初献，乐奏而叹。”“初献”，杨伯竣注：“酒初献。”这是春秋时中等诸侯国设享礼招待小国太子奏乐。

宴会饮酒成为公卿贵族们笼络人才、联络感情、渲染家族间和睦气氛的佳媒的同时，也带来了一些让人叹惋的社会后果。一是一些攀援权势者为了巴结当朝权贵，不惜任何代价与权贵筵席交欢，并投权贵之所好。齐桓公晚年追求吃喝玩乐，厨师易牙极尽谄谀之能事。一日，齐桓公随口说出只有蒸婴儿没吃过，易牙便将自己的长子蒸熟，献给齐桓公吃，因此深受齐桓公喜爱。他的残忍之举，换得了桓公在管仲之后将国柄交付于他。桓公一死，他即与另一个以自宫换得桓公信任的佞臣竖刁联手作乱，至使桓公死后无人收尸，尸虫出户（《史记·齐世家》）。二是宴饮席上经常出现逢场作戏、邀宠求功、钩心斗角、玩心计、耍权术、弄阴谋乃至杀人的场面。《吕氏春秋》记载，晋灵公想杀赵盂，于是设宴招待赵盂，宴席两边埋伏甲士，幸好赵盂喝酒时发觉了晋灵公的阴谋，于是在饮酒中途仓皇逃出。

屈原所作的长诗《招魂》中，给我们提供了一份当时宫廷贵族饮食的菜单，译录如下：

> 饭食用的是稻米、稷米、麦粉，黄米蒸糕香味宜人。
> 苦、咸、酸、辣、甜，善用佐料，五味俱全。
> 精选肥牛的大蹄筋，煮得烂熟，又香又软。
> 调和酸味和苦味，将精制的吴羹进献。
> 甲鱼烧得嫩鲜，羊羔烤得最烂，又加上糖汁甘甜。
> 醋熘天鹅肉，清炖浓汁野鸭，又煎烹鸧鹤和大雁。
> 熏烤全鸡，红烧龟肉，芳香浓烈，肉的本味特鲜。
> 甜点心，用油煎炸，蜜制糕饼又甜又粘，糖酥麻花形如钏环。
> 澄清如玉、甘美如蜜的名酒，时时将鸟形耳杯斟满。
> 筛糟滤酒，加上冰块冷饮，醇酒清凉而又新鲜。

雕花酒斗已经摆齐，又有琼浆玉液供人饮宴[5]。

从这份特殊的菜单，可以看出当时上层贵族享用美食之丰富与当时宫廷饮宴排场之讲究。一方面，社会变革是如此巨大，每个人每个小的国度，都不知道自己的命运将有如何的结果；另一方面，上层社会的生活又是如此的费时费财费力，如此的侈靡，如此的沉迷于个体享乐的世界！

孔子倡导的饮食观，对后世影响尤为深远。他的富有智慧的饮食观就是在春秋战国丰富的饮食实践中升华提炼出来的。以下略举其饮食观中的几则主要观点：一是主张："食不厌精，脍不厌细。"意思是说，食物原料的选择要精致，刀功烹饪的技巧要细腻。二是主张："割不正不食。"意思是说，宰杀牲畜时要符合礼法，随便割下来的肉不能吃。三是主张："席不正不坐。"意思是说，筵席的四边应与屋子的四边保持相应平行，铺放端正，如果席子摆得歪歪斜斜的，有损于饮食的形制，那就不能入席了。四是主张："有盛馔，必变色而作。"意思是说，在人家用丰盛的肴馔招待自己时，必须肃然起立，向主人答谢致意。（以上见《论语·乡党》）

老子在谈到世人忙忙碌碌、热热闹闹、高高兴兴争名逐利的情景时，说这些人在这样做时是"如享太牢，如登春台"。（《老子第二十章》）太牢是一种高级的宴会，宴饮中牛、羊、猪三样肉都具备了，才能称得上是太牢。老子还曾说："治大国，若烹小鲜。"意思是治理一个大的国家，就好像烹调小海鲜一样，必得小心翼翼，不能轻易翻动、破坏它的形态。这些论述，虽非正面论述饮食，但也可看出老子对饮食的一些个体化理解。在诸子百家中，墨家的饮食理论也颇有代表性。墨家提倡“量腹而食，度身而衣”（《墨子·鲁问》）的节俭理论，主张“其为食也，足以增气充虚，强体适腹而已矣”（《墨子·辞过》）。不贪食味之美，不求烹调之精，将饮食生活维持在较低的水平，是墨家饮食理论的基本特色。

注释：

〔1〕徐庆文：《中国传统生活方式概论》，山东教育出版社 2002 年 9 月，12 页。

〔2〕郑若葵：《中国远古暨三代习俗史》，人民出版社 1994 年 1 月，109-110 页。

〔3〕徐庆文：《中国传统生活方式概论》，山东教育出版社 2002 年 9 月，27-28 页。

〔4〕宋镇豪：《中国春秋战国习俗史》，人民出版社 1994 年，110-113。

〔5〕袁梅：《屈原赋译注》，齐鲁书社 1983 年版。

卜宅

在原始社会，人们不知道建造房屋，穴居与巢居是当时两种最主要的居住方式，《礼记·礼运》中提到："昔者先王，未有宫室，冬则居营窟，夏则居橧巢……"说的就是这两种情况。到了新石器时代，无论中国的北方还是南方，都普遍脱离了穴居状态，恰如《淮南子·修务训》中所说："舜作室，筑墙茨屋，辟地种谷，令民皆知去岩穴，各有家室。"

夏代人们在居住水平上有了很大的提高，并出现了等级分化。夏代以来，上层贵族集团的居所已合居住、祭祀、行政为一体，出现了多连间单元、多隔室空间分割、多社会功能的大型建筑组合设计群体，建筑也向着华贵、奢侈、舒适和宏大壮观的规模发展。考古学者从河南偃师二里头夏代晚期都邑遗址中发现，其房屋建筑设计大致可分为三个等级差别，最低一等的是小型半地穴式或地面式长方形居宅，穴深0.94米，东西长2.9米，南北长2.15米，面积为6.23平方米，屋内东北角有灶炕，中央有一圆柱形洞。中等的是中型地面式或土台式长方形居室。1980年二里头遗址第三工作区发现一座土台式东西走向三隔室排屋，通长28米多，进深5.3米，南北两面均有宽约0.9米的檐下廊。三室内部贯通，东室最大，面积约65平方米，三面山墙有门通室外，中室次之，约39平方米，西室约36平方米[1]。最高一等的是大型宫室建筑设计，分布在二里头都邑遗址的中部，共发现30余块大小不同的夯土建筑基址，形制分方形和长方形两种，大的长约360余米，小的长、宽约20米至50米不等[2]，以空间实体论，可称明堂大室。

商代居民聚居点统称邑，分为王邑、方国邑、诸侯臣属邑、群体小族邑，一般由居住区、墓地、道路以及周围农田、牧场、山林川泽之类构成，形成了有机社会生活实体。其居宅顶部为脊形，居间有灶炕，大致分为半地穴式居室、地面式住宅和地穴式住宅三个等级。夏、商时期对居住的重视，从建筑仪式上可窥见一斑。此时的建筑样式谈不上繁杂，但建筑仪式却繁复而具有系统性，并呈现出等级化的趋势。夏王朝建立前夕，建筑仪式已大量用活人来做祭祀中的祭品。被当作祭品的人，由于如同祭牲一般，故又称为人牲。二里头夏都遗址发现贵族集团的大型宫室建筑群体，组合有序，左右对称，主体建筑居北部中央，南北中轴线与当地太阳纬度方向一致，是经过全面规模经营的，在建筑过程中曾大量用成人来奠基。商代建筑仪式用人兽作祭品相当普遍，在王邑、方国邑、诸侯臣属邑、一般邑聚均有考古发现，除上层贵族统治集团的宫室外，就连一般中上层平民的居宅，甚至一些官方手工业作坊，营建过程中也往往用人兽致祭。1955年郑州商城发现两座房址，一座居住面下有两个孩童和一条犬奠基，另一座正位奠基时埋入三个孩童和三个成人，骨架方向与房基方向一致[3]。“国之大事，唯祀与戎”，殷墟王邑内最系统、最具典型性的建筑仪式，集中见诸祀鬼祭神的宗庙建筑群体的前后营造过程中。殷王室建筑步骤分为挖基坑、置础、安门、布内四个程序，按其程序，大致举行奠基、置础、安门、落成四种礼仪。在基坑挖成未填土夯筑之前，于坑府挖小坑，瘗埋（《尔雅·释天》：“祭地曰瘗埋”）孩童或犬；当基址填土夯打到一定高度，进行置础竖柱之先，又要挖破基址，埋入人畜；安门时，在大门的内外左右，瘗埋成人和犬，房屋建成后，在屋前场地上举行庆典，仪式最为隆重盛大[4]。

早在殷商时代，人们已经重视建城建房的选址。殷墟出土的甲骨文有卜宅之文，也就是通过占卜来决定建城或建房的地方与时间等。西周承袭了殷商卜宅的风尚，《诗经·大雅·绵》讲述了周先人古公亶父通过占卜，决定由豳迁往岐，《诗经·大雅·文王有声》也讲了武王当初在选定镐为建都地点时也是通过占卜。同样，周公营建洛邑，也是经过了多次的占卜。西周对于建造房屋非常讲究，有选择吉日良辰建房子的习俗。据《礼记·月令》，何时建房、何时宜伐木、何时宜修补宫室、何时宜挖地窖……都有繁杂的规定。规定中当然还包括各种禁忌，以使人们趋吉避凶。

在建筑材料上，春秋的宫殿已大量使用了大型砖瓦，各国皆有不同形制的瓦当，其中秦国瓦当的纹饰就相当丰富。春秋战国还出现了铜构件。文献记载和考古发掘证明，相当于后世的宫、寝、庙、堂、廊、楼、榭、馆等建筑造型，当时已都有了。

春秋战国时期筑台之风甚盛。贵族宫室殿堂往往有高耸的台基，

《孟子·尽心》中即有“堂高数仞”的说法。古代八尺为“仞”，数仞高的堂基上的建筑就是当时所谓的“台”。考古发现河北易县的燕下都遗址有燕台50多处，邯郸的赵王台有16处。史载鲁庄公“筑台，临党氏，见孟任，从之，閟，而以夫人言，许之，割臂盟公”（《左传·庄公三十二年》）。鲁庄公追逐美女孟任，终于结为百年之好，一个重要原因就是筑了高台。昏君晋灵公正是站在台上用弹丸来弹射大臣，以见到大臣们的窘状而乐不可支的（《左传·宣公二年》）。齐简公也正是“与妇人饮酒于檀台”（《左传·哀公十四年》）而被田氏兄弟执拘的。楚灵王更是建了著名的“章华台”，相传此台很高，中途要休息三次方能登到顶端。

春秋时期贵族官僚的住宅中还有影壁。影壁当时叫“屏”，又称“萧墙”。《荀子·大略》云：“天子外屏，诸侯内屏。”其意是天子的影壁设在门外，诸侯的影壁设在门内。《论语·季氏》中说：“吾恐季孙之忧不在颛臾，而在萧墙之内也。”“萧墙之内”也就是影壁之内。成语“祸起萧墙”后来就指灾祸生发于内部。

春秋时期，有的贵族府第中还设有避暑的地下室，如楚国孙叔敖的从子为了装病，身着两层棉袍，又着皮裘，食少而卧于地下室的床上。由于床下置冰，寒气颇盛，故不觉闷热（《左传·襄公二十一年》）。而有的贵族又设有饮酒的地下室，如“郑伯有耆酒，为窟室，而夜饮酒，击钟焉”（《左传·襄公三十年》）。

整个周代，宫室、宗庙的装修已经相当讲究，色彩与文饰也比较丰富。《论语·公冶长》中说，春秋时鲁国大夫臧文仲藏龟壳用的房子，已是“山节藻棁”，即房子的斗栱雕成山形，大梁上的短柱饰有花草图案。除了雕梁画栋，壁画是装饰宫廷的一项重要手法。秦都咸阳宫殿建筑遗址中就发现有大批壁画，内容包括人物、动物、植物、建筑、神怪和边饰等。

春秋战国时期，贵族的宫室装饰得相当华丽，国君的宫殿往往规模宏大，令当时的人叹为观止。宫室往往附属有园囿，成为园林式建筑。宫室内部装饰得珠光宝气，异常豪华。《楚辞·招魂》为我们精彩描绘了战国时期贵族宫室的豪华情况：

高堂邃宇，槛层轩些。
层台累榭，临高山些。
网户朱缀，刻方连些。
冬有突厦，夏室寒些。
川谷径复，流潺湲些。
光风转蕙，氾崇兰些。
经堂入奥，朱尘筵些。
砥室翠翘，挂曲琼些。
翡翠珠被，烂齐光些。
蒻阿拂壁，罗帱张些。
纂组绮缟，结琦璜些。
室中之观，多珍怪些。
……

这首招魂曲，是为了使贵族之魂归返故乡，因此渲染极尽宫室之美，包括雕刻、室内装饰、室外山水风光以及所藏珠玉珍宝等等，战国时期贵族住居的华丽奢侈大致可见一斑。

在室内陈设上，西周出现了几，春秋战国时期出现了案。西周初期的人们还开始使用屏风，不过当时没有“屏风”这个名词，而称之为“邸”或“扆”。“屏风”之名出现在战国时代。《史记·孟尝君列传》中说：“孟尝君待客坐语，而屏风后常有侍史，主记君所与客语。”至迟在战国时期，人们已开始使用灯来照明了，有些灯具既有实用价值，又是珍贵的工艺品，如河北平山中山王墓出土的十五连盏铜灯，全灯状如一株茂盛的大树，灯的圆座饰镂孔透雕三虎头六身夔龙纹，树干四周伸出 7 节树枝，托起 15 盏灯盘，每节树枝，可拆卸。树枝上有游动的夔龙、鸣叫的小鸟和一群顽皮戏耍的小猴，树下两个赤裸上身的家奴，正向树上抛食物戏追猴群，一小猴的一臂拉树，全身悬空下望抛果人，其场面生动、活泼，工艺巧夺天工。

子仲姜盘，春秋早期用于盥洗的青铜器。

室内陈设还得提一提铜镜。春秋、战国时期铜镜在前代的基础上有了长足的进步，无论是铜镜的铸造工艺还是铸造的数量，都大大超过了以前。齐家文化和商、周时期，铜镜以光素无纹饰者居多，有纹饰者也以几何纹为主。到了春秋战国，纹饰已达15个大类，并且出现了各种特殊工艺装饰艺术，如涂朱绘彩图案、金银错图案、透空雕图案等。初起时期简陋、粗糙的铜镜，经过春秋、战国时期的创造和修饰已臻美轮美奂的境地。

住居之内自然免不了有客人来访。先秦时代的人们，特别是周代的人们在客人们的入席、坐席安排上也颇为讲究，有成套的复杂繁琐的礼仪，主要目的是以示文明之礼、尊卑之别。《礼记·曲礼上》中就说：

> 凡与客入者，每门让于客。客至于寝门，则主人请入为席。然后出迎客。客固辞，主人肃客而入，主人入门而右，客入门而左，主人就东阶，客就西阶。客若降等，则就主人之阶。主人固辞，然后客复就西阶，主人与客让登，主人先登，客从之，拾级聚足，连步以上，上于东阶，则先右足，上于西阶，则先左足。

其实，不只是主客之间，就是人主一家之内，也有成套的礼仪安排，甚至人们在居处内外的走法、步法也都有相应的礼制规定。

注释：

〔1〕《考古》1983年第3期、1984年第7期、1974年第4期。

〔2〕《考古与文物》1989年第2期。

〔3〕《文物参考资料》1955年第9期。

〔4〕《文物》1974年第7期。

祖道

直立行走是人类脱离猿界的一个伟大进步，是人区别于动物的重要特征之一。进入文明社会以后，人类的行走便不仅仅依靠先天赋予的腿脚，还要借助后天开发的工具，因而行走的质量便随着交通工具的改善而发生变化。交通通常是以交通工具的出现为第一标志的，交通工具的有无和优劣，既反映一定阶段的科技水平，又同时体现出一定阶段人类的行走能力和行走风尚。

在“交通基本靠走、通讯基本靠吼”的上古时代，人们主要依靠双脚的自然行走去交往、生产与生活。但由于新石器时代人类已有养马驯马的经验，也出现了骑马出行或打猎的现象。交通风尚的革命出现在新石器时代中期，变革的标志是出现了水上交通工具——舟。《世本·作篇》：“共鼓、货狄作舟。”《山海经·海内经》：“番禺始作舟。”《周易·系辞下》：“黄帝、尧、舜垂衣裳而天下治，盖取诸乾坤。刳木为舟，剡木为楫。舟楫之利，以济不通，致远以利天下。”《史记·夏本纪》：“（禹）水行乘船。”这些认为黄帝、尧、舜、禹时期发明和运用舟船的传说，大致可与考古发现相印证。在距今近七千年的河姆渡遗址的最底层，曾出土了多件木桨和一只陶舟：木桨的大小和形状与现代游船用的桨十分接近；陶舟像一件微缩玩具，长7.7厘米，高3厘米，宽2.8厘米，其形状两头尖，中间宽，尾部微翘，两端还有可以系缆的小孔。虽然河姆渡尚未发现完整的独木舟，但从遗址中出土的独木舟的遗骸、木桨以及这件陶舟可知，河姆渡先民已经制造并使用较为先进的独木舟了。

夏、商、周三代就已有舟，用舟的记载有多处。《论语·宪问》说“奡（音奥）荡舟”，奡是夏朝的大力士，奡荡舟表明夏朝以舟为交通工具的现实存在。《尚书·说命》记武丁之言云：“若津水，用女作舟”，说明殷商时期已专门在河道专设渡津，供贵族阶级成员乘舟过往之便。而《诗·大雅·棫朴》说：“淠（音疲）彼泾舟，烝徒楫之”，则是说一条船同时有许多人划桨，可见西周已能设计建造规模较大的船了。《诗经·大雅·大明》记载：“造舟为梁，不显其光。”孔颖达疏注：“造舟者，比船于水，加板于上，即今之浮桥。”这表明西周已出现联舟船，船上铺设木板搭成浮桥。联舟船，我们最易直接联想起来的是著名的火烧赤壁的故事，庞统向曹操献计，把魏国百万水军战船用铁链子连接在一起，结果让诸葛亮巧借东风，吴蜀联手，大败曹军，由此奠定了三国鼎立的历史性格局。让人想不到的是，在火烧赤壁几百年前的周朝，这种壮观的联舟船就已经出现了，祖先的智慧真是令人钦佩啊！

车子的出现要比舟船晚。《史记·夏本纪》记载，大禹治水时陆行乘车。《世本·作篇》称“相土作乘马”、“五亥作服牛”。

古代文献中曾提到“商人服象”。此为现存商代动物形尊中最大的一个，表现了商代人眼中的大象形象。

相土、五亥是当时的两个发明家，均生活在夏初。乘马即用马驾车，服牛即用牛拉车，可见，夏初已有乘车之习。至于夏初的车子究竟什么样子，尚无从得知。到了商代，服牛乘马已经不是稀奇之事了。《管子·轻重戊》说：“殷人之王，立帛牢，服牛马，以为民利。”殷墟考古发现数量较完整的马车实物已超过 20 辆，这种车一般独轴两轮，横长方舆箱，后开门，木质实体，附以铜饰件。据甲骨文记载，商代王公贵族经常乘坐着这种马车外出围猎、参与军事活动或祭祀等日常活动，而一般的中小官吏和平民百姓只能步行，难得有乘坐马车的机会。西周诸侯世族阶层大量使用马车，据考古发现，西周马车也是独轴双轮方舆箱的样式，牵引车子一般也是用两匹马，但也出现了四马车。《诗·大雅·烝民》有“四牡骙骙，八鸾喈喈”

之说。除此外，西周还大量乘牛车和使用人力辇车，《诗·小雅·黍苗》之“我任我辇，我车我牛”，说的即是辇车与牛车的情形。

上古时期中原地区还有过“服象”之举。晚至西周中叶以前，中原地区尚保存着大片茂密的森林，又有广大的草原沼泽，气候温暖湿润，年平均气温约比现在高2℃，如亚热带的竹类植物即曾在黄河流域广泛生长，而现在竹类分布的北限大约向南后退纬度1–3度。大约在一二万年以前，中原地区的年平均温度更比现在高出7–8℃[1]。这样的自然条件，十分适合象的生存栖息。山西、陕西、河南等省的一些旧石器时代遗址，出土了不少象化石。殷墟商王邑也曾出有象的亚化石。甲骨文中有商王狩猎“获象七”的记录。西周中叶之后，气候变寒，加上人们的开发活动，造成中原地区生态植被的严重恶化，才迫使象逐渐向南方迁徙。驯象以供人役使，可能很早就在中原地区出现了。传说“舜葬于苍梧下，象为之耕”（《论衡·书虚》）。徐中舒曾推测河南古称豫州，是因为产象而得名，并指出甲骨文中获象记录是土产象，不是从南方引进的，象在殷商时代已成为日常服用动物。王宇信、杨宝成等学者也认为，商代贵族统治者用象祭祀祖先，间或也服用战争，还将象牙象骨制成各种用品，表明当时不但有不少野象存在，而且还有经过驯化并进行自行繁殖的象存在。在殷墟考古发掘中，也屡有象牙象骨制品出土。因而，古代文献中所提到的“商人服象”，应该是可信的[2]。

西周时期，人们的交通方式主要是步行，马车作为交通工具仅限于贵族，庶民乘的是牛车。实际上在很长的历史时期内，牛车都被认为是低贱的。这是因为牛车比较笨重，车速也不快，而马车则轻灵、快捷。周代的人们出远路之前，有祭祀路神的风尚。具体仪式大致是把酒和干肉放在神位前，然后在神位旁边饮酒。路神又称为“行神”或“祖神”，此种祭祀称为“祖道”。周代人们的出行也有饯别、赠别的风气。司马迁在他的不朽名著《史记》中用充满感情、富有表现力的手法，描述了荆轲刺秦之前，燕太子丹在易水之畔为他饯行，并举行祖道仪式的悲壮一幕。《诗经·大雅·韩奕》前三章写韩侯入朝、受赐、饯行情况，其中的饯行场面相当盛大：

韩侯出祖，出宿于屠。
显父饯之，清酒百壶。
其肴维何，炰鳖鲜鱼。
其蔌维何，维笋及蒲。
其赠维何，乘马路车。
笾豆有且，侯氏燕胥。

饯别风尚既流行于社会上层，也流行于社会下层。《诗经·邶风·泉水》写一平民女子出游，亲友在祢邑、言邑两地分别饮酒饯行。《诗经·秦风·渭阳》记述舅甥惜别，传为秦康公送别晋文公，该是可信的。其诗云：

我送舅氏，曰至渭阳。
何以赠之？路车乘黄。
我送舅氏，悠悠我思。
何以赠之？琼瑰玉佩。

周代赠别有赠物的，也有赠言的。该诗写的是赠物，数量之多，档次之高，十分罕见。

西周时期，人们出行还必须有“节”。这是周王颁发的一种凭证，作为通行的信物。《周礼·地官·序官》中有“掌节”之官，他负责掌管周王所用的玉节，辨别各种“节”的用途。孔颖达疏云：“凡节者，皆行道所用，无节者不达，有节乃得行，故云行者所执之信。”根据官职与任务性质的区别，“节”有玉节、角节、竹节、旌节（用旌牛尾做饰）、管节（竹管做的）、玺节以及虎节、龙节、人节等的类分。各种“节”都有规定的有效日期，到期则归还注销。凡在天下各地通行的人，必须有“节”，并有“传”辅助，以为证明。没有“节”的人，门关以及各地官吏都要检查，查出来就要坐牢。

春秋战国时期，由于几百年的分裂割据，全国范围内出现了关卡林立的混乱局面，通关之“节”就更为重要。已出土的“鄂君启节”与“王命传龙节”就非常有代表性，它们都是战国时代楚国的“节”。春秋战国时期禁止夜行，即使高贵的重臣、使者也不例外。

春秋战国时期，造车、造船及航海技术显著提高，近海航行已经出现。孔子说：“道不行，乘桴浮于海”（《论语·公冶长》），可见当时必有乘桴浮海的事实。此时期的游船为王室、贵族专用。《史记·齐太公世家》说：“（齐桓公）二十九年，桓公与夫人蔡姬戏船中。蔡姬习水，荡公。公惧，止之，不止，出船，怒，归蔡姬。”桓公与活泼的夫人蔡姬在船上游戏取乐，这船大概就是属于王室专用的游船。

春秋战国时期，驿传制度已相当健全，私营客舍发展起来。迎止旅客的旅馆、客舍称作“逆旅”。客舍的设立、经营有严格的规定。《史记·商君列传》上说，秦孝公去世后，守旧派反扑，商鞅出逃，

"欲舍客舍"，但人家不知道他就是商君，对他说：商君的法令：没有身份证明的客人不能留宿。

游山玩水的自然审美活动，在中国起源很早。根据太史公司马迁的说法，"漫游"之举，甚至在三代之前就开始为贵胄们所好。这种情况，到春秋战国时期，已成为整个社会的风习[3]。西周时有周穆王的出游，在历史上是很有名的。孔子也曾周游列国，他说："知者乐水，仁者乐山。"（《论语·雍也》）孔子经常和弟子们一起出城游玩，沂水和沂水南岸的舞雩台，就是他们师徒常去的处所。《论语·先进》中记载，孔子和他的四个弟子闲坐，弟子们各言其志，曾皙谈到他的志向时说："莫春者，春服既成，冠者五六人，童子六七人，浴乎沂，风乎舞雩，咏而归。"于是，孔老夫子喟然叹曰："吾与点也！"春秋战国时期的漫游之风、人们时兴的山水之乐在孔老夫子这里也得到了最优美、最经典的表述。

战国时期，除游猎外，外出游览也是宫廷休闲生活的一部分。《新序》说："晋平公游西河，中流而叹：'嗟乎！安得贤士与共此乐乎！'"游山玩水时还想着治理国家，看出晋平公境界还不低，而有些国君则不然。齐景公、蔡灵侯、楚昭王、楚襄王等，耽于山水，每每得意忘政。《韩诗外传》上说，"齐景公游于海上，乐之，六月不归。"这真可谓中国历史上沉醉于海上旅游的第一人。《战国策·楚策四》记载，蔡灵侯南游高陂，北登巫山，喝茹溪的水，吃湘水的鱼，手抱美女，尽情游玩，却不把国家放在心上，终被子发用绳子捆上去见楚宣王，这是战国史上因游乐而失国的典型例子。楚昭王也嗜游如命，《列女传》上说他在美女簇拥下"燕游"，"登附庄之台，以望云楚之囿”。《说苑》上则提到他的“荆台之游”：“左洞庭之波，右彭蠡之水，南望猎山，下临方淮，其乐使人遗老而忘死。”楚襄王有过之而无不及，曾游云楚之台、云楚之浦和兰台之宫。宋玉《高唐赋》曾状描他游云梦之台观巫山群峰，见朝云暮雨的情形：

昔楚襄王与宋玉游于云梦之台，望高唐之观，其上独有云气，崪兮直上，忽兮改容，须臾之间，变化无穷。

此外，除了这些富有主动性的个人化旅游之外，还有由于政治流放、长途迎婚等原因而带来的特殊旅游。例如，屈原被赶出郢都，远逐他乡，游离江湖，行吟泽畔，也可算是一种特殊的游历。《诗经·小雅·车舝》则描写了春秋时期宫廷婚旅的愉快行程："间关车之舝兮，思娈季女逝兮。……依彼平林，有集维鷮，辰彼硕女，令德来教。"诗中描写了迎亲新郎官旅途所见的美景：葱郁的树林，长尾巴的野鸡，高耸的山冈……这也可算作一种怡情悦性的旅游了。

《诗经》中的多首诗篇也描写了平民出游的场景。《诗经·邶风·泉水》描述出嫁后的女子对祖国的怀念，想回去探望而不得，于是出游排忧。诗中写道："我思肥泉，兹之永叹。思须与漕，我心悠悠。驾言出游，以写我忧。"这是驾车出游。《诗经·卫风·竹竿》描写女子回忆少时在娘家的乐趣。其中说："淇水滺滺，桧楫松舟。驾言出游，以写我忧。"这是驾舟出游。《诗经·王风·君子》、《诗经·郑风·有女同车》也表现了男女相约出游的欢乐，后者有“将翱将翔，佩玉将将”之句，状写在车上飞驰的样子，颇为形象生动。

隐士的游山玩水更有一番出脱尘世的高洁。据皇甫谧《高士传》，春秋时期，有个隐士叫陆通，就是《论语》中对着孔子唱《凤兮歌》的楚狂接舆，为了躲避楚王一再请他出来做官，便和妻子携带简单生活工具，改名换姓，游览名山去了。他们“食桂栌实，服黄精子，隐蜀峨眉山，寿数百年，俗传以为仙云。”春秋末期的范蠡，深知“狡兔死，走狗烹；高鸟尽，良弓藏；敌国破，谋臣亡”的道理，在辅佐越王勾践灭掉吴国后，“乃乘扁舟浮于江湖”。《诗经·卫风·考槃》也描述了隐者徜徉于山水之间、自得其乐的情景：“考槃在涧”，“考槃在阿”，“考槃在陆”〔4〕，让人悠然而神往之。

注释：

〔1〕竺可桢：《中国近五千年来气候变迁的初步研究》，《竺可桢文集》，科学出版社，1979年。

〔2〕宋镇豪：《夏、商社会生活史》，中国社会科学出版社1994年9月版，244-246页。

〔3〕彭亚非：《郁郁乎文》，河南人民出版社2000年11月1版，493页。

〔4〕陈绍棣：《中国风俗通史·两周卷》，上海文艺出版社，2003年6月第1版，2006年3月第2次印刷，200-205页，219-222页，633-635页。

尚舆

《考工记》中说："周人尚舆。"在周代，车舆的制造比较困难，拥有高质量的车舆也就成了贵族身份的标志。孔子主张"朋友之馈，虽车马，非祭肉，不拜"（《论语·乡党》），已将车马列为最为华贵的物品之列。《礼记·坊记》中说："父母在，馈献不及车马。"也可证明车舆为最被重视的物品之一。贵族对于车舆的重视还可以从《论语·先进》中对颜渊的一则记载窥见一斑：

> 颜渊死，颜路请子之车以为之椁。子曰："才不才，亦各言其子也。鲤也死，有棺而无椁。吾不徒行以为之椁。以吾从大夫之后，不可徒行也。"

颜渊是孔子最为器重的弟子之一，但孔子却不肯卖掉自己的车舆来给颜渊置办棺椁。孔子的解释是这样的："以吾从大夫之后，不可徒行也。"车舆对于贵族的重要性由此可见。这种重要性可以从以下四方面来进一步地展示说明。

首先，车舆是贵族身份的象征。《周礼》中说，周天子掌握五种车舆——玉路、金路、象路、革路、木路，除玉路归周天子自乘以外，其他四种都按照分封制度赏赐不同等级的诸侯君主、九州之外的蕃国之君。《左传·定公四年》中记载，周成王分封鲁、卫两国时，封赐物品中皆有“大路”，《左传·僖公二十八年》中记载，周王在城濮之战以后赐给晋文公以“大辂之服”。这儿的“大路”、“大辂”，指的就是《周礼·巾车》中所说的“金路”车舆。车舆上的饰物也很有讲究，不同形制和饰物的车舆不仅是不同等级诸侯君主社会地位的标志，也是不同社会身份的人的标志，《周礼·巾车》中所谓的孤、卿、大夫、士、庶人，就是周代社会五种典型的社会等级身份。《礼记·坊记》规定：“君不与同姓同车，与异姓同车不同服”，总而言之，君主是至高无上的，总要与他人有所区分。《左传·定公六年》记载，春秋后期，吴攻入楚的时候，楚昭王逃奔到随国，“子西为王舆服以保路”，子西让国人看到国君的车服还在，由此树立信心而不至于溃散。此事表明，车舆是君主的象征。《左

殷墟博物苑展出的殷墟车马坑

传·哀公十五年》记载，春秋后期，卫国太子让浑良夫帮助他返卫为君，卫太子与他约定说："苟使我入获国，服冕乘轩，三死无与。"冕与轩是大夫的衣着与车舆标志，卫太子答应浑良夫"服冕乘轩"，意即使其为大夫。《左传·闵公二年》记载："卫懿公好鹤，鹤有乘轩者。"鹤也享有了大夫的权利，难怪此公会引起后人的非议。《左传·隐公十一年》载颖考叔与公孙阏争车之事，并非仅为意气用事，其中也当有争大夫身份标志之意。《左传·桓公十五年》载："天王使家父来求车，非礼也。诸侯不贡车服。天子不求私财。"周桓公穷得向鲁求车，被讥为非礼。这是因为，高级车舆是地位的标志，只能由周天子赏赐诸侯，而不应当由诸侯献车于周天子。同样，依周俗，贵族所乘车必须与其身份相应，否则会被认为是非礼，《左传·襄公二十七年》载："齐庆封来聘，其车美……叔孙曰：'豹闻之：服美不称，必以恶终。美车何为？'"齐人大庆封的车舆过于华美，被认为是非礼而骄横的表现。后来，庆封在贵族内讧中败北而逃至鲁国，将他这辆车献给季武子。这辆车华丽有光泽，"美泽可鉴"，可以照得见人影儿。鲁大夫展庄叔评论说："车其泽，人必瘁，宜其亡也。"车与其人品德不相称，居然也成为主人败亡的原因。车舆数量多少也是国家地位强弱的表现。春秋后期，车辆数量剧增，大国的战车多者达数千乘，战国时进而能达到数万乘，所以孟子说："万乘之国，弑其君者，必千乘之家。千乘之国，弑其君者，必百乘之家。万取千焉，千取百焉，不为不多矣。"（《孟子·梁惠王上》）

其次，车舆是周代表达礼俗的重要场所和工具。周代许多礼貌的表示要在车舆上进行，不惟如此，就连贵族在车舆上下的不同也表示了礼节的区别。贵族在车舆之上或注目，或颔首，或下车行礼，都带有不同的意义。比如说，周代贵族在车上行礼，很重要而有代表性的一项是“轼”。“轼”或作“式”，是车舆前端所安置的扶手横木。有的车舆三面皆有轼，形如半框。乘车者在途中为了表示对于某人的敬意，可以扶轼俯首，或作倾听之状，或作注视之态，以表示对于某人、某地或某物的敬意，这在礼节上叫做“轼”或“式”。孔子就曾主张“凶服者式之；式负版者”（《论语·乡党》），就是说遇到前往参加丧礼的人和身背国家图籍的人，都要“轼”，以表示敬意。《吕氏春秋·期贤》中有这样一段关于东周时魏文侯尊崇贤者的记载，很有代表性：

> 魏文侯过段干木之闾而轼之，其仆曰：“君胡为轼？”曰：“此非段干木之闾欤？段干木盖贤者也，吾安敢不轼？且吾闻段干木未尝肯以己易寡人也，吾安敢骄之？段干木光乎德，寡人光乎地。段干木富乎义，寡人富乎财。地不如德，财不如义。……

在魏文侯看来，他之所以对段干木的住所行轼礼，就是为了表示对贤者的尊重。所谓“光乎地”，就是行此轼礼使得段干木所住的闾所增添光辉。魏文侯不愧是东周时期尊贤重贤的开风气者，他对于贤者所住之地都如此恭敬，对于贤者本人会不尊崇有加吗？不过，轼这种礼俗在特殊情况下也可以不进行，相传十分重视礼节的孔子就曾如此：

> 荆伐陈，陈西门坏，因其降民使修之，孔子过而不式。子

贡执辔而问曰："礼过三人则下，二人则式。今陈之修门者众矣，夫子不为式，何也？"孔子曰："国亡而弗知，不智也；知而不争，非忠也；亡而不死，非勇也。修门者虽众，不能行于此，吾故弗式也。"（《韩诗外传》）

行轼礼是一种尊敬的表示，孔子认为那些面临亡国危险的陈国人处在不智、非忠、非勇的状态之中，不值得对他们行轼礼。可见，孔子对于礼俗是有所变通的。

春秋、战国时期，在周代贵族等级制下，轼礼有许多讲究。《礼记·曲礼》中对此有较为集中的说明：

国君抚式，大夫下之；大夫抚式，士下之。

兵车不式。

君子式黄发，下卿位。

入里必式。

这儿列举的只是部分规定。其中第一条是说，在国君行轼礼时，随从的大夫要下车。同样，在大夫行轼礼时，随从的士要下车。第二条是说，由于兵车的特殊性，在兵车上的人可以不行轼礼。第三条是说，君子见到黄发老者应当行轼礼，遇到身处卿位的贵族，就不仅要行轼礼，而必须下车以示尊敬。第四条是说，"里"为民众和一些贵族集中居住的地方，车过此处须行轼礼，以表示对于邑中贤者的尊敬。

最后，由于车舆与人的日常生活十分接近，所以周代常用其作比喻来说明某些道理。例如，周内史过说："敬，礼之舆也"（《左传·僖公十一年》），晋国的叔向说："礼，政之舆也"（《左传·襄公二十一年》），郑国的子产说：“令名，德之舆也”（《左传·襄公二十四年》），周乐师泠州鸠说：“音，乐之舆也”（《左传·昭公二十一年》），周卿单襄公说：“智，文之舆也”（《国语·周语》下）。这些例子说明春秋时人几乎是众口一词地以舆为喻，这表明车舆与人们的关系十分密切，所以才用其为喻以说明大道理。

孔子弟子子张曾问何为在世上安身立命的根本，孔子回答说：

言忠信，行笃敬，虽蛮貊之邦，行矣。言不忠信，行不笃敬，虽州里，行乎哉？立则见其参于前也，在舆则见其倚于衡也，夫然后行。（《论语·卫灵公》）

孔子认为只要坚持忠信笃敬，就可以在各个地方畅行无阻；而不坚持忠信笃敬，人就会寸步难行。这种忠信笃敬的道德观念，离人并不远，就像人站在车前准备上车，这是离骖马很近；就像如果上了车，在车里站立或坐下，就随时可以望见车衡一样。孟子说：“梓匠轮舆，能与人规矩，不能使人巧。”（《孟子·尽心下》）谓梓匠的制作轮舆之术只能使人知道制作的规矩，而不能使人心灵手巧。孟子以此比喻统治者不仅应当知道统治之术，而且应当将仁义之义融会于心。这与孟子批评有人“尊梓匠轮舆而轻为仁义”（《孟子·滕文公下》），所蕴含的意义是一致的。荀子曾经用“假舆者，非利足也，而致千里”（《荀子·劝学》）之语说明人靠学习而增长智慧能力，犹如靠车舆而行千里一样。他又说：“造父者，天下之善御者也，无舆马则无所见其能。”（《荀子·儒效》）荀子认为，舆对于造父才能的实现具有无可比拟的重要意义，一般的人要实现其才能也同样需要相应的客观条件。《荀子·王制》还以较大篇幅，从舆车与坐车人的关系说明治国之道[1]。

总而言之，周代的尚舆是一种特殊的历史现象，它与当时人们的制造技术能力、科学水平有关，也与当时的社会制度特点密切相连。实际上，尚舆本身既是周代人们科技水准的标志之一，也成为周代社会制度风尚的富有特色的有机组成部分。

注释：

〔1〕晁福林：《先秦社会形态研究》，北京师范大学出版社，2003年3月第1版，498-507页。

抢婚

上古时代人类的婚姻形式比较杂乱，大致经历了群居杂交、血缘群婚、族外群婚形态，直至过渡到对偶婚姻制度。

上古时代，人们最先过着群居的生活，而各个群居群体又很少互相交往，这样，婚配关系只是在单一的群体内部完成，而且显得杂乱无章。男女之间的性交关系最初可以在同辈的兄弟姐妹之间、异辈的男女老幼之间进行，子女只知其母而不识其父。《吕氏春秋·恃君览》记载："昔太古尝无君矣，其民聚生群处，知母不知父，无亲戚兄弟夫妻男女之别，无上下长幼之道。"《管子·君臣》说："古者未有君臣上下之别，未有夫妇妃匹之合，兽处群居，以力相征。"《列子·汤问》说："长幼侪居，不君不臣。男女杂游，不媒不聘。"如此等等，都反映了原始人类最初婚姻的混沌与混乱状态。

其后，随着在实践中摸索的成果和智力水平的提高，人们逐渐抛弃了不同辈分之间的性交关系形式，进入了血缘群婚阶段。在这一个新阶段，人们仍然在族内的男女进行婚配，只是有了辈分的差异。但是，由于这种族内婚配所生产的后代质量不高，后来逐渐演变成族外群婚，氏族内部通婚就被禁止了。

所谓族外群婚制度，是指同一血缘部族的人禁止内部通婚，而只能与外面的其他部族通婚。譬如在两个血缘部族之间，一个血缘集团里的男子只能娶另一个血缘部族女子为妻，本部族的女子也只能以外部族的男子为夫。在这一制度下，一个男子可以有一群妻子，一个女子也可以有一群丈夫，即一群男子共妻，一群女子共夫。

新石器时代，在族外群婚的基础上，又逐渐产生了对偶婚制度，即男女之间建立相对稳定的婚姻关系。对偶婚姻并不一定是一夫一妻制，在相当长的历史时期内，一个女子在许多丈夫中有一个主夫，一个男子在许多妻子中有一个正妻。正妻和主夫的关系确定后，其中一方可以和其他人发生性关系，但那只是短期的生理需要，并不能取代二者之间的关系。在这种对偶婚姻制度下，不但母子（母女）关系逐渐明晰，而且父子（父女）关系也逐渐清楚，由此确立了以夫妻制为主导的家庭风尚。随着原始劳动技巧的不断增强，在生产过程中开始出现了剩余产品，这些剩余产品理所当然地成了夫妻制的家庭私有财产。而家庭私有财产的出现，作为这种以夫妻制为主导的家庭风尚的物质基础之一，更进一步稳定了父母与亲生子女的关系。

新石器时代对偶婚姻家庭的组合方式主要采取抢婚和换婚两种形式。所谓“抢婚”，最初是由部落首领以及勇猛武士利用部落之间的战争机会，掠夺敌对部落的异性作为自己的夫或妻。后来，抢婚逐渐扩大：不仅在战争中可以“抢”，在和平的时候也可以“抢”；不仅对敌对的氏族可以“抢”，而且对通婚的氏族也可以“抢”。

后来，“抢婚”逐渐发展成为部落婚姻的一种固定风尚。这种原始抢婚风尚至今仍然被我国个别少数民族象征性地采用。“换婚”最早出现于族外婚配的母系氏族社会，当时被换的是男子。到对偶婚盛行的时候，男方到女方家居处的局面仍然没有改变。后来，由于私有财产的出现，男子的地位相对提高，他们不愿意到女方家生活。为了换取女方到男方家生活，而又不减少女方家的劳动力，男子们就将本氏族的女子与通婚氏族的女子进行交换。随着父系社会的形成，交换来的妻子必须从夫而居，失去了原来氏族的依托，陷于繁琐的家务，逐渐被排斥于社会生产之外，成为丈夫的奴婢和生儿育女的工具。

真正具备严格、完全意义上的婚姻制度，或许是从夏朝开始的。当时的婚姻状态虽比较固定，但形成婚姻的形式却仍然是多种多样的：有抢婚的，一般都是男抢女，指未征得女方及其亲属的同意，用抢夺的方法与女子成婚；有换婚的，指不同部落通过相互交换婚姻对象而构成的婚姻；也有买卖婚姻的，指通过买卖方式或财物与人员交换的方式缔结婚姻。

“抢婚”虽然是一种古老的婚姻形式，但在文明社会中却仍然存在。《国语·晋语》中说：“昔夏桀伐有施，有施氏以妹喜女焉……殷辛伐有苏，有苏以妲己女焉”，而周幽王伐有褒氏，有褒氏以褒姒女焉。这表明，夏桀王、殷纣王、周幽王分别通过战争手段或途径娶得妹喜、妲己、褒姒，这显然是一种以战争面目出现的抢婚。另外，《周易》爻辞中也说：“屯如邅如，乘马班如，匪寇婚媾”，“乘马班如，求婚媾”，“贲如皤如，白马翰如，匪寇婚媾”，所反映的也是抢婚的习俗。

夏代最初是由许多部落组成的，不同血缘的部落之间往往形成复杂的婚姻关系。其中敌对的部落之间以“抢婚”为主，友好的部落之间以“换婚”为主。

随着私有财产和商品交换的出现，买卖婚姻逐渐成为一种事实，并在夏、商、周时期得到了迅速的发展。三代时期，私有制已日益成熟、健全，社会形成了鲜明的贫富不一、尊贵有别的等级，货贝、青铜、玉器等贵重物品大量使用，公天下变成了家天下，这便为买卖婚的发展提供了肥沃的土壤，使买卖婚获得勃勃生机。“鉴于此时期礼制观念的发生与强化，故买卖婚又大多是以聘娶的面目出现的，这种以聘娶面目出现的买卖婚事实上亦成为中国古代传统婚姻的滥觞和发展主流。”[1]最明显的例子是1976年河南安阳殷墟发掘的妇好墓，墓中随葬铜礼器210件，其中有铭文者达196件之多，根据铭文内容，它们又分为七组，其中“妇好组”占了大多数，为109件，专家认为，这部分铜器正是商王武丁作为婚娶聘礼赐给妇好的。这是一份厚重的彩礼，它是商代王室婚娶礼聘习俗的绝好说明，透过它，我们可以想见这种带有买卖性质的聘娶婚俗在整个商代社会中的流行情况。

夏、商两代都记载着对偶制的婚姻制度，在商朝“周祭”的祀典中，绝大多数的王室只能有一个王后可以进入祀典，这个王后就是商王法定的配偶。三代的婚姻制度还有对偶制的变异婚型——媵制婚姻，即男子娶妻的同时，还可娶妻的随同、陪同女子，也称随嫁或陪嫁。媵制婚姻经商代的持续和演变，至西周时期已成为中上层人士尤其是世袭贵族们最重要、最流行的婚姻制度。此外，夏、商时期还有收继婚，即转房制婚，通常是兄亡弟纳其嫂、弟死兄纳其弟媳或父死子纳父妾等。史料证明，至少在商代以后已出现纳妾现象，所纳之妾大约是从女奴隶中挑选，因此称为“床上奴隶”，而纳妾在西周贵族阶层已司空见惯。

在婚俗上，商代上流社会流行同姓婚。到西周，婚俗上又出现许多新特点。一是同姓不婚。《礼记·曲礼》上称周代“娶妻不娶同姓，买卖不知其姓则卜之”，《左传》认为“男女同姓，其生不蕃”，说不娶同姓者的目的是“重人伦，防淫佚与禽兽同也”。《礼记·郊特牲》也明确规定：“娶于异性，附远厚别。”这无疑是文明史上的一大进步。二是一夫一妻制和一夫多妻制的并行。西周时期，大体上依据当时的政治经济因素，平民中最多流行的是一夫一妻制，而贵族多实行一夫多妻制，这一婚姻形式影响着整个封建社会。《礼记·曲礼》说：“天子有后、有夫人、有世妇、有嫔、有妻、有妾。”三是西周开始正式形成聘娶婚。男女婚姻要由父母做主，既要有父母之命，又要有媒妁之言，即婚姻媒介的中间证婚人，否则，男女的婚姻关系是不被认可的。男子行聘的程序包括听从父母之命，通过媒妁之举和递交聘约及聘礼。父母之命、媒妁之言和建立聘约，均受门第、身份、家庭财产的制约，原则上是门当户对，而聘礼则是以物化的买卖形式作为聘娶的最重要砝码。虽然西周形成的聘娶制只不过是买卖婚的变种，但这种形式逐步发展为中国传统婚姻观的一种主流。

从群居杂交、血缘群婚、族外群婚到对偶婚姻制度，从抢婚、换婚到聘娶，从同姓婚到异姓婚，从原始的自由结合到父母之命、媒妁之言……远古暨夏、商、西周的婚姻形式经历了丰富多彩的变化，产生了众多的奇特风俗，最终步入文明的轨道。

春秋战国时期，时代赋予婚姻的主要使命是“合二姓之好，上以事宗庙，下以继后世”（《礼记·昏义》）。由于婚姻具有了如此神圣的意义，所以，这个时期举行婚姻礼仪都要经过繁缛的六礼：“是以昏礼：纳采、问名、纳吉、纳征、请期、亲迎”（《礼记·昏义》）。所谓“纳采”，也称下达，是指男方之父先遣媒人前往女方家献纳采礼提亲，作为婚姻的当事男女，开始不能直接见面，必须通过中介媒人的来往撮合，所以战国时期楚地媒人

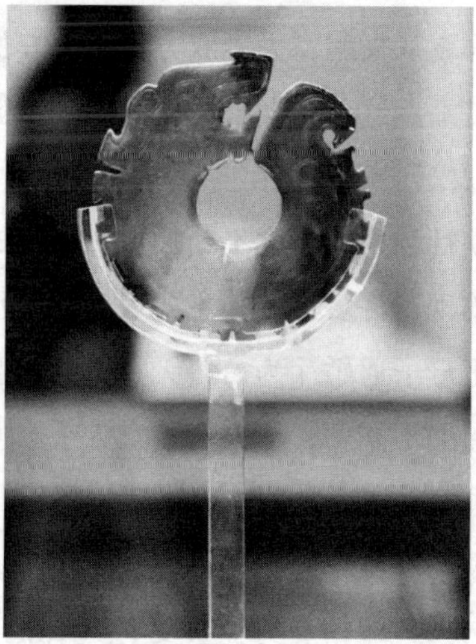

殷墟妇好墓出土的龙形玉玦

遍地，而齐国专设有“掌媒”的官员。所谓“问名”，是指在女方家接受男方家的求婚意向后，男方之父出具其子名籍之书，遣媒人送于女方家，并让媒人将女方之出生年月日告诉男方。所谓“纳吉”，是指男方家得女子之名后，回来占卜告知家庙，试图察知这门婚姻是吉是凶，求取祖先神灵的认可和保佑，得到吉兆后再去告诉女方家，婚事于是算定下来。所谓“纳征”，也叫“纳币”，是指婚事敲定后，男方家向女方家交纳聘礼，春秋战国时期的礼品一般不多，《周礼》上说：“嫁子娶妻，入币纯帛，无过五两。”所谓“请期”，是指由男方家占卜迎亲吉日，三次去女方家商议，以示不敢自专，最后敲定双方都满意的结婚日期。所谓“亲迎”，是指定好结婚日期后，男方受父母之命，到女方家迎娶新娘。

春秋战国时期，人们的婚姻以一夫一妻制为主，贵族之间辅之以妾；居处原则为妻从夫居，夫妻双方常与夫方长辈同居分室，但也有从妻方居的赘婚。这一时期，男女的始婚年龄相当普遍地定为男子 20 岁上下和女子 15 岁左右。

由于这个时期社会开放程度不断加大，人们的认识能力不断提高，婚姻观上也出现了许多进步，主要表现在禁止亲属间的择偶通婚。《礼记》上把母子通婚斥为禽兽无礼；为了避免兄妹间僭礼，规定七岁开始，男女不同席，不共食；女人十岁便不应轻易出门。当时姑舅之间表婚也在禁止之列。《礼记》规定“取妻不取同姓”。

由于这个时期男尊女卑思想较严重，男子选妻时较挑剔，即使婚后，也经常有“出妻”即休妻的现象发生。《礼记》列了七条“出妻”的理由：不顺父母，无子，淫，妒，有恶疾，多言，窃盗。然而鲁人曾参出妻，理由只是“藜蒸不熟”（《孔子家语》），算是特例。

春秋战国时期的男女之别，尤其引起社会重视，并有种种细则。《礼记·曲礼上》说：“男女不杂坐。”《礼记·内则》说：“男女不通衣裳。”《礼记·昏义》说：“男女有别而后夫妇有义。”《左传》庄公二十四年云：“男女之别，国之大节也。”可见男女之防的观念，很早就列为社会意识形态和制约人们生活行为的要位。当时，走道也要分男女，《礼记·王制》说：“道路，男子由右，妇人由左，车从中央。”《吕氏春秋·乐成》说，孔子用于鲁国，有令“男子行乎途右，女子行乎途左。”但男女别道，各国规定也不尽一致，如《墨子·号令》中说：“男子行左，女子行右，无并行。”这似乎是后世“男左女右”习俗的开始。不过，把男人和女人硬生生分开，也有不合理的矛盾之处，比如说，如果嫂子掉进了水中，小叔子是不是去救呢？这是一个以子之矛攻子之盾的问题，孟子后来做了合情合理的回答，他说，尽管“男女授受不亲”，但“嫂溺不援，是豺狼也。嫂溺，援之以手者，权也”。（《孟子·离娄上》）这就是说，原则归原则，该权宜变通的还要权宜变通。

注释：

〔1〕郑若葵：《中国远古暨三代习俗史》，人民出版社 1994 年 1 月版，153-162 页。

厚葬

远古之时，与当时的生产力发展水平相适应，人们并没有繁杂的丧葬习俗。正如战国人所云："古之葬者，厚衣之以薪，葬之中野，不封不树"（《易经·系辞下》），就是说，远古人类对尸体只是简单地埋入野外，不封土，也不种树作标记。

在丧葬风尚方面，中国的原始人类迄今所知最古老的埋葬方式，是以居地当墓地的洞穴土葬。竖穴土坑墓是在原始社会便已出现的中国墓葬形类的主流，是丧葬风尚中最常见、最流行的一种埋葬形式。这种墓按平面形状大致可区分为长方形、方形、圆形等多种形状。其他墓葬形式还有平地土葬、土洞墓、瓮棺葬等。原始人类的尸骨处理方法常见的是一次葬（一次性的埋葬处理）、二次葬（对尸体分别进行两次或两次以上处理）、归葬（一次葬和二次葬的混合葬）和火葬等。棺具有石棺、船棺、箱式木棺、树皮棺等[1]。

摔丧的风尚在新石器时代各区域文化中均十分流行。摔丧是指摔碎、摔破一些随葬器物，尤其是陶容器，在敛丧死者时，有意识地将这些器物摔于墓坑之内使其破碎。考古成果表明，夏、商、周时期也是盛行摔丧习俗的。其过程大致是这样的：亲人死亡开始殓葬时，将一陶盆放在墓前烧纸求灵，求灵完毕即由死者的长子或长孙，或其他确立继承关系的人，拿起灵盆向墓坑中摔扔，摔时有一定讲究，即要一次摔破，且越破越好，因为此盆被认为是死者的锅，只有摔得粉碎才好带到阴间去，陶盆摔破，犹如一声号令，抬棺者迅速放棺，摔盆者操起引魂幡，驾灵而走……

先秦丧葬风尚中，表现突出的是厚葬。

厚葬是指在殓葬中使用较丰厚的随葬品，明显区别于同时期同类型的其他一般墓葬。厚葬的习俗与风尚发源于仰韶文化时期，陕西西安半坡遗址一座三四岁的女孩墓，使用该墓地仅见的木质葬具下葬，随葬品较其他墓葬均要丰富细致。在盛行二次葬的华县元君庙墓葬地中，405 号合葬墓发现一幼女骨架，一次葬，有较多的随葬品；429 号是两个女孩的二次合葬墓，墓底用红烧土块铺平，随葬除陶器外，一幼女头部有骨珠 785 颗，另一幼女头前额骨染红；420 号墓则是一妇女与两个幼女的合葬墓，随葬品极为丰富，其中一幼女随葬骨珠达 1747 颗。陕西临潼姜寨 7 号墓是一青年女性，随葬陶器 5 件，石球 12 个，还有陶锉、耳坠，并同葬骨珠 8577 颗。显然，对幼女和妇女实行厚葬，是仰韶文化中盛行的一种习俗。与此类似的还有甘青地区马家窑文化。这种厚葬女性的习俗，表明女性在当时社会上普遍受到尊敬、并处在主导地位，是母系氏族社会群体意识的直接体现。

从山东大汶口文化中晚期、龙山文化时期开始，由于社会制度的急剧变化，母系制逐渐被父系制取代，丧葬中的厚葬也逐渐从女性身上转移到个别男性身上。大汶口文化、龙山文化、马家浜文化、齐家文化、良渚文化等新石器时代晚期文化中的大、中型墓，绝大部分都对男性而不是女性实行厚葬。同样都是厚葬，新石器时代晚期以来至西周时期的厚葬是建立在私有制财富占有、地位、身份、等级基础上的，而仰韶文化、马家窑文化的厚葬，则主要是以性别为原则的[2]。

夏、商、西周时期的大、中型墓，厚葬风气更为突出，但厚葬的对象均为贵族成员，绝大多数是男性，个别女性如殷墟妇好墓、司母戊大鼎墓墓主均是王后级别，故亦自然实行厚葬。春秋战国时期，厚葬之风愈刮愈烈。《论语·先进》中记载："颜渊死，门人欲厚葬之。子曰：'不可。'门人厚葬之。"连孔子的劝阻也不听，这件事说明当时厚葬之风之盛。墨子曾经说到当时社会上厚葬之俗的情况：

此存乎王公大人有丧者，曰棺椁必重，葬埋必厚，衣衾必多，文绣必繁，丘陇必巨；存乎匹夫贱人死者，殆竭家室；存乎诸侯死者，虚车府，然后金玉珠玑比乎身，纶组节约，车马藏乎圹，又必多为屋幕。鼎鼓、几梃、壶滥、戈剑、羽旄、齿革，寝而埋之，满意。若送从，曰天子杀殉，众者数百，寡者数十；将军、大夫杀殉，众者数十，寡者数人。（《墨子·节葬》）

厚葬之俗确如墨子所说，在当时已经相当普遍。例如，一代霸主齐桓公，虽然他因内乱而不得善终，死后六十七天之后才装棺殓殡，但是其墓葬之豪华依然相当可观。史载后人掘其墓的情况是：

晋永嘉末，人发之，初得版，次得水银池，有气不得入。

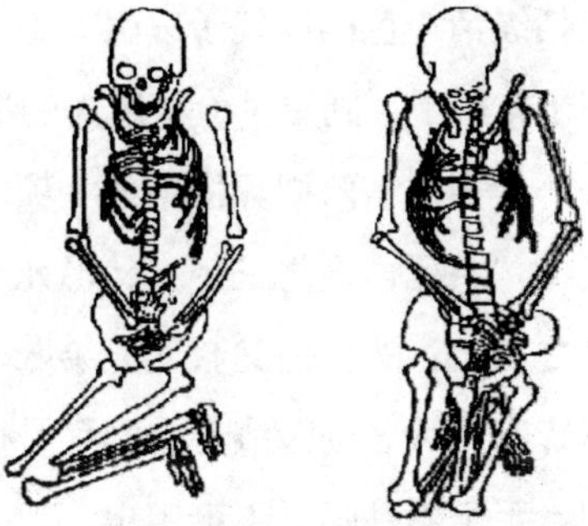

大溪文化曲肢葬图

经数日，乃牵犬入中，得金蚕数十簿，珠襦、玉匣、缯彩、军器不可胜数。又以人殉葬，骸骨狼藉也。（《史记·齐太公世家》正义引《括地志》）

在河北省平山县发现的战国时期中山国王室墓葬，各种随葬品多达近两万件。湖北随县发现的战国时期的曾侯乙墓，仅青铜器重量就达十吨之多，其中包括著名的由65件部件组成的成套编钟。所谓“国弥大，家弥富，葬弥厚，含珠鳞施，夫玩好货宝，钟鼎壶滥、舆马衣被戈剑，不可胜其数。诸养生之具无不从者，题凑之室，棺椁数袭，积石积炭，以环其外”（《吕氏春秋·节丧》），其耗费是极其惊人的。

在春秋、战国时期风靡天下的奢侈纵欲的背景下，社会上还相对地发展起一种崇尚俭朴的风气。显然，后者是作为对前者的一种反作用力而出现的。据说，齐国国相晏婴是春秋战国时期第一个对这种奢侈浪费，包括纵情声色的风气予以强有力反击的上层贵族人士，至于老子、庄子与墨子，则更是俭朴风尚的最有力提倡者。

除了厚葬之外，久丧也是两周葬俗中的一项。墨子曾经严词抨击它的危害。他说：“君死，丧之三年；父母死，丧之三年；妻与后子死者，五皆丧之三年；然后伯父叔父兄弟孽子其（一年）；族人五月；姑姊甥舅皆有月数。则毁瘠必有制矣，使面目陷陬，颜色黧黑，耳目不聪明，手足不劲强，不可用也。”在居丧期间，为了表示哀痛之意，还要将生活水准降到最低水平。《孟子·滕文公上》中提到：“三年之丧，斋疏之服，饩粥之食，自天子达于庶人，三代共之。”也就是说，三年之丧期间，居丧者的饮食仅粥而已，此时并不再有等级之别，平日锦衣玉食的天子也照样如此，如果家境差些，那么就只有饿死一途了。居丧而饿死，这在春秋战国时期确有此事，《韩非子·内储说上》就记录了这样的例子。

除了摔丧、厚葬、久丧之外，《礼记》一书还对春秋战国时期人们的丧葬仪式有较详细的记录，为我们保全了先秦时期更多的丧葬风尚资料。据《礼记》记载，春秋、战国时期人们的丧葬仪式丰富而复杂，亲人初终当天的仪式就有“属纩”、“复”、“楔齿”、“缀足”、“沐浴”、“饭含”、“设饰”等。所谓“属纩”，是用新棉絮置于弥留者口鼻间，以测有无气息，纩即新棉，新棉易被气息吹动，不动便知气息绝。所谓“复”，是指确认弥留者呼吸停止后，家人持死者上衣登高招魂，哭喊：“皋！某复！”意即：哟！某某回来哟！然后把衣服盖在死者身上。“复”就是招魂。“凡复，男子称名，妇人称字”（《礼记·丧大记》）。屈原曾根据当时的丧葬情况创作了著名的《招魂》，其中写道：

魂兮归来！
去君之恒干，何为四方些？
舍君之乐处，而离彼不祥些。
魂兮归来！东方不可以托些。
长人千仞，惟魂是索些。
十日代出，流金铄石些。
彼皆习之，魂往必释些。
归来兮！不可以托些。
魂兮归来！南方不可以止些。
雕题黑齿，得人肉以祀，以其骨为醢些。
蝮蛇蓁蓁，封狐千里些。
雄虺九首，往来倏忽，吞人以益其心些。
归来兮！不可久淫些。
魂兮归来！西方之害，流沙千里些。
旋入雷渊，爢散而不可止些。
幸而得脱，其外旷宇些。
赤蚁若象，玄蜂若壶些。
五谷不生，丛菅是食些。
其土烂人，求水无所得些。
彷徉无所倚，广大无所极些。
归来兮！恐自遗贼些。
魂兮归来！北方不可以止些。

增冰峨峨，飞雪千里些。

归来兮！不可以久些。

魂兮归来！君无上天些。

虎豹九关，啄害下人些。

一夫九首，拔木九千些。

豺狼从目，往来侁侁些。

悬人以嬉，投之深渊些。

致命于帝，然后得瞑些。

归来！往恐危身些。

……

这首招魂曲是关于先秦时期葬俗的一篇极其珍贵的诗篇。歌中反映了当时人们心目中的四方荒远之地是如何充满危险以及天上、地下境界是如何可怖。《礼记·檀弓下》中说，“复，尽爱之道也，有祷祠之心焉；望反诸幽，求诸鬼神之道也；北面，求诸幽之义也。”招魂之俗与人们的这种观念直接相关，它是人们为挽留死者魂灵不要浪迹天涯所作的最后一次撕心裂肺的努力。所谓“楔齿”，是在人死未僵之前用角柶楔到死者齿间，便于含食物。所谓“缀足”，是用小木板或砖夹正死者的足，便于穿鞋。所谓“沐浴”，是为死者洗头洗脚净身。所谓“饭含”，是在死者口中放入饭、贝、玉之类东西，耳内塞入玉瑱之类东西。所谓“设饰”是给死者穿衣穿鞋。

春秋战国时期已有服丧制。《礼记》载，父母丧，子女要为父母守丧三年，穿孝服，葬后周年去首服，二周年祭除丧服。遭丧事之家人，“水浆不入口，三日不举火”。《礼记》还记载了亲属团体中为死者服丧的轻重，从重到轻的服丧原则依次为血缘亲疏关系、身份高下的社会关系、宗族归属关系，未成年的按年龄大小计算。这个时期人们用以服丧的丧服从重到轻分为斩衰、齐衰、大功、小功、缌麻、税丧等。

荀子说："礼者，谨于治生死者也。生，人之始也；死，人之终也；终始俱善，人道毕矣。"又说："丧礼者，以生者饰死者也，大象其生以送其死也。故事死如生，事亡如存，终始一也。"（《荀子·礼论》）死是人生的休止符，而先秦丧礼的要义又在于"事死如生，事亡如存"，当然不可不慎，不可不重视，不可不隆重。在异常倚重"礼"的先秦人那里，繁杂丰富的丧葬风尚大行其道，蔚为大观。

注释：

〔1〕郑若葵：《中国远古暨三代习俗史》，人民出版社1994年1月版，175页。

〔2〕郑若葵：《中国远古暨三代习俗史》，人民出版社1994年1月，202-203页。

图书在版编目（CIP）数据

中国风尚史·先秦卷 / 陈炎主编；逄金一著. —济南：山东友谊出版社，2014.7

ISBN 978-7-5516-0664-6

Ⅰ. ①中… Ⅱ. ①陈…②逄… Ⅲ. ①社会风尚－历史－中国－先秦时代 Ⅳ. ①D691.9

中国版本图书馆CIP数据核字（2014）第165614号

责任编辑：王　谦
装帧设计：姜海涛

主　　管：山东出版传媒股份有限公司
集团网址：www.sdpress.com.cn
出版发行：山东友谊出版社
地　　址：济南市英雄山路189号　　邮政编码：250002
电　　话：出版管理部（0531）82098756
　　　　　市场营销部（0531）82098035（传真）
印　　刷：山东临沂新华印刷物流集团
版　　次：2015年1月第1版
印　　次：2015年1月第1次印刷
规　　格：140mm × 200mm
印　　张：11.25
字　　数：240千
定　　价：80.00元